Maija-Hellikki Aaltio

2

FINNISH FOR FOREIGNERS

EXERCISES

OTAVA
1 8 9 0

HELSINGISSÄ KUSTANNUSOSAKEYHTIÖ OTAVA

Photographs:
Ulkoasiainministeriö, Kuva-arkisto
Suomalaisen Kirjallisuuden Seura, Kansanrunousarkisto
Lehtikuva Oy

1.–4. painos

Piirrokset: Jorma Nousiainen
Toimitus: Kaija Niskakoski
Valokuvat:
Ulkoasiainministeriö, Kuva-arkisto
Suomalaisen Kirjallisuuden Seura, Kansanrunousarkisto
Lehtikuva Oy

Sidonta OTABIND

Painopaikka:
Otavan Kirjapaino Oy
Keuruu 2004

ISBN 951-1-09329-0

TO THE READER

This Exercise book is mainly built up according to the pattern familiar to the student from *Finnish for Foreigners 1*. There are, however, a few differences:

— In most chapters, the basic exercises are grouped into three sections. The first of them is intended to familiarize the student with the words and idioms of the new chapter before he tackles the second, largest section consisting of structural exercises and drills; the third offers him an opportunity to review some of the more complicated structural points, for instance, the plural of nouns or the different infinitives and participles used to replace entire subordinate clauses.

— The reader sections are naturally longer than in Book 1 and contain more new words to be guessed from the context or looked up in the dictionary. A few slightly simplified genuine texts among them will help prepare the ground for the ''real' reading the student should be able to start on completing *Finnish for Foreigners 2*. The exercises connected with the Readers frequently ask the student to trace inflected words back to their basic form; an important skill when beginning to read Finnish newspapers and literature.

— The Key to the exercises does not, as in Book 1, offer correct solutions to the listening comprehension exercises, as the text of these exercises is printed in full in the Key.

The listening comprehension exercises are available on a cassette.

I want to thank my colleagues *Hannele Jönsson-Korhola* and *Eila Hämäläinen* for reading the manuscript and offering valuable suggestions. I am also grateful to *Eugene Holman,* Lecturer in English at Helsinki University, for correcting my English; for any remaining errors I am solely responsible.

Kauniainen, Finland, September 1986.

Maija-Hellikki Aaltio

CONTENTS

1. **Lähikuvassa Kotilaiset 6**
   - ''tekevä'' — ''tehnyt'' (present and past participle active)
   - More about words ending in -nen • The pronoun kukaan

2. **Mitä Kotilaiset ovat tekemässä 15**
   - ''tekemässä'', ''tekemään'', ''tekemästä'' (third infinitive)
   - Words ending in -as (-äs) • The pronoun mikään

3. **Meidän olisi pitänyt lähteä ajoissa 23**
   - Conditional perfect • ''tehdäkseen'' in order to do (long form of first infinitive) • kumpikin (molemmat), ei kumpikaan, jompikumpi

4. **Heinäkuussa lähdetään mökille 30**
   - The Finnish passive • Passive present tense • Direct object in passive sentences • Words ending in -si (type uusi)

5. **Miten ennen elettiin 37**
   - Passive past tense • Comparison of adverbs • The pronoun kaikki

6. **Televisiossa ei ole mitään katsottavaa 42**
   - ''tehtävä'' — ''tehty'' (present and past participle passive)
   - Inflection of cardinal numbers

7. **Pekan on saatava työpaikka kesäksi 51**
   - ''on tehtävä'' one has to do • Ordinal numbers inflected • The pronoun itse

8. **Joulu Suomessa 60**
   - More passive forms (perfect, pluperfect) • ''tekeminen'' (how to make verbal nouns) • Indefinite pronouns joku and jokin

9. **Pieni elämäkerta 69**
   - The essive case • The translative case

10. **Haastattelemme Suomessa asuvia ulkomaalaisia 76**
    - Participles as substitutes for relative clauses • Adjectives ending in -ton, -maton

11. **James Brownin lomamatka 84**
    - The ''without'' case (abessive) • ''tekemällä'' by doing, ''tekemättä'' without doing • More about the comparative and superlative of adjectives

12. **James Brown lukee lehteä** 92
    • More passive forms: conditional • Object and non-object verbs (transitives and intransitives)

13. **Tuliaisia ostamassa** 99
    • ''tekemä'' done by somebody (agent participle) • Directional verbs answering the questions ''mihin'' and ''mistä''

14. **Mistä suomalaiset elävät** 106
    • ''tehdessä'', ''tehden'' (second infinitive) • The comitative case

15. **Bob käy saunassa** 114
    • ''tehtyä'' after doing, having done • The instructive case

16. **Pari hölmöläistarinaa** 120
    • Participles as substitutes for ''että'' clauses (participial construction) • Comparison of local adverbs

17. **Eläköön Seitsemän veljestä!** 128
    • More imperative forms • Verbs with -*ne*- (''paeta'' verbs) • *kuka, mikä, kumpi tahansa*

18. **James tutustuu Suomen heimoihin** 136
    • Potential mood • Adjectives used as nouns

19. **Katsaus Suomen historiaan** 143
    • Special uses of infinitives and participles • *salaisuus* and *vastaus* words

20. **Näin minusta on** 150

    Key to the exercises 157
    Pictures for conversation and drills 190

LÄHIKUVASSA KOTILAISET

A Kun olet tutustunut kappaleen tekstiin, tee seuraavat harjoitukset.

1. Valitse oikea vaihtoehto *(alternative)* tai oikeat vaihtoehdot.

Pentti Kotilainen a) rakastaa luontoa b) ymmärtää huonosti huumoria c) ei ole kirjojen ystävä d) harrastaa miestenlehtiä.
Helena Kotilainen a) on optimisti b) on erittäin seurallinen c) on taiteen harrastaja d) viihtyy yksin.
Lauri Kotilainen on a) aktiivinen b) käytännöllinen c) epäurheilullinen d) teoreettisesti lahjakas.
Riitta Kotilainen on a) kiinnostunut opiskelusta b) pessimisti c) naisellinen d) feministi.
Minna Kotilainen on a) kiinnostunut hevosista b) hirveä lapsi c) vaikea luonne d) melko tyypillinen 13-vuotias.

2. Etsi tekstistä vastaukset seuraaviin tehtäviin.

a)
Sano yhdellä sanalla, mikä on samaa kuin:
perheenisä, perheenäiti tai joku lapsista / ei nuori eikä vanha / ei enää lapsi / ei kovin pitkä eikä kovin lyhyt / polttaa tupakkaa / joka viihtyy hyvin ihmisten seurassa / joka on tehnyt työtään kauan ja tuntee hyvin sen eri puolet / tuntea (liian) suurta huolta asioista / *teorian* vastakohta / ruuan valmistus

b)
Mitä merkitsee, että opiskelu "maistuu puulta"? Mikä ero on *avioliitolla* ja *avoliitolla?* Merkitseekö *masentunut* "pahantuulinen", "vihainen", "väsynyt" vai "jolla on depressio"?

Kumpi on oikein:
Kun Kalevi tapasi Ritvan, hän *rakasti/rakastui* tyttöön heti.

B Kun olet tutustunut kappaleen kielioppiin, tee seuraavat harjoitukset tai joitakin niistä.

1. Kukka elää. — Se on elävä kukka.

Kaupunki kasvaa. Nukke tanssii. Papukaija puhuu. Vauva itkee. Selitys riittää. Asia kiinnostaa. Matkalaukku painaa. Väri sopii.

2. Täydennä verbien *elää, kasvaa* ja *puhua* aktiivin ensimmäisellä partisiipilla.

Ihailen ..... kukkia, en tekokukkia. En välitä mammuteista, pidän .....
eläimistä. Eläinpuistossa on hauska tutustua ..... eläimiin. Katsopas, miten
..... nämä vahakabinetin ihmiset näyttävät! Nykyisin monet tuntevat pa-
remmin tv-henkilöiden kuin ..... ihmisten ongelmat.

Monissa kolmannen maailman maissa on hyvin nopeasti ..... kaupunkeja.
Nopeasti ..... kaupungeilla on myös omat, nopeasti ..... ongelmansa. Ih-
miset muuttavat maalta suurkaupunkien nopeasti ..... slummeihin. No-
peasti ..... slummien ongelmia ovat köyhyys ja työttömyys *(unemploy-
ment)*.

Mary oli englantia puh... nuori tyttö. Hän, kuten monet muutkin englantia
..... nuoret, matkusti paljon eri maissa. Englantia ..... nuorille se on
helppoa, koska he voivat tavata toisia englantia ..... ihmisiä joka puolella
maailmaa. Suomea ..... nuorelle maailma ei ole samalla tavalla avoin.

3. Asun kaupungissa, joka kasvaa. — Asun kasvavassa kaupungissa.

Tämä on sopiva lahja henkilölle, joka tupakoi.
Elämme maailmassa, joka muuttuu.
Ei pidä herättää karhua, joka nukkuu *(sananlasku* proverb).
Näimme tehtaassa robotteja, jotka ajattelevat.
On hauska tavata ihmisiä, jotka hymyilevät.
Lapsilla, jotka leikkivät, oli hauskaa.
Monissa maissa ihmiset muuttavat pois kylistä, jotka kuolevat.
Tutustuin Lapissa moniin perheisiin, jotka hiihtivät.

4. Katso s. 190 olevaa kuvaa ja kerro, mitä siinä on. Käytä ensimmäistä parti-
siippia (**''tekevä''**) joka lauseessa.

5. Lapsi väsyi. — Tuolla on väsynyt lapsi.

Lehti putosi. Lintu kuoli. Rakennus paloi. Mies menestyi. Äiti huolestui.
Nuori mies rakastui. Opiskelija masentui.

6. Täydennä taivutus *(inflection, declension)*

tämä palanut talo	nämä ....
tätä	näitä ....
tämän	näiden ....
tässä	näissä ....
tähän	näihin ....

7

7. Täydennä verbien *väsyä, kuolla, kokea* ja *oppia* toisilla partisiipeilla ("teh-nyt").

Väs... lapsi tarvitsee lepoa. Myös ..... aikuiset tarvitsevat sitä. Junassa oli pari ..... pikkulasta, jotka itkivät koko ajan. Äidit koettivat rauhoittaa ..... lapsiaan. On vaikea matkustaa ..... lasten kanssa. ..... ihmisellä ei ole työ- eikä ruokahalua. Kahvi vaikuttaa virkistävästi *(refreshingly)* ..... ihmisiin.

Kuol... lintu makasi rannalla. Huomasimme ensin vain tämän yhden ..... linnun, mutta sitten näimme paljon muitakin ..... lintuja. ..... lintujen lukumäärä *(number)* viime öljykatastrofin jälkeen nousi tuhansiin.

Kok... työntekijä saa paikan Suksi Oy:ssä. Oy Tieto-Jätti Ab ottaa heti työhön kaksi ..... insinööriä ja muutamia ..... teknikkoja. ..... työn-tekijöiden palkka on korkeampi kuin aivan nuorten. Monissa maissa on pu-laa *(shortage)* ..... sairaanhoitajista. Ulkomaalainen liikemies haluaisi tu-tustua ..... myyntimieheen, joka tuntee tietokonealan.

Professori Viisas on opp... mies. ..... professorit ovat joskus hajamieli-siä *(absent-minded)*. Yliopistot ovat ..... ihmisten työpaikkoja. Niissä voi tutustua ..... henkilöihin.

8. Tuossa on putoava lehti. — Tuossa on pudonnut lehti.

He katselivat juuri nousevaa aurinkoa.
Maa oli märkää sulavasta lumesta.
Paljon tupakoivalla ihmisellä / tupakoivilla ihmisillä on syöpä/riski *(syöpä* cancer).
Tutustuimme kutsuissa erääseen menestyvään liikemieheen. Tutustuimme myös muutamiin paljon matkustaviin lehtimiehiin.
Palavassa talossa oli ollut kuusi asuntoa.

9. -nen-sanat

a)

Tiellä oli jäätä. — Tie oli jäinen.

Laatikko on puuta. Sukat ovat puuvillaa. Pusero on silkkiä. Laukku on nahkaa. Tämä pieni lintu on lasia.

b)
Kerro, millainen olet, jos sinulla on:
musta tukka / vihreät silmät / pitkät jalat / suora nenä / hyvä sydän (gen. *sydämen*) / suuri perhe / hyvät tulot *(income)* / huono onni

8

c)

Mikä tuon auton hinta on? — Minkä hintainen tuo auto on?

Mikä tuon miehen nimi on? Kuinka vanha vauva on? Miltä uusi kotisi näyttää? Kalle on yhtä vanha kuin minä. Tytär on yhtä iso kuin äitinsä. Tämän kartan arvo on tuhat markkaa.

10. a)

Vain Pekka ymmärtää minua, ei kukaan muu.

Kerron asian vain hänelle, ...
Pyydän apua vain häneltä, ...
Luotan vain häneen, ...
Ihailen vain häntä, ...
Pidän vain hänestä, ...
Seuraan vain hänen neuvojaan, ...

b)

Vain te kaksi ymmärrätte minua, eivät ketkään muut.

Seuraan vain teidän kahden neuvoja, ...
Luotan vain teihin, ...
Ihailen vain teitä, ...
Kerron asian vain teille, ...

✳ C **KERTAUSTA**

whole sentenses

1. Vastaa kysymyksiin kokonaisilla lauseilla.
   a) Mikä sinä olet ammatiltasi? - occupation
   b) Millainen olet luonteeltasi? personality
   c) Mistä olet kiinnostunut? interests
   d) Mitä pelkäät? fear
   e) Mitä vihaat? hat
   f) Mitä harrastat? hobby
   g) Keneen tunnettuun henkilöön haluaisit tutustua? get to know
   h) Huolestutko helposti? Minkälaisista asioista? anxious easily
   i) Kumpi sinusta on parempi, avio- vai avoliitto? which marriag common law

9

Plural Review
Friend in English

✻ 2. Monikkokertausta

a) Kenen kanssa lähdet matkalle? Vastaa seuraavilla sanoilla:

ystävät — hyvät ystävät — (minun) hyvät ystävät *hyvät ystävien*
tuttavat — vanhat tuttavat — (minun) vanhat tuttavat *vanhojen tuttavien*
toverit — parhaat toverit — (minun) parhaat toverit *parhaiden toverien*
sukulaiset — läheiset sukulaiset — (minun) läheiset sukulaiset *läheisten sukulaisten*
vanhemmat — molemmat vanhemmat — (minun) molemmat vanhemmat

molempien vanhempien

b) Millaisia ihmisiä sinä ihailet?
Millaisista ihmisistä olet kiinnostunut?
Millaisiin ihmisiin tutustut mielelläsi?

Vastaa näihin kolmeen kysymykseen muutamilla adjektiiveilla, jotka valitset seuraavista:

ujo *timid*	hiljainen *quiet*	pessimistinen *pessimistic*	romanttinen *romantic*
vilkas *active*	aktiivinen *active*	rauhallinen *calm*	seurallinen *sociable*
vakava *serious*	viehättävä *charming*	kohtelias *polite*	mukava *nice*
rikas *rich*	urheileva *sporty*	menestyvä	miellyttävä *nice pleasant*
iloinen *happy*	turvallinen *safe*	optimistinen *optimistic*	kokenut *experienced*
komea *handsome*	menestynyt *succeed*	musikaalinen *musical*	rauhaa rakastava *peaceful*
huumorintajuinen		tavallinen *common*	*affectionate*

3. Pronominiharjoitus: minä, sinä

Rakas Kalle!

Mitä ..... kuuluu? Onko ..... kivaa siellä Englannissa? Miksi et ole kirjoittanut ..... kolmeen päivään? Oletko unohtanut .....? Ehkä et enää rakastakaan .....? Ehkä et enää haluakaan mennä ..... kanssa... naimisiin? Miksi olet niin kylmä ..... kohtaan?
Rakkain terveisin
Liisa

Rakas Liisa!

Ettäkö minä en välittäisi .....! ..... sinä olet ihanin tyttö maan päällä. Siitä asti kun tutustuin ....., olen ajatellut vain .... on vain paljon työtä täällä. Ethän ole ..... vihainen, en voi elää ilman .....
Rakkain terveisin
Kalle

4. Pronominiharjoitus: me, te, he

Tunnetteko Laaksot? Tunnemme ..... kyllä. He kirjoittavat usein ..... ja käyvät ..... joka vuosi. Odotamme ..... käymään lähiaikoina. Pidämme ..... kovasti. Tutustuimme ..... jo opiskeluaikana. ..... on aina ollut paljon yhteistä.

KESKUSTELU

Katso kuvia ja kerro Kotilaisen perheen jäsenistä.
tai:
Haastatelkaa toisianne siitä, millaisia olette luonteeltanne ja harrastuksiltanne.
tai:
Kerro jostakin henkilöstä, jonka kaikki muutkin tuntevat, ja toiset koettavat arvata *(guess),* kuka tämä on.

Pari roolikeskustelua niille, jotka haluavat käyttää mielikuvitustaan *(imagination):*
Lauri ilmoittaa päivällispöydässä perheelleen, että hän aikoo lopettaa fysiikan opiskelun ja mennä kauppaopistoon ja sieltä liikealalle. Isä on vastaan. Riitta on Laurin puolella, ja äiti koettaa ymmärtää kaikkia.

Minna haluaa lisää viikkorahaa. Hän keskustelee asiasta perheen kanssa. Vanhemmat eivät ymmärrä häntä. Riitta ja Laurikin vain kertovat, kuinka pienillä viikkorahoilla heidän oli täytynyt tulla toimeen. Minna tulee vihaisemmaksi ja vihaisemmaksi.

E

KUUNTELUHARJOITUS

Satu ei enää seurustele Jannen kanssa
Henkilöt: Satu Lampinen ja hänen ystävänsä

> Uusia sanoja: *seurustella* keep company with, go with; *hassu* funny, silly; *sivistynyt* cultivated, educated, refined; *suuttua* get angry, lose one's temper; *riita* quarrel, argument

Kun nyt olet kuunnellut Sadun ja hänen ystävänsä keskustelun, tuntuuko sinusta siltä, että seuraavat väitteet *(statements)* ovat totta vai ei?
a) Satu on lopullisesti kyllästynyt Janneen.
b) Kaikki ovat sitä mieltä, että Janne on luonteeltaan sellainen, että hän ajattelee vain itseään.
c) Janne haluaa, että Satu yrittäisi oppia ranskaa, vaikka Satu ei erikoisesti pidä kielten opiskelusta.
d) Janne on sanonut, että hänestä Ritva-täti on viehättävä ja sivistynyt nainen.
e) Satu meni ranskan kurssille, koska hän oli kuullut, että siellä oli komea opettaja.
f) Jannelle ja Sadulle tuli riita, koska molemmat olivat mustasukkaisia *(jealous).*
g) Satu ei halua nähdä Jannea enää koskaan.
h) Kun Satu kysyy: "Onkohan se hän?" hän ajattelee ranskan opettajaansa.

Kuvakertomus Matista ja Maijasta

Matti ja Maija ovat juuri menneet naimisiin ja viettäneet häitä. Hääkuvassaan he näyttävät hyvin onnellisilta.

Matti ja Maija olivat tunteneet toisensa jo vuosia, sillä he olivat käyneet samaa koulua ja asuneet samassa kaupunginosassa. Mutta he olivat olleet vain koulutovereita, eivätkä he olleet vaihtaneet sanaakaan toistensa kanssa muutamaan vuoteen, kunnes eräänä iltana he tapasivat elokuvateatterin aulassa, jonne molemmat olivat tulleet suojaan sateelta. Maija ajatteli: "Ahaa, se pitkänenäinen poika meidän koulusta", ja Mattikin muisti: "Tuohan on se punatukkainen tyttö Kuusitieltä." He keskustelivat kaikenlaisista asioista. Sade lakkasi (= loppui), mutta he jäivät keskustelemaan. He olivat unohtaneet pitkän nenän ja punaisen tukan, he ajattelivat: maailman mukavin tyttö, ihanin mies, minkä olen koskaan tavannut. Sellaista on rakkaus. He alkoivat tavata joka ilta, ja pian he päättivät perustaa perheen.

Pari vuotta on kulunut. Nuoren perheen esikoinen on syntynyt. Vanhemmat ovat antaneet hänelle nimen Jussi Matin isän mukaan. Vanhempien mielestä Jussi on maailman ihmeellisin lapsi. He ovat varmoja, että tästä vauvasta tulee suuri nero, ihmiskunnan hyväntekijä tai jotakin muuta vielä ihmeellisempää.

Taas on mennyt muutamia vuosia. Perhe on kasvanut yhdellä jäsenellä, pienellä tytöllä, joka on nimeltään Susanna (Maijan tädin mukaan, joka on ammatiltaan taiteilija ja suvun kuuluisin jäsen.) Jussi on jo kouluikäinen. Vanhemmat ovat muuttuneet keski-ikäisiksi ihmisiksi, joilla on monenlaisia huolia: pienet tulot, suuret menot, korkeat verot, kallis asunto, työhuolet, perhe-elämän ongelmat. Sellaista elämä on.

Elämä jatkuu. Vanhemmat ovat vanhentuneet, lapset — joita on yhteensä kolme — ovat kasvaneet. Esikoisesta on tullut jo aikuinen, hän on lähdössä kesätyöhön ulkomaille. Vanhemmat hyvästelevät poikaansa. Äiti on vähän huolestunut, isä on ylpeä reippaasta (*reipas* alert, active) pojastaan. Jussista ei ole tullut neroa eikä mitään muutakaan erikoista, ei ainakaan vielä, mutta vanhemmat ovat kauan sitten unohtaneet vanhat unelmansa. He ovat tyytyväisiä, jos pojasta tulee normaali mukava ihminen, joka tekee hyödyllistä työtä. Jussi haluaisi opiskella eläinlääkäriksi, ja vanhempienkin mielestä se olisi hänelle sopiva ala.

Elämän ilta lähestyy, Matti on jo eläkkeellä. Lapset ovat kaikki lähteneet kotoa. Jussi on valmistunut eläinlääkäriksi ja muuttanut perheensä kanssa toiseen kaupunkiin. Susanna on musiikinopettaja ja kahden lapsen äiti. Nuorin lapsi Pentti, josta on tullut kuuluisa elokuvatähti, aiheuttaa äidilleen harmaita hiuksia. Poika on ottanut jo kaksi avioeroa, hänen ihmissuhteistaan kertovat iltalehdet kaikille, jotka rakastavat sensaatioita, ja äidin on vaikea hyväksyä hänen elämäntapojaan. "Toivottavasti hän viisastuu, kun vanhenee", äiti ajattelee.

Matti ja Maija näyttävät vieläkin onnellisilta ja tyytyväisiltä. Kun he katsovat lapsiaan ja lastenlapsiaan, heistä tuntuu, että elämä on todella ollut elämisen arvoista. Heillä on ollut paljon työtä, he ovat nähneet ja kokeneet paljon. Nyt heillä on enemmän aikaa itselleen.

Tehtäviä

Valitse oikea vaihtoehto:
1. Matti ja Maija
   a) olivat jo kouluaikana rakastuneet toisiinsa.
   b) olivat tavanneet uudelleen kouluajan jälkeen ja rakastuneet toisiinsa.
2. Matin ja Maijan rakkaus alkoi sattumasta. Tuo sattuma oli
   a) kauhean kylmä ilma.
   b) kova sade.
   c) erään elokuvan näkeminen.

3. Mitkä seuraavista tuottivat huolta Matille ja Maijalle:
   a) pienet menot
   b) liian pieni asunto
   c) Jussin sairaus
   d) korkeat verot
   e) työasiat
4. Maijan hiukset harmaantuivat, koska
   a) kaikki lapset lähtivät kotoa.
   b) Matin eläke oli liian pieni.
   c) tytär otti avioeron.
   d) hän ei hyväksynyt nuorimman lapsensa elämäntapoja.
5. Matin ja Maijan mielestä on tärkeää, että
   a) lapset tekevät elämässään hyödyllistä työtä.
   b) lapset saavat hyvät tulot.
   c) lapset ovat nerokkaita ja kuuluisia.
6. Matin ja Maijan nuorimmasta pojasta tuli
   a) musiikinopettaja.
   b) ihmiskunnan hyväntekijä.
   c) filmitähti.
   d) eläinlääkäri.

Mitkä ovat seuraavien sanojen perusmuodot (yksikön nominatiivit tai infinitiivit)? Käytä apuna sanakirjaa.

onnellisilta — sateelta — ihmiskunnan — yhdellä jäsenellä — reippaasta pojastaan — eläkkeellä — harmaita hiuksia — elämäntapojaan; lakkasi — hyvästelevät — kokeneet

MITÄ KOTILAISET OVAT TEKEMÄSSÄ

A   Kun olet tutustunut kappaleen tekstiin, tee seuraavat harjoitukset.

1. Selitä toisilla sanoilla, mitä on:
   uudelleen / palata / laskettelu / hiljattain / ei hullumpi / meillä ei ole varaa / jutella / luonnollisesti

2. Etsi tekstistä sanat tai sanonnat, jotka merkitsevät samaa kuin:
   olla työssä normaaliajan jälkeen / kova, epämiellyttävä ääni / juuri nyt / sanoa toiselle: "Et saa tehdä noin!" / heti kun voit

3. Valitse oikea vaihtoehto.
   Perhe joutui syömään hernekeittoa merkitsee, että a) he halusivat syödä b) heidän täytyi syödä sitä.
   Kun *sade lakkaa,* se a) alkaa b) jatkuu c) loppuu.
   Jos *estät* toista henkilöä, a) autat häntä b) toimit niin ettei hän voi tehdä sitä mitä haluaa.

B   Kun olet tutustunut kappaleen kielioppiin, tee seuraavat harjoitukset tai joitakin niistä.

1. Me etsimme sinua, missä olit? (Mitä olit tekemässä?)
   juoda kahvia / levätä / hakea rahaa pankista / pakata matkalaukkua / kävellä / tavata pääministeri / jonottaa teatterilippuja / mennä ylitöihin / tulla kotiin / lähteä matkalle

2. Katso sivulla 190 olevaa kuvaa ja kerro, mitä ihmiset ovat tekemässä numeroiduissa kuvissa. Seuraa numerojärjestystä (*järjestys* order, succession).

3. Kerro, mitä nämä ihmiset menevät tekemään.

   Perheellä on takanaan pitkä työpäivä, kello on 22.30.
   Arkkitehti menee toimistoonsa.
   Pekalla ei ole yhtään rahaa.
   Marja huomaa, että äiti tarvitsee apua.
   Ihana päivä ja veden lämpö 22 astetta!
   Vanha ystäväsi on sairastunut.

4. Kerro, mitä nämä henkilöt tulevat tekemästä.

   Olemme hiihtäneet pari tuntia. Tulemme . . . . .
   Söin juuri päivällistä.
   Lapset ovat luistelleet.
   Olemme kävelleet.
   Pojat pelasivat tennistä.
   Tytöt uivat.

5. *jäädä, jättää, oppia, opettaa, pyytää* (tekemään)

a)

Mihin kaikki jäivät?
Lapset halusivat uida vielä, he jäivät .....
Tytöt halusivat juosta vielä.
Pojat halusivat pelata vielä jalkapalloa.
Isoisä halusi nukkua vielä.
Rouvat halusivat jutella vielä.
Pyhäaamuna kaikki halusivat maata vielä.

b)

Lähdimme rannalta ja jätimme muut uimaan.

Lähdimme tv-huoneesta / päivälliseltä / tanssisalista / ladulta / suomen tunnilta / kutsuilta.

c)

Mitä seuraavista haluaisit oppia tekemään?

soittaa jotakin instrumenttia (mitä?) / lasketella / pitää puheita / nauraa itselleen / käyttää aikaansa oikein / unohtaa ikävät asiat / tulla toimeen kaikkien kanssa / ajatella ensin ja puhua sitten / huomata, mikä on tärkeää, mikä ei / puhua suomea kuin suomalainen / pitää suomalaisesta ruuasta

Kerro, mitä ihminen oppii tekemään lapsena.
Mitä osaisit opettaa jonkun toisen tekemään?

d)

Sanon: Anu, laula! — Pyydän Anua laulamaan.

Sanoimme eilen: Kalle, lähde mukaan elokuviin!
Äiti sanoo: Lapset, menisittekö kauppaan?
Isä sanoi: Ville, pesisitkö auton?
Veljeni sanoi minulle: Etkö lainaisi minulle polkupyörääsi?
Rouva Virta sanoi tarjoilijalle: Voisitteko antaa minulle lasin kylmää vettä?

6. Täydennä sopivilla verbeillä.

Olen nopea ..... / Olen hidas ..... / Olen innokas ..... / Olen hyvä ..... / Olen väsynyt ..... / Olen kyllästynyt ..... / Olen huono ..... / En ole tottunut ..... / Ihminen ei ole koskaan liian vanha .....

7. **a)**

Ei sada enää. — On lakannut satamasta.

Kalle ei polta enää. James ei opiskele enää suomea. Ruusut eivät kuki enää.
Tämä kaupunki ei kasva enää. Perheeni ei harrasta enää laskettelua.

b)

Äiti kielsi poikaa menemästä ulos, mutta poika meni kuitenkin.

Kaikki varoittivat ..... , mutta me otimme kuitenkin riskin. Vanhemmat
kielsivät ..... , mutta poika tupakoi kuitenkin. Lääkäri varoitti
..... , mutta mies joi kuitenkin.

c)
Pikkulapsi, joka oli yksin rannalla, aikoi mennä veteen. Minä estin .....
Pekan ystävä oli juonut monta pulloa olutta ja aikoi lähteä autollaan kotiin.
Pekka koetti estää .....

8. **"tekemässä", "tekemästä"** vai **"tekemään"**?
Pekka on vielä (nukkua). Tytöt palasivat (tanssia) pikkutunneilla. Kilpahiih-
täjät kävivät (juoda) mehua mehuasemilla. Oletko tottunut (kylpeä) saunas-
sa? Mennään (kuunnella) meidän uusia levyjä! Flunssan jälkeen voi joutua
(levätä) normaalia enemmän. Lääkäri kielsi rouva Rinnettä (kantaa) raskaita
tavaroita.

9. **"tehdä"** vai **"tekemässä", "tekemästä", "tekemään"**?
Mari *syö*.
Hän aikoo .....   Hänen täytyy .....   Hän menee .....   Hän käy .....
ravintola Herkussa. Hän on menossa .....   Hän on nyt .....   Hän alkaa
.....   Hänen pitäisi ..... paljon hedelmiä. Hän haluaisi ..... makeita
jälkiruokia. Hän lakkaa .....   Hän tulee nyt ..... ravintolasta. Hän jou-
tuu usein ..... ravintolassa.

Lasse ja Riitta *tanssivat*.
He tahtovat .....   He käyvät usein .....   He ovat oppineet hyvin .....
He alkavat .....   He ovat hyviä .....   Nyt he lakkaavat .....   He eivät
jää enää .....

10. Tee lauseita seuraavista sanoista:
a) eilen, minä, sattua, nähdä, hassu tapaus
b) älkää, estää, Pekka, vaihtaa alaa, jos, hän, ei olla innostunut, opiskella,
teoreettiset aineet
c) luulla, sinä, että, sinä, voida, lakata, polttaa, jos, sinä, haluta?
d) minä, olla, niin väsynyt, katsoa, tämä, tv-ohjelma! — mikä, estää, sinä,
sulkea, televisio?
e) joskus, jokainen, joutua, tehdä, sellaista, mitä, hän, ei haluta, tehdä
f) tulkaa, auttaa!
g) sattua, sinä, olla, pikkuraha?
h) lääkäri, kieltää, Kalle, käyttää, suola, ruoka
i) ole hyvä ja, lakata, häiritä, me!

11. Kertaa **sairas**-sanat (FfF 1, s. 102 ja 216) ja täydennä seuraava taivutus.

    tämä rakas vieras nämä ....
    tätä .... näitä ....
    tämän .... näiden ....
    tällä .... näillä ....
    tähän .... näihin ....

12. Vastaa kysymyksiin (vastaussanat kysymysten jäljessä).

    Millaisilla ihmisillä on paljon rahaa?
    Millaiseksi tulet, kun saat flunssan?
    Mistä eläimistä ihmiset saavat villaa?
    Mitä hammaslääkäri korjaa?
    Mihin voit mennä katsomaan paperin valmistusta?
    Kenelle myyjä myy tavaraa?
    Millaisista lapsista aikuiset pitävät?
    Millaisten ystävien kanssa vietät syntymäpäiviäsi?
    Mitä pitkin nousemme kerroksesta toiseen?
    Millaisista väreistä lapset ovat kiinnostuneita?
    Millaisilla teillä on vaarallista ajaa?
    Mitä ihmiset syövät puolenpäivän aikaan?
    Missä on pilviä?

    Vastaussanat: *asiakas — hammas — kirkas — kohtelias — lammas — liukas — lounas — paperitehdas — paras — porras — rikas — sairas — taivas*

13. En kuule, mitä sanot; se on mahdotonta. — Minun on mahdotonta kuulla, mitä sanot.

    Pekka ei opi kieliä; se on hänelle vaikeaa.
    Unohda tämä asia; se olisi viisainta.
    Ostakaa uusi auto; se olisi parasta.
    Ei ole hyvä, että ihminen on yksin.

14. Ystävällinen täti tapaa pihalla pikku pojan.

    No, pikku ystävä, mikä sinun nimesi on? — Ei mikään.

    Missä sinä asut? Mistä sinä erikoisesti pidät? Mitä sinun isäsi tekee?
    Mihin sinä olet menossa? Miksi sinä aiot, kun tulet isoksi? Millä bussilla sinä menet kouluun? Minkä koulun oppilas sinä olet? Mille luokalle sinä pääset ensi keväänä? Miltä koulunkäynti sinusta tuntuu? Mitkä noista leikkiautoista ovat sinun?

15. Käännä suomeksi.
    A: Has anyone telephoned? Liisa? Did she say anything about tonight?
    B: No, she said nothing about it.

    ***

C: Which of these pictures do you like best?
D: I don't like any of them. I can't see how they can interest anyone.

***

E: Have you visited any African countries?
F: No, none. No one of us has been to Africa.

 KERTAUSTA

1. Tee **kumpi**-pronominilla kysymyksiä seuraavista sanoista.

> **Malli:** olla (oikeakätinen, vasenkätinen)? — Kumpi olet, oikea- vai vasenkätinen?

olla kiinnostunut (televisio, radio)?
olla tottunut (tee, kahvi)?
soittaa asiasta (Olli, Ville)?
harrastaa (ulkoilu, lukeminen)?
olla enemmän työtä (perheenäiti, perheenisä)?
käyttää kesälomalla (pitkät housut, shortsit)?

2. Täydennä **se**- ja **ne**-pronomineilla.

Me olemme lopulta ostaneet auton. Lähdemme ..... lomamatkalle. ..... on tilaa koko perheelle. Mummonkin on helppo mennä ..... sisään ja tulla ..... ulos. Olemme ..... niin ihastuneita, ettemme antaisi ..... pois mistään hinnasta.

Rantakadun uudet talot ovat nyt valmiita. ..... asuu jo muutamia perheitä ja ..... muuttaa koko ajan uusia asukkaita. Valitettavasti ..... vuokrat ovat aika korkeat. Muuten kaikki ovat ..... ihastuneita. Asiantuntijatkin ovat käyneet ..... katsomassa ja pitäneet .....

D **KESKUSTELU**

Keskustele toverisi kanssa siitä, mitä harrastatte viikonloppuisin tai esim. mitä teitte viime viikonloppuna. (Kertokaa mitä *menette tekemään* tai *käytte tekemässä*.)

Roolikeskusteluja
Olet Laurin ystävä ja menet katsomaan häntä sairaalaan. (Voisit kerrata kappaleen FfF 1:38, käytä myös sanakirjaa.) Viet hänelle lukemista ja jotain hyvää syötävää. Juttelette Laurin tapauksesta. Kerrot muista tapauksista, joista olet kuullut.

Hyödyllisiä sanontoja: *Kuinka kauan joudut olemaan sairaalassa? — Parane pian! — Hyvää vointia!*

tai:

Risto Kotilainen kertoo Helenalle Pentti Oran asian. Helena ei ole aluksi ollenkaan innostunut ottamaan kotiinsa ulkomaalaista nuorta miestä. Risto puhuu siitä, miten tärkeää kaikkien olisi oppia lisää englantia. He päättävät ottaa pojan luokseen. Risto soittaa Pentti Oralle ja kertoo päätöksestä, josta Pentti on iloinen.

 KUUNTELUHARJOITUS

Satu kahdestatoista veljeksestä

> Uusia sanoja: *muori* vanha nainen; *kori* basket

Tehtäviä

1. Kysymyksiä:
   a) Mihin köyhä nainen oli menossa?
   b) Miksi hän oli menossa sinne ja mitä hänellä oli mukana?
   c) Keitä hän tapasi?
   d) Mistä he keskustelivat?
   e) Mitä nainen sai mukaansa ja miksi?
   f) Kuka myös halusi samaa kuin köyhä nainen?
   g) Mitä köyhä nainen kertoi hänelle?
   *h) Mitä tämä toinen henkilö sitten teki?
   i) Millainen oli tapaaminen metsässä tällä kertaa ja mitä tämä henkilö sai?
   j) Mitä tapahtui hänen kotonaan? Miksi?
2. Kerro koko satu vapaasti, omilla sanoillasi, näiden kysymysten perusteella.
3. Millainen köyhä nainen oli luonteeltaan? Entä toinen nainen?

Sanoja: ystävällinen   kohtelias   tyytyväinen
       epäystävällinen epäkohtelias tyytymätön
       ahne *(greedy)*   ....

 LUKEMISTA

Marjatta Kurenniemi:
Lassi ja pyörä

Lassi viihtyi hyvin. Hän ui ja teki kaikkea, mitä hänen ikäisensä poika mielellään tekee. Mutta yksi huoli hänellä oli — polkupyörä.

Lassi muisti, kuinka kovasti hän oli sitä halunnut ja kuinka onnellinen hän oli ollut saadessaan (= kun hän sai) sen.

Sitten oli käynyt, niin kuin oli käynyt. Nyt oli hieno pyörä kivenä Lassin sydämellä. Se oli merkillinen pyörä. Aina kun Lassin olisi pitänyt mennä asialle kauppaan, pyörässä oli jokin vika. Isä, joka ei itse ollut tottunut korjaamaan polkupyöriä, pyysi eräänä päivänä Nyymannia korjaamaan Lassin pyörän.

Nyymanni teki sen, eikä siihen kauan aikaa mennytkään. Kun hän seuraavan kerran näki Lassin, hän sanoi:

— Kuules nyt Lassi. Minä katsoin sitä sinun pyörääsi. Se on hieno pyörä. Enkä minä löytänyt siitä juuri mitään vikaa. Kyllä sinä nyt voit sillä ajaa.

— Kiva, sanoi Lassi ilottomasti (adj. *iloton*).

— Etkös sinä aio kokeilla sitä? kysyi Nyymanni.

— En minä nyt, sanoi Lassi nopeasti. — Minä ajattelin mennä ongelle.

— Ei kala tähän aikaan syö. Kuules, Lassi. Tules tänne vähän juttelemaan.

Hitaasti Lassi meni istumaan Nyymannin viereen.

— Kuinkas se asia oikein on? Osaatko sinä ajaa pyörällä?

— Tietysti, sanoi Lassi. Hänen korvansa tulivat äkkiä punaisiksi.

— Vai niin. No, hyvä on. Minä vain ihmettelin, kun minä en ole koskaan nähnyt sinun ajavan, ja ajattelin vain, että kun pojalla on näin mahdottoman hieno pyörä, niin luulisi, ettei hän muuta teekään. Minä ainakin ajaisin aamusta iltaan — jos olisin sinun ikäisesi.

Lassi oli tulipunainen. Sitten hän äkkiä purskahti itkuun.

Ja sitten Nyymanni sai kuulla Lassin surullisen tarinan.

Hän oli toivonut niin kovin pyörää, ja hän oli ollut niin iloinen saadessaan sen. Mutta hän ei ollut lainkaan ajatellut, että pyörällä ajaminenkin täytyi oppia, ettei sitä ilman muuta osannut.

Hän oli näyttänyt pojille pihalla pyöräänsä ja kertonut pyöräretkistään, vaikkei hän koskaan ollut niitä tehnyt. Sitten hän oli lähtenyt siinä poikien edessä pihalla ajamaan — eikä hän ollut osannutkaan. Kyllä pojat olivat nauraneet!

Onneksi kaikki olivat sitten menneet maalle ja unohtaneet jutun. Mutta pahinta oli, että kotiväki uskoi Lassin osaavan (= että hän osasi) ajaa, hän oli silloin alussa sanonut niin. Eikä hän enää myöhemmin voinut kertoa, kuinka asia oli . . .

Nyymanni oli kuunnellut vakavana.

— Mutta miksi sinä et sitten ole opetellut ajamaan? hän kysyi.

— En minä . . . Helsingissä oli pihalla aina poikia katsomassa ja nauramassa. Kaikki muut osasivat ajaa, paitsi tietenkin pikkupojat. Eikä täälläkään maalla . . .

— Mutta nyt minä opetan sinut ajamaan, sanoi Nyymanni ja nousi ylös. — Ja ihan tänä päivänä.

Lassi tuli ihan kalpeaksi.

— E-en minä . . . ei ainakaan tänään . . .

— Ihan tänä päivänä, se on varmaa. Illalla sinä osaat ajaa, tai muuten minun nimeni ei ole Nyymanni.

— Ehkä sitä voisi yrittää . . . Mutta ei tässä pihalla . . . Lassi katsoi Nyymanniin.

— Ei tässä, ei tietenkään. Minä tiedän oikein hyvän paikan. Mennään sinne harjoittelemaan. Sitten se juttu on selvä.

Ja niin alkoivat harjoitukset. Vaikeaa se oli alussa. Mutta Lassi yritti kovasti.

— Johan se menee paremmin, sanoi Nyymanni. — Paljon paremmin . . .

— Kyllähän se — näin — jo alkaa — mennä, kun sinä — pidät kiinni — pyörästä, sanoi Lassi.

— Enhän minä enää vähään aikaan ole pitänyt kiinni, nauroi Nyymanni.

Ensin Lassi pelästyi niin että melkein kaatui, mutta Nyymannin voimakas käsi tarttui pyörään ja esti sitä kaatumasta.

— Mutta — sittenhän minä — melkein osaan ajaa! sanoi Lassi iloisena.

— Niin minunkin mielestäni, vastasi Nyymanni.

21

Sillä tavalla Lassi sitten lopulta oppi ajamaan. Polkupyörä alkoi merkillisellä tavalla pysyä kunnossa, ja Lassi oli aina valmis lähtemään kauppaan ja muille asioille.
Mutta syytä tähän muutokseen Lassi ei kertonut kenellekään.
Eikä myöskään Nyymanni.

(Tekstin on lyhentänyt ja yksinkertaistanut Maija-Hellikki Aaltio.)

Tehtävä

Mitkä ovat seuraavien sanojen perusmuodot (yksikön nominatiivit ja infinitiivit):
sydämellä — merkillisellä tavalla — kunnossa — tähän muutokseen — ongelle — kenellekään; pyysi — korjaamaan — ihmettelin — ei teekään — oli näyttänyt — esti

3

MEIDÄN OLISI PITÄNYT LÄHTEÄ AJOISSA

A Kun olet tutustunut kappaleen tekstiin, tee seuraava harjoitus.

Totta vai ei?
a) Bensiiniä saa huoltoasemalta.
b) Voi olla hyvin vaarallista, jos auton kuljettaja ei keskity tarpeeksi ajoon.
c) Jos pysäköi väärin, saa suukon.
d) Henkilötodistus voi olla esim. ajokortti.
e) *mennä pieleen* tarkoittaa ''epäonnistua''.
f) Professorit ovat hajamielisiä. Professorit ovat viisaita. Hajamieliset ihmiset ovat siis tavallista viisaampia.
g) Antti Aarnio on täydellinen autoilija.
h) Jäisellä tiellä pitää jarruttaa voimakkaasti.
i) Tärkeä kirje on parasta lähettää kirjattuna.
j) Liikennemerkeistä näkee, missä pysäköiminen on kielletty ja mikä on nopeusrajoitus.
k) Jaana ja Antti Aarnio taitavat pitää leivoksista.

B Kun olet tutustunut kappaleen kielioppiin, tee seuraavat harjoitukset tai joitakin niistä.

1. Mitä nämä ihmiset olisivat tehneet, jos heillä olisi ollut vapaa ilta?
Minä ..... romaanin.
Liisa ei ..... romaania, hän ..... kirjeitä.
Muut eivät ..... kirjeitä, he ..... televisiota.
Me emme ..... televisiota, me ..... musiikkia.
Pekka ei ..... musiikkia, hän ..... hiihtämään.
Minä en ..... hiihtämään, minä ..... vieraita.
Te ette ..... vieraita, te ..... saunassa.
Ville ei ..... saunassa, hän ..... tennistä.
Virtaset eivät ..... tennistä, he ..... kahvia.
Me emme ..... kahvia, me ..... pitsaa.
Minä en ..... pitsaa, minä ..... espanjaa.
Maija ei ..... espanjaa, hän ..... vain ..... laiskana.

2. Jos aurinko paistaisi, lumi sulaisi. — Jos aurinko olisi paistanut, lumi olisi sulanut.

Jos asuisin keskustassa, en tarvitsisi autoa.
Jos Kari ei menisi laskettelemaan, hän ei kaatuisi.
Jos saisit tarpeeksi vitamiineja, et sairastuisi.

Jos haluaisitte, voisitte auttaa meitä suuresti.
Paavo ei lähtisi Ruotsiin, jos hänellä olisi työtä Suomessa.
Kävisimme kyllä sinua katsomassa, jos joutuisit sairaalaan.
Bill ymmärtäisi suomea paremmin, jos ihmiset puhuisivat hitaammin.

3. Käännä suomeksi:
   If we had had a little more money, we could have bought that nice 2-room apartment. We ought to have remembered Aunt Eeva's birthday. You shouldn't have told Mother. You could have had a really good time yesterday if you had come along. He ought to have had more sense *(järki)*.

4. Miksi ihmiset opiskelevat? — Saadakseen tietoja.

Minä opiskelen ..... tietoja. Sinä opiskelet ..... tietoja. Nuori ihminen opiskelee ..... tietoja. Me opiskelemme ..... tietoja. Te opiskelette ..... tietoja.

5. Ajoin huoltoasemalle; otin bensiiniä. — Ajoin huoltoasemalle ottaakseni bensiiniä.

Ostin oppikirjan; aloitan kieliopinnot.
Pekka lainaa rahaa; hän ostaa asunnon.
Haluaisin tavata sinut; juttelisin eräästä asiasta.
Veljeni ajoi auton takapihalle; hän halusi pestä sen.
Soitimme Virtasille; kutsuimme heidät saunaan.
Kuuntelemme nykymusiikkia; opimme ymmärtämään sitä.
Nämä sveitsiläiset ovat matkustaneet paljon Pohjois-Suomessa; he tahtovat tutustua saamelaisiin.

6. Käytä "tehdäkseen"-muotoa *koska*-lauseen sijasta.
   Avasin radion, koska halusin kuunnella musiikkiohjelmaa.
   Kirjoitimme Korhosille, koska halusimme kiittää heitä viimeisestä.
   Ihmiset tarvitsevat lomaa, koska he haluavat levätä, saada vaihtelua ja olla enemmän perheensä ja ystäviensä seurassa.
   Isän täytyi nousta nojatuolistaan, koska hänen piti vastata puhelimeen.
   Soitin hammaslääkärille, koska minun täytyi tilata aika.
   Monet juovat, koska haluavat unohtaa surunsa.
   Kerroitko tämän minulle vain, koska halusit loukata *(hurt)* minua?

7. Vastaa kysymyksiin täydellisillä lauseilla; käytä "tehdäkseen"-muotoa.
   Miksi opiskelet suomen kieltä?
   Miksi ihmiset matkustavat?
   Minkä vuoksi ihmiset tekevät työtä? — haluavat rahaa? — pitävät kutsuja?
   Mistä syystä lappuliisat *(meter-maids)* pysähtyvät autojen luo?
   Mitä varten ostat kirjoja?

8. Käytä "tehdäkseen"-muotoa *mikäli*-lauseiden sijasta.
   Mikäli tiedän, suomi ja unkari ovat sukulaiskieliä.

Mikäli ymmärrän, ne ovat kaukaisia sukulaisia.
Mikäli muistan, viron eli eestin kieli on läheistä sukua suomelle.
Mikäli voin nähdä, ne ovat hyvin erilaisia kieliä kuin useimmat muut
Euroopan kielet.

9. **Kolmas infinitiivi vai "tehdäkseen"?**
   Mihin Kaisa meni? (Hiihtää.) Hän on hiihtokurssilla (oppia) laskettelemaan.
   Missä Matti on? (Levätä.) Hän lähti tänään työstä aikaisemmin (levätä) vähän.
   Mistä sinä tulet? (Uida.) Miksi sinä käyt (uida)? (Hoitaa) terveyttäni.
   Opeta minua (piirtää), äiti!
   Tarvitsin henkilökorttia (hakea) kirjatun kirjeen postista.
   Ajamme varovaisesti (pysyä) tiellä.
   Tulkaa (juoda) teetä, pojat!

10. **mikä (kuka) — kumpi?**
    ..... näistä kolmesta omenasta haluat? Suurimman.
    ..... näistä kahdesta omenasta haluat? Suuremman.
    ..... näistä viidestä hakijasta otatte työhön?
    ..... näistä kahdesta hakijasta otatte työhön?
    ..... näistä kahdesta ruokalajista aiotte syödä?
    ..... näistä monista ruokalajeista aiotte syödä?
    ..... näistä kaikista tv-ohjelmista pidit eniten?
    ..... näistä kahdesta tv-ohjelmasta pidit enemmän?

11. Käytä kursivoitujen kohtien sijasta pronomineja **molemmat** ja **kumpikin**.

> *Sekä kissa että koira* ovat kotieläimiä. — Molemmat ovat kotieläimiä.
> Kumpikin on kotieläin.

Nils puhuu *sekä suomea että ruotsia*.
Pidän *sekä kahvista että teestä*.
Osaatko tehdä työtä *sekä oikealla että vasemmalla kädellä?*
Tämä turisti on tutustunut *sekä Pariisiin että Lontooseen*.
Vietämme *sekä joulun että uudenvuoden* kotona maalla.
Kirjoitin kortin *sekä sisarelleni että veljelleni*.
Viisas ihminen syö paljon *sekä vihanneksia että hedelmiä*.

12. Käytä kursivoitujen kohtien sijasta pronominia **kumpikaan**.

> *Ei kirahvi eikä seepra* asu Euroopassa. — Ei kumpikaan (t. kumpikaan
> ei) asu Euroopassa.

Joan ei puhu *suomea eikä ruotsia*.
En pidä *kahvista enkä teestä*.
Tämä turisti ei ole tutustunut *Pariisiin eikä Lontooseen*.
Emme vietä *joulua emmekä uuttavuotta* kotona.
En ole kirjoittanut *sisarelleni enkä veljelleni*.
Emme tapaa tänään *Virtasia emmekä Lahtisia*.

13. Käytä seuraavissa lauseissa pronomineja **kumpikin, kumpikaan** tai **jompi-kumpi**.

Molemmat halusivat lähteä mukaan. *Ei Liisa eikä Leena* halunnut lähteä mukaan. *Joko Liisa tai Leena* voisi lähteä mukaan. Voit ottaa näistä kynistä *toisen tai toisen*. Voit ottaa *molemmat*. Et voi ottaa *tätä etkä tuota*. En välitä *tästä levystä enkä myöskään tuosta toisesta*. Olen kiinnostunut *molemmista levyistä*. Voisinko saada näistä *toisen tai toisen*?

14. On kai parasta puhua totta *t*. Luulen, että on parasta puhua totta. — Taitaa olla parasta puhua totta.

Pekka on kai matkoilla.
Huomenna voi tulla kaunis ilma.
On ehkä liian myöhä soittaa Kotilaisille tänä iltana.
Minä kai lähden tästä kotiin.
Luulen, että Liisa ei välitä paljon musiikista / että sinä tykkäät mukavasta elämästä / että Timo oli eilen humalassa *(drunk)*.

C **KERTAUSTA**

1. Verbin taivutusta. Vastaa alla oleviin kysymyksiin kaikilla seuraavilla verbeillä: *uida — kirjoittaa — piirtää — suunnitella lomaa — tavata ystäviä — ansaita rahaa*

   Mitä teet usein? Mitä teit eilen? Mitä olet tehnyt tänään? Mitä tekisit mielelläsi? Mitä olisit tehnyt mielelläsi? Mitä menet tekemään? Miten pyydät Pekkaa tekemään nämä asiat *("ole hyvä ja . . .")*? Miten pyydät tohtori Laitista tekemään ne?

2. *Monikkoharjoitusta*
   "Laiva on lastattu" on vanha suomalainen seuraleikki. Normaalisti se käy näin:
   Antti: Laiva on lastattu sokerilla.
   Liisa: Laiva on lastattu suklaalla.
   Pekka: Laiva on lastattu suksilla.
   (Kaikki vastaukset alkavat siis samalla kirjaimella.)

   Tällä kertaa leikimme tätä leikkiä kaikenlaisilla monikoilla. Valitse vastaussanat sivun 27 luettelosta.

26

Malli 1
Bill: Laiva on lastattu *omenilla*.
Mary: Laiva on lastattu *kirjoilla* (jne).

Malli 2
Mary: Laiva on lastattu *hyvillä omenilla*.
Bill: Laiva on lastattu *vanhoilla kirjoilla*.

Substantiiveja:
auto lamppu laukku ruusu sänky farkut hattu puku tyttö/
kynä leipä pöytä kukka poika kenkä lehmä polkupyörä/
kala kartta kissa kana nenäliina paita sauna/
bussi kuppi kortti tuoli takki / kivi lehti suksi lapsi/
radio televisio laatikko solmio pusero/
hedelmä omena ongelma unelma opettaja myyjä ystävä/
peruna kamera makkara opiskelija mustikka piirakka tavara/
appelsiini banaani kasetti romaani tomaatti tulppaani/
rypäle hame kirje kone käsine lääke vaate tietokone/
nainen ihminen hevonen ulkomaalainen suomalainen/
puhelin eläin levysoitin avain/
vihannes rakennus kysymys vastaus ajatus/
vieras asiakas tehdas hammas lammas / mies/

Adjektiiveja:
harmaa vapaa / huono iso hieno hullu/
köyhä pitkä hyvä kova tyhmä / hauska paha vanha halpa/
kiltti siisti moderni normaali / pieni suuri nuori / uusi/
paistettu suosittu tunnettu/
ihana mukava ahkera ikävä lihava miellyttävä sopiva/
nopea komea makea ruskea tärkeä vihreä / terve/
punainen sininen keltainen tavallinen likainen/
sairas hidas paras rikas rakas / kaunis kallis valmis/
lyhyt / lämmin / mahdoton / väsynyt oppinut/
parempi vanhempi kalliimpi halvempi kauniimpi/
kaunein kallein uusin halvin huonoin/

D KESKUSTELUA

Olet autossa, jota keskustelutoverisi ajaa. Hän on hiljattain saanut ajokortin. Sinä itse olet kokenut autoilija ja joudut neuvomaan häntä koko ajan. (Käyttäkää apuna kappaleen tekstin lisäksi lukuharjoitusta ja kuvia.)
tai:
Jos olisit voittanut ilmaisen matkan kolmeen paikkaan maailmassa, mihin olisit matkustanut ja mitä olisit tehnyt siellä? Mitä keskustelutoverisi olisi tehnyt?

KUUNTELUHARJOITUS

Uusia sanoja:
jännittävä exciting, thrilling; *mieli/kuvitus* imagination;
tulos result; *perustaa* to establish; *velka* debt;
se ei käy that won't do; *tiski/kone* = astian/pesu/kone

Tehtäviä

1. Kumpi on totta?
   a) Pukkilat ovat onnellinen ja tyytyväinen perhe.
   b) Pukkilan perheen jäsenillä on omat harrastuksensa eivätkä he paljon välitä toisistaan.

   a) Lottoharrastus on heille jännittävä leikki.
   b) He harrastavat lottoa, koska raha on heille elämän tärkein asia.
2. Mitä keskustelu kertoo perheen raha-asioista?
3. Mitä Timo ja Päivi haluaisivat harrastaa?
4. Mitkä seuraavista väitteistä ovat totta?
   a) Isä Pukkilalla on huumorintajua.
   b) Äiti Pukkila haluaisi hienomman asunnon.
   c) Isä Pukkila olisi valmis jättämään työpaikkansa, jos hän saisi oman liikkeen.
   d) Äiti Pukkila olisi valmis jättämään työpaikkansa, jos hän voisi jäädä kotiin.
   e) Timo on erittäin innostunut koulusta.
   f) Äiti Pukkila ei haluaisi, että heidän elämänsä muuttuu.
   g) Äiti Pukkila ei halua enää jatkaa lottoamista.

F LUKEMISTA

Testi kaikille, jotka joutuvat ajamaan autoa.
Oletko A- vai Ö-tyyppiä? Testaa itsesi!

A-tyyppi

1. Otan aina lisää bensiiniä ajoissa.

2. Keskityn ajoon, katselen tietä ja seuraan muuta liikennettä.

3. En koskaan aja ylinopeutta.

Ö-tyyppi

Joskus on sattunut, että bensa on loppunut kesken matkan. Ja aina väärässä paikassa, se on tietty!

Koska olen tottunut autoilija, voin ilman riskiä samalla katsella maisemia. Mehän liikumme autolla nähdäksemme maailmaa.

Tavallisesti ajan 5—10 km ylinopeutta. Siitä ei ole kenellekään vaaraa, tuskin siitä saa sakkoakaan, ja tulen nopeammin perille. Jos on kiire, liikennettä on vähän eikä poliisiautoja ole liikkeellä, ajan mielelläni hyvinkin kovaa.

4. Talviajossa olen erikoisen varovainen. Ajan melko hiljaa, joutuakseni jarruttamaan mahdollisimman harvoin. Olen harjoitellut liukkaan kelin ajoa jäällä.

Nähdäkseni monet liioittelevat talviajon vaaroja. Ajan itse normaalilla tavalla, onhan autossani talvirenkaat. Kokenut autoilija pysyy kyllä tiellä. Molemmat kolarini olen ajanut kesällä.

5. En milloinkaan pysäköi kielletylle paikalle enkä milloinkaan ole saanut sakkolappua.

No, olenhan minä joskus joutunut pysäköimään kielletylle paikalle ja saanut pari sakkolappua, mutta kaikkihan niitä saavat.

6. En koskaan aja ilman ajokorttia. Käytän sitä myös henkilökorttina.

Ajokortti on jäänyt kotiin jonkun kerran, kun on ollut eri takki päällä, mutta eipä sitä ole kukaan kysellyt.

7. Käytän aina turvavyötä ja vaadin myös autoni matkustajia käyttämään turvavöitään. Sehän on laki.

Käytän turvavyötä pitkillä matkoilla, mutta harvoin kaupunkiajossa, nopeuttaakseni autoon nousemista ja autosta poistumista.

8. Ohitan toisia autoja varovaisesti. Kaupunkiajossa vaihdan harvoin kaistaa.

Minusta on ikävä ajaa toisen auton takana, ohitan aina kun vain voin.

9. En koskaan ota autooni liftareita. Jos ihmisillä ei ole omaa autoa, heidän on paras käyttää busseja ja junia. Liftarit voivat olla vaarallisia, jokainen on kuullut sellaisesta.

Otan mielelläni autooni liftareita, varsinkin jos ajan yksin. Heistä on seuraa. En usko liftarien vaarallisuuteen.

10. En missään tapauksessa käytä yhtään alkoholia, kun olen auton kanssa liikkeellä.

No, joutuuhan sitä kavereiden kanssa ottamaan pari olutta, vaikka liikkuukin autolla. Jos aion ottaa enemmän, jätän kyllä auton kotiin.

11. Pesen autoni kaksi kertaa viikossa. Millainen auto, sellainen kuljettaja.

Pesen auton, kun on aikaa. Lika ei minua häiritse, jos auto kulkee hyvin.

12. Vien autoni säännöllisesti huoltoon pitääkseni sen parhaassa mahdollisessa kunnossa.

Huollot ovat kalliita, ei autoa tarvitse huoltaa joka 5000 kilometrin jälkeen. Huoltamot haluavat vain ottaa autoilijoilta rahat pois.

Yksinomaan A-vastauksia: Taidat valehdella. Ei kukaan autoilija voi olla noin täydellinen.

Yksinomaan Ö-vastauksia: Taidat liioitella. Ei kukaan autoilija voi olla noin huolimaton.

Enemmistö A-vastauksia: Olet normaali autoilija ja tulet hyvin toimeen toisten autoilijoiden kanssa.

Enemmistö Ö-vastauksia: Olet hiukan liian huoleton. Älä syytä minua, jos joudut vaikeuksiin autosi, toisten autoilijoiden tai poliisin kanssa.

4

HEINÄKUUSSA LÄHDETÄÄN MÖKILLE

A Kun olet tutustunut kappaleen tekstiin, tee seuraavat harjoitukset.

1. Selitä suomeksi, mitä merkitsee:
   homma / pistää (esim. rahaa taskuun) / saunoa
   Mitä *tarjous* ja *ale* merkitsevät ostajalle?
   Miksi liikkeet *mainostavat* tavaraa?

2. Kuinka voit sanoa saman kuin:
   meillä ei ole saippuaa / *hänellä ei ole aikaa* lähteä tänään elokuviin / käyttää tavaraa nähdäkseen, onko se hyvää ja sopivaa / lasi täynnä vettä / sanoa hyvästi

B Kun olet tutustunut kappaleen kielioppiin, tee seuraavat harjoitukset tai joitakin niistä.

1. Kertaa *"let us do"* -harjoitukset FfF 1:33, s. 175—176 (harj. 9—12). Tässä vielä yksi harjoitus samasta asiasta.
   a)

   > Meidän pitäisi soittaa kotiin. — Soitetaan kotiin!

   Meidän pitäisi selittää heille, mistä on kysymys / pestä vaatteita / hoitaa asia tänään / pyytää pankista lainaa / keskittyä vain opiskeluun / pysäköidä tähän

   b)

   > Älkää menkö autolla! — Ei mennä autolla!

   Älkää ajako liian kovaa! — pyöräilkö tässä! — lukeko lehtiä nyt! — jättäkö työtä kesken! — valitko Villeä puheenjohtajaksi *(chair)*!

2. Hyvin tavallinen tapa ehdottaa, että voisimme tehdä jotakin:
   Mennäänkö kahville? tai: *Eikö mennä kahville?*

   Tee samanlaisia ehdotuksia seuraavista asioista:
   lähteä jo kotiin / ostaa jotain kivaa / ottaa vähän voileipää / maistaa tätä kakkua / levätä vähän aikaa / tavata taas huomenna / käydä uimassa / unohtaa koko ikävä asia

3. Kertaa *"me mennään"* -harjoitus FfF 1:33, s. 176 (harj. 13). Vastaa seuraaviin kysymyksiin täydellisillä lauseilla.

> Mitä te teette torilla? — Me ostetaan marjoja.

Mitä te teette hiihtoladulla? — uimahallissa? — diskossa? — viikonloppuisin? — kesällä?
Mitä te ette tee kesällä? — talvella? — viikonloppuisin?

4. Mitä tapahtuu kirjalle? Kirja *luetaan.*

Kerro lyhyillä passiivilauseilla, mitä tapahtuu seuraaville asioille:
kahvi — laskut — vieraat kielet — matkatavarat — asunto — uusi puheenjohtaja — laina — hauskat vitsit — lahja

Mutta jos ihmisillä ei ole aikaa, rahaa tai halua tehdä mitään, mitä *ei* tapahdu?

5. Täydennä passiivin preesensillä:
Sairaita ..... sairaalassa. Filosofiaa ..... yliopistoissa. Erilaisia tavaroita ..... televisiossa. Marjoja ..... kesäisin ja syksyisin. Talot ..... puusta tai kivestä. Paperia ..... puusta. Leipä ..... leipomoissa. Likaiset vaatteet ..... Sairaille ..... lääkkeitä.

Verbit: *antaa — hoitaa — leipoa — mainostaa — opettaa — pestä — poimia — rakentaa — valmistaa*

6. Tee passiivikysymyksiä ja vastaa niihin.
(hiihtää) Lapissa?
(saada) Suomesta öljyä?
(voida) lintuja opettaa puhumaan?
(pitää) Afrikassa poroja?
(kirjoittaa) anteeksi yhdellä e:llä?
(viettää) kotimaassasi joulua?
(vaihtaa) hotelleissa rahaa?
(ymmärtää) Suomessa paljon espanjaa?

7. Muuta lauseet passiiviin. Muista, että passiivilauseessa ei voi sanoa, *kuka* tekee jotakin. Huomaa objektin muoto.

Miehet rakentavat mökin puusta. — Mökki .....

Opettaja selittää asian kyllä.
Työläiset aloittavat työn seitsemältä.
Johtaja Kauppi pitää puheen suomeksi ja ruotsiksi.
Ihmiset tuntevat tämän laulajan joka paikassa.
Mattilat jättävät pikku Jannen kotiin.
Ulkomaalaiset ääntävät (*ääntää* to pronounce) tämän sanan usein väärin.
Ostamme kirjoja kirjakaupasta.

8. Elämä on vaikeaa; niin kaikki sanovat. — Sanotaan, että elämä on vaikeaa.

Tulee kaunis kesä; niin ihmiset toivovat.
Inflaatio jatkuu; niin kaikki pelkäävät.
Öljyn hinta laskee; sitä monet odottavat.
Ongelmia on ollut ennenkin; sen ihmiset usein unohtavat.
Vanhatkin tarvitsevat seuraa; sitä eivät muut aina huomaa.
Suomessa tehdään muutakin kuin paperia; sitä eivät ulkomailla kaikki aina tiedä.

9. Mitä ihmiset tekevät päivän aikana? — Mitä päivän aikana tehdään?
(Huomaa, että jos lauseessa on ajan tai paikan määrite, se yleensä aloittaa passiivilauseen.)

Ihmiset nousevat aamulla. Sitten he juovat kahvia. He lähtevät työhön kello 7.30. Keskipäivällä he syövät lounasta. Sen jälkeen he jatkavat työtä. He palaavat kotiin neljän jälkeen. Kotona he viettävät perhe-elämää. He katsovat televisiota illalla. He käyvät joskus huvittelemassa. Perjantaina tai lauantaina he kylpevät saunassa. Saunassa he ovat noin tunnin.

10. Vastaa kysymyksiin.

Mitä tehdään
a) kammalla
b) harjalla
c) kynällä
d) rahalla
e) suksilla
f) käsillä
g) jaloilla

h) aivoilla
   (*aivot* brain)
i) silmillä
j) korvilla
k) nenällä
l) kielellä
m) kameralla

n) pesukoneella
o) pakastimella
p) avaimella
q) levysoittimella
r) puhelimella
s) hellalla (liedellä)

Tarvitset ehkä näitä verbejä: *haistaa* to smell, *harjata* to brush, *kammata (kampaan)* to comb, *maistaa* to taste (food), *pakastaa* to freeze food

11. Katso s. 190 olevaa kuvaa ja kerro mitä siinä tehdään.

12. Kerro tässä harjoituksessa, mitä *ei* tehdä.

Lomalla ..... työssä. Pyhänä ..... töihin. Koulussa ..... sohvalla. Kesällä ..... suksilla. Apteekissa ..... vaatteita. Kahvilassa ..... alkoholijuomia. Suomen kurssilla ..... venäjää. Talvella ..... järvessä. Tehtaassa ..... romaaneja. Yliopistossa ..... ajamaan autoa.

13. Käännä suomeksi:
This house will be sold. It will be bought by the Lehtinen family. That song is sung all over the country. It *(sitä)* is sung by young and old, men and women.

14. Taivuta:

se vesi	ne .....
sitä	niitä .....
sen	niiden .....
siinä	niissä .....
siitä	niistä .....
siihen	niihin .....
sillä	niillä .....

15. Täydennä; lue ääneen ne lauseet, joissa on numerotietoja.

a)

Loppuunmyynnissä sai 15 mk:n tavaraa 6 mk:lla.

Vainaja (= kuollut) kuoli 66 v:n ja 5 kk:n ikäisenä.

Sanakirjassa on monien (kuukausi), jopa useiden (vuosi) työ.

Aioin ostaa (uusi) aurinkolasit, mutta minullahan on jo (yksi) hyvät lasit, enkä tarvitse (kaksi) aurinkolaseja.

b)

Syömme lounasta 1—2 (13—14) ja päivällistä 5—6 (17—18).

Oppitunnit ovat illalla 16—20.

Kun poika lähti kotoa, äiti odotti häntä päivästä päivään, kuukau... kuukau... , vuo... vuo...

Lapsi muutti kynän oikeasta kä... vasempaan kä...

Olen lukenut tämän kirjan kan... kan... (*kansi* cover, lid).

16. Vastaa kysymyksiin. Valitse vastaussanat alla olevasta luettelosta.

Miksi jää muuttuu, kun se sulaa?

Minkä Punahilkka *(Little Red Ridinghood)* tapasi metsässä?

Mitä lauluja lauletaan kirkossa?

Jos matkustat Suomesta Englantiin, mihin päin kuljet?

Missä on 52 viikkoa? — 24 tuntia?

Mitä kirjassa on, paitsi lehdet?

Millä ihminen tekee työtä, paitsi aivoillaan?

Millaisia tavaroita ei myydä kirpputorilla *(flea market)*?

Millaista epäkriittisen ihmisen mielestä on kaikki, mitä hän lukee?

kansi — käsi — länsi — susi — tosi — uusi — vesi — virsi — vuorokausi — vuosi

KERTAUSTA

1. Mikä on seuraavien sanaparien perusmuoto (yks. nom.)?

vapaaseen hotellihuoneeseen	kalliisiin liikkeisiin
valmiiseen rakennukseen	lämpimiin asuntoihin
kirkkaaseen auringonvaloon	tärkeihin kokouksiin
väsyneeseen ihmiseen	parhaisiin museoihin
epäkohteliaaseen asiakkaaseen	kuolleisiin lintuihin
siihen salaisuuteen	kohteliaisiin sanoihin
kolmanteen kerrokseen	niihin harrastuksiin
terveelliseen ilmastoon	voimakkaisiin johtajiin
terveellisempään ilmastoon	vaikeampiin ongelmiin
terveellisimpään ilmastoon	vaikeimpiin kysymyksiin

2. *Monikkoharjoitus.* Lisää sopivat adjektiivit.

Pidän ..... miehistä, ... naisista ja ..... lapsista.
Olen ihastunut ..... ruusuihin, ... tulppaaneihin ja muihin ..... kukkiin.
Kirjoitan mielelläni ..... kirjeitä ..... ystäville.
Vietän mielelläni aikaa ..... ravintoloissa, syön ..... ruokia ja juon ..... juomia.
Pidän ..... koirista, ... kissoista ja ..... hevosista.
..... elokuvien ja ..... teatterikappaleiden katsominen on minulle suurta huvia.
Edelleen minua kiinnostavat ..... autot, ... lomamatkat ja ..... maat.
Viihdyn ..... huoneissa ..... taloissa.
Asun mieluummin ..... kaupungeissa kuin ..... kaupungeissa.

3. Pronominiharjoitus: **mikä**

Eeva osaa ranskan kieltä. — Mitä muita kieliä hän osaa?

Olemme käyneet Puolan pääkaupungissa. Pidän kovasti tästä näytelmästä. Lihaa voi valmistaa tällä tavalla. Tälle sukulaiselle lähetettiin joululahja. Lehtimies tutustui tähän maahan. Tältä tuttavalta tuli onnittelu.

KUUNTELUHARJOITUS

Mitä ajattelet mökillä olosta?

Uusia sanoja:
onkia to angle; *mökkihullu* crazy about life at the cottage; *telkkari* = tv; *teltta* tent; *mukavuus* convenience, comfort; *ikinä* = koskaan; *astia* dish, vessel, container

KESKUSTELUA

Kappaleen teksti ja kuunteluharjoitus ovat ehkä antaneet sinulle jonkinlaisen kuvan elämästä suomalaisella kesämökillä. Keskustele toverisi kanssa siitä, mitä ajattelette tällaisesta elämänmuodosta ja kuinka itse viihtyisitte mökillä ja mitä siellä tekisitte.

Roolikeskusteluja:

a) Arin ja Jennin vanhemmat tapaavat ja keskustelevat kesämökillä olosta ja lasten viihtymisestä siellä.
b) Jenni soittaa sukulaistalosta parhaalle tyttöystävälleen kaupunkiin. Hän valittaa, miten ikävää mökkielämä on. Tyttöystävä ymmärtää häntä ja kertoo puolestaan, mitä kaikkea hän on kaverien kanssa tehnyt kaupungissa viime aikoina.
c) Martti Luoto ja Ulla Laine keskustelevat mökkielämästä. Molemmat selittävät, miksi he pitävät tai eivät pidä siitä.

LUKEMISTA

Kesämökin keittiöstä

Jos kesämökin asukkaat kalastavat ja kasvattavat itse vihanneksia, mikä on hyvin tavallista, kesämökillä syödään paljon kalaa, vihanneksia ja salaatteja. Nykyisin monilla mökeillä on jo jääkaappi, jonne voidaan ostaa lähimmästä kaupasta kaikkea, mitä halutaan, kuten lihaa, makkaraa tai valmiita ruokia. Yleinen ruokalaji mökillä on esim. purkissa ostettava hernekeitto. Avataan vain purkki, lisätään vettä ja mausteita, lämmitetään kattilassa — ja ruoka on valmista. Tavallisia jälkiruokia ovat jogurtti, viili (joka muistuttaa jogurttia) ja jäätelö. Viiliä voidaan syödä joko jälkiruokana erilaisten marjojen kera (= kanssa) tai sitten aamiaisruokana, puuron sijasta. Silloin siihen usein sekoitetaan talkkunaa (eräänlaista jauhoa, jota saa ostaa kaupoista). Jäätelöönkin lisätään usein marjoja (mansikoita, mustikoita tai vadelmia).

Ehkäpä tyypillisin mökkiruoka on paistettu lenkkimakkara, josta varsinkin lapset pitävät ja jota syödään myös illalla, saunan jälkeen, koska se voidaan valmistaakin saunassa. Tässä seuraa lenkkimakkaran sekä tyypillisen suomalaisen kesäjuoman, siman, resepti.

Paistettu lenkkimakkara
Poistetaan lenkkimakkarasta kuori. Leikataan makkara muutamasta kohdasta melkein poikki ja pannaan jokaiseen väliin juustoviipale sekä päälle tomaattiketsuppia. Pannaan paistumaan kuumaan uuniin. Kun juusto on sulanut ja saanut vähän väriä, makkara on valmista.

Lenkkimakkara maistuu parhaalta kivennäisveden tai oluen kera. Sen kanssa sopivat riisi tai perunat sekä salaatti.

Jos lenkkimakkara valmistetaan saunassa tai mökin takassa, kuorta ei poisteta eikä väleihin panna juustoa. Sen kera voidaan syödä esim. perunalastuja *(chips).*

Sima

7 l vettä	1/4 tl hiivaa
1/2 kg sokeria	rusinoita
1/2 kg fariinisokeria (= ruskeaa sokeria)	sokeria
1 iso t. 2 pientä sitruunaa	

Vesi keitetään. Sitruunat leikataan viipaleiksi. Kiehuvaan veteen lisätään sokeri, fariinisokeri ja sitruunaviipaleet. Hiiva sekoitetaan pieneen määrään vettä ja lisätään kattilaan, kun seos on jäähtynyt. Seuraavana aamuna pulloihin pannaan muutamia rusinoita ja hieman sokeria. Sitruunaviipaleet poistetaan simasta ja se pannaan pulloihin, jotka pidetään viileässä paikassa. Kun rusinat ovat nousseet pinnalle, sima on valmista. (Tämä kestää 3—4 päivää.)

Huom. Hiivaa ei missään tapauksessa saa panna liikaa, muuten sima maistuu hiivalta.

Simaa juodaan koko maassa vappuna, jolloin sen kanssa syödään tippaleipiä. Maalla sitä valmistetaan ja juodaan läpi kesän.

P.S. Jos joskus tahdot pitää tosi isot mökkikutsut, voit kokeilla seuraavaa reseptiä.*

Täytetty kameli

1 keskikokoinen kameli	150 kananmunaa
4 lammasta	40 kg tomaatteja
20 kananpoikaa (paahdettua)	suolaa ja mausteita

Täytetään tomaatit munilla. Täytetään kananpojat tomaateilla. Työnnetään kananpojat lampaisiin. Täytetään kameli lampailla. Paahdetaan tulella, kunnes kameli on valmista syötäväksi.

Kutsutaan 150 vierasta.

mauste spice; *sekoittaa* mix, stir; *vadelma* raspberry; *uuni* oven; *kuori* (sausage) skin, (orange) peel, (egg) shell, (bread) crust, (tree) bark; *leikata* cut, carve; *kohta* point, place, spot; *viipale* slice; *takka* fireplace; *hiiva* yeast; *rusina* raisin; *kiehua* boil; *kattila* saucepan, pot, kettle; *seos* mixture; *jäähtyä* cool (down); *hieman* a little, a bit; *viileä* cool; *pinta* surface; *tippa/leipä* May-day fritter (a Finnish specialty); *paahtaa* roast; toast; barbecue; *työntää* to push; cram, stuff

---

*Risto Karlsson, Kutsutaan 150 vierasta. Hanhensulan ravintola. Kirjallinen keittokirja, toim. Liisa Steffa. Otava 1983.

5

MITEN ENNEN ELETTIIN

A Kun olet tutustunut kappaleen tekstiin, tee seuraava harjoitus.

1. a)
Selitä toisilla sanoilla seuraavat sanat ja sanonnat:
vaarilla oli tapana puhua vanhoista hyvistä ajoista / vaari tapasi *nuorta väkeä* / sinutella / teititellä

b)
Etsi tekstistä sanat, jotka merkitsevät samaa kuin:
alkaa tehdä jotakin / nykyisin / tehdä niin kuin isä sanoo

B Kun olet tutustunut kappaleen kielioppiin, tee seuraavat harjoitukset tai joitakin niistä.

1. Mitä tapahtui kirjalle? Kirja *luettiin*.

Kerro samanlaisilla lyhyillä passiivilauseilla, mitä tapahtui seuraaville asioille:
kahvi / laskut / vieraat kielet / matkalaukut / asunto / uusi puheenjohtaja / laina / lahja / ystävät

Mutta jos ihmisillä ei ollut aikaa tai halua tehdä mitään, mitä *ei* tapahtunut?

2. Vastaa seuraaviin kahteen kysymykseen (ks. kpl. 4: tekstin 2. ja 3. osa):
Mitä Miettisen perheessä tehtiin päivää ennen mökille lähtöä?
Mitä kesämökillä tehtiin?

3. Tänään luetaan. — Eilen ei luettu.

Tänään liikutaan paljon / urheillaan / hiihdetään / juostaan / kävellään / pelataan tennistä / käydään kylässä / nähdään tuttavia.

4. Täydennä passiivin imperfektillä.
Nous... eilen seitsemältä? Men... työhön bussilla vai metrolla? Ol... työssä seitsemän vai kahdeksan tuntia? Läh... työstä neljältä vai viideltä? Kats... televisiota vai kuun... radiota? Nuk... yöllä hyvin vai huonosti?

5. Muuta passiiviin. (Huomaa, että se ei ole mahdollista kaikissa lauseissa.)
Huomaa objektin muoto.

Eilen oli sunnuntai. Aamulla ihmiset nukkuivat myöhään. Iltapäivällä he kävelivät kaupungilla, katselivat näyteikkunoita ja joivat kahvia kahvilassa.

Kahvilassa he tapasivat tuttavia, istuivat ja keskustelivat vähän aikaa. Myöhemmin illalla he lähtivät teatteriin, missä he näkivät uuden musikaalin. Teatterin jälkeen kotona he vaihtoivat ajatuksia päivän tapahtumista. Sitten täytyikin jo mennä levolle.

6. Tee lauseita seuraavista sanoista. Käytä passiivia. Kertomuksen alku: *Viime lauantaina Peltosen perheessä pidettiin kutsut muutamille ystäville.*
   — ennen, kutsut, siivota, talo
   — perjantai, ostaa, ruokatavarat
   — lauantai, valmistaa, ruoka, ja, panna, astiat, pöytään
   — vieraita, tervehtiä, iloisesti, ja, sanoa: "Tervetuloa!"
   — syödä, keitto, liharuoka ja salaatti, ja, jälkiruoka
   — lopuksi, juoda, kahvi
   — jutella, kertoa vitsejä, nauraa, laulaa iloisia lauluja, olla hyvällä tuulella, tanssia
   — kello kaksi, mennä nukkumaan

7. Puhekieltä. Kerro *"me tehtiin"* -sanonnalla matkasta Turkuun. Tässä tiedot, joita tarvitset:

   lähtö kotoa klo 7.30 — bensiiniä huoltoasemalta — ajo Turkuun — saapuminen Turkuun 9.30 — lounas — käynti Turun linnassa — tutustuminen Turun tuomiokirkkoon — ei tuttavien tapaamista — ei päivällistä — paluu kotiin illalla — keskustelu hauskasta matkasta

8. Vertailua *(comparison)*.
   Maija opiskelee laiskasti, Kaija . . . . . ja Raija . . . . .
   Bill puhuu suomea sujuvasti, Paul . . . . . ja Bob . . . . .
   Nousen aamulla aikaisin, veljeni . . . . . ja sisareni kaikkein . . . . .
   Pirkko laulaa kauniisti, laulajatar . . . . . ja pikkulintu kaikkein . . . . .
   Pekka ymmärsi asian hyvin, Lassi . . . . . ja Janne kaikkein . . . . .
   Olemme asuneet Turussa kauan, Vaasassa . . . . . ja Kuopiossa kaikkein . . . . .
   Auto n:o 5 ajoi kilpailussa kovaa, n:o 9 . . . . . ja n:o 11 kaikkein . . . . .
   Kävelen mielelläni, hiihdän . . . . . ja uin kaikkein . . . . .

9. Kirjoitat epäselvästi, kirjoita selvemmin.

   Puhut hiljaa, puhu . . . . .
   Teet työsi huonosti, tee se . . . . .
   Selität asioita liian pitkästi, selitä . . . . .
   Kirjoitat ikävästi, kirjoita . . . . .
   Äännät ä:n rumasti, äännä se . . . . .
   Hymyilet niin surullisesti, hymyile . . . . .
   Käyttäydyt *(behave)* epäkohteliaasti, käyttäydy . . . . .
   Ostit liian vähän hedelmiä, osta niitä . . . . .

10. Täydennä **kaikki**-pronominin muodoilla:
    A: Joskus elämässä . . . . . on vaikeaa.
    B: Niin on, mutta ihmisen pitää . . . . . huolimatta olla optimisti.
    A: Olet auttanut minua paljon, kiitos sinulle . . . . .

***

C: Tunnetko sinä jo ..... klubimme jäsenet?
D: En vielä ihan .....
C: Koeta tutustua ..... niin pian kuin mahdollista. Pidät heistä varmasti.
D: Ehkä en ..... , mutta varmaan useimmista.

C KERTAUSTA

1. Haluaisitko olla *kotona?* — Tule *kotiin.*

Haluaisitko olla pöydän *ääressä?* — ikkunan *lähellä?*
— Liisan *vieressä?* — Pekan ja Kaijan *välissä?* — *ulkona?*
— *sisällä?* — sateenvarjoni *alla?* — *mukana pelissä?*
— meidän *luona(mme)?* — *täällä alhaalla?* — *täällä ylhäällä?* — *täällä takana?* — *tässä edessä?*

2. *Monikkoharjoitus.* Käytä alla olevia sanoja vastataksesi seuraaviin kolmeen kysymykseen.
a) Mitä näitte matkallanne (vastauksessa monikon partitiivi)?
b) Missä kävitte matkallanne?
c) Mihin tutustuitte matkallanne?

Sanat: *museot — vanhat kirkot — historialliset kaupungit — tavaratalot — suuret liikkeet — ravintolat — juhlat — elokuvat — kauniit kodit*

3. **joka**-pronomini

Lehdessä on artikkeli kirjailijasta,	Lehdessä on artikkeli muutamista kirjailijoista,
..... kiinnostaa minua	..... kiinnostavat minua
..... kirjat aina luen	..... kirjat aina luen
..... tunnen hyvin	..... tunnen hyvin
..... rakastan	..... rakastan
..... olen kiinnostunut	..... olen kiinnostunut
..... haluaisin tutustua	..... haluaisin tutustua
..... haluaisin kirjoittaa	..... haluaisin kirjoittaa
..... on paljon lukijoita	..... on paljon lukijoita

D KUUNTELUHARJOITUS

Tässä harjoituksessa kuulet paljon numeroita, historian vuosilukuja. Kirjoita numerot heti muistiin, ja jos et onnistu ensimmäisellä kerralla, kuuntele uudelleen. Jos et tiedä vastausta, arvaa.

Uusia sanoja:
arvata to guess; *ääni/oikeus* (right to) vote;
julkaista to publish; *YK* U(nited) N(ations)

Kuinka hyvin tunnet historiaa?
Tietokilpailu

1. a) _____ b) _____   9. a) _____ b) _____
2. _____ _____   10. _____ _____
3. _____ _____   11. _____ _____
4. _____ _____   12. _____ _____
5. _____ _____   13. _____ _____
6. _____ _____   14. _____ _____
7. _____ _____   15. _____ _____
8. _____ _____

12—15 pistettä *erinomainen*
8—11 pistettä *hyvä*
5—6 pistettä *tyydyttävä*

E | KESKUSTELUA

Keskustele toverisi kanssa siitä, millä tavalla teidän perheessänne vietettiin viikonloppuja tai kesälomia, kun te olitte lapsia. Käyttäkää mahdollisimman paljon passiivimuotoja (kertokaa, mitä *tehtiin* ja mitä *ei tehty*).

Roolikeskustelua:
Matti (t. Maija) Ikäläinen (80 v.) ja Ari (t. Mari) Vihreä (18 v.) juttelevat vanhoista ajoista. Arilla on se romanttinen käsitys (= idea), että ennen elettiin onnellisempaa elämää, koska elettiin "lähellä luontoa" ja tuotettiin kaikki itse, puhtaasti. Matti ei ole samaa mieltä, vaan hänestä vanhassa ajassa oli myös huonoja puolia ja nykyajassa hyviä.

F | KIRJOITUSTEHTÄVÄ

Kerro, mitä tehtiin hauskalla matkalla, jolla olit hiljattain. Käytä paljon passiivin imperfektiä.

tai:
Jos olet viettänyt viikonloppua tai lomaa kesämökillä, kerro (esim. kirjeen muodossa), mitä siellä tehtiin. Osoita selvästi, piditkö siitä vai et. Kirjoita asiallisesti tai humoristisesti, aivan kuten haluat.

G | LUKEMISTA

Ennen ja nyt

I. Mitä syötiin ennen, sitä syödään nytkin

Valtion ravitsemuskeskuksen asiakkailta kysyttiin v. 1984, mitä ruokalajeja he halusivat mieluiten syödä. Vastauksia saatiin 16 000 kappaletta. Niiden mukaan suomalaiset pitivät eniten seuraavista ruuista:

1. Hernekeitto
2. Lihapullat
3. Lihakeitto
4. Makaronilaatikko
5. Paistettu kala
6. Porsaankyljys
7. Kalakeitto
8. Kaalilaatikko
9. Maksalaatikko

Kaikki listan ruokalajit ovat vanhoja tuttuja joka kodin ruokia, joita kaikki nykyiset suomalaiset ovat tottuneet syömään lapsesta saakka. Näyttää siltä, että vaikka monet tavat ja muodit vaihtelevat, ruokatottumukset pysyvät paljolti samoina.

Ruotsalaisten mieluisimpien ruokien lista vuodelta 1980 antaa yhtä konservatiivisen kuvan naapuriemme mausta. Heillä lihapullat on numero yksi. Muuten lista on hyvin samanlainen kuin suomalainen, siinä on vain enemmän makkaraa ja puuroja.

(Tiedot: päivälehdet)

II. Autoiltiin sitä ennenkin

Ensimmäinen liikennelupa taksiautolle annettiin Helsingissä vuonna 1906. Maassa oli ollut autoja jo muutaman vuoden ajan. Laskettiin, että niitä oli vuonna 1908 noin 150 kappaletta ja ennen ensimmäisen maailmansodan alkamista (1914) 1000—1200.

Autoja pelättiin kovasti. Oltiin varmoja siitä, että autojen suuri nopeus tuottaisi vaaraa sekä ihmisille että eläimille, varsinkin hevosille. Kun pari Pohjois-Suomen miestä sai v. 1906 liikenneluvan Kemin—Rovaniemen—Kemijärven linjalle, määrättiin, että linja-auton nopeus sai suoralla ja vapaalla tiellä olla 15 kilometriä tunnissa, muuten vain 5 kilometriä. Mutta jos toinen auto oli tulossa vastaan, tämäkin nopeus piti vähentää puoleen.

Autoilijoilla oli muutenkin monenlaisia rajoituksia. Esimerkiksi jos auto saapui vieraaseen kaupunkiin, kuljettajan täytyi ilmoittaa poliisille saapumisestaan, muuten hänelle voitiin antaa sakko. Lehtiin lähetettiin paljon kirjoituksia, joissa varsinkin hevosmiehet vastustivat autoilua.

Autot lisääntyivät kuitenkin koko ajan, ja kilpailujakin alettiin järjestää. V. 1913 auto kilpaili junan kanssa Helsingin ja Oulun välillä ja voitti kilpailun tuloksella 21 tuntia.

(Vuonna 1986 nopein junayhteys Helsingistä Ouluun oli lyhentynyt 7 tuntiin 10 minuuttiin ja automatka n. 7 tuntiin. Vuonna 1984 maassa oli 1 667 987 autoa ja muuta moottoriajoneuvoa.)

(Tiedot: Aja 3/1985; Finland in Figures 1986)

ravitsemus nutrition; *laatikko* casserole; *porsaan/kyljys* pork chop; *maksa/laatikko* liver casserole

---

Tehtäviä

1. Mitkä ovat seuraavien sanojen perusmuodot (yks. nom. tai infinitiivi)?
   a) *seuraavista ruuista* — (naapuriemme) *mausta* — *autoilijoilla* — *monenlaisia rajoituksia* — *vieraaseen kaupunkiin* — *saapumisestaan* — *tuloksella*
   b) *vaihtelevat* — *pelättiin* — *määrättiin* — *vastustivat*

2. a) Katso tekstiä I. Kerro, mitä suosituimpien ruokalajien listan ruokia tunnet ja mitä niistä pidät.
   tai:
   Haastattele paria suomalaista tutkiaksesi, ovatko listan ruuat heidänkin lempiruokiaan. Jos eivät, mitkä sitten?
   b) Kerro tekstin II perusteella, miksi autoja pelättiin autoilun alkuaikoina. Esim. millaisia rajoituksia määrättiin?

6

TELEVISIOSSA EI OLE MITÄÄN KATSOTTAVAA

A Kun olet tutustunut kappaleen kielioppiin ja kerrannut partisiippiasiat kappaleesta 1, tee seuraavat harjoitukset tai joitakin niistä.

1. Tämä on sieni, jonka   Tämä on syötävä sieni.   Metsässä on paljon
   voi syödä.   ..... sieniä.

Tässä on kirje, johon   Tässä on ..... kirje.   Pöydällä on monta
täytyy vastata.   ..... kirjettä.

Tämä asia pitää muis-   Se on ..... asia.   Kirjoita ..... asiat aina
taa.   paperille.

Tämä filmi, joka esite-   Tämä ..... filmi on   Nämä ..... filmit ovat
tään, on vanha.   vanha.   kaikki vanhoja.

Rahasumma, joka tar-   ..... rahasumma on   Mistä me saamme .....
vitaan, on 10 000   10 000 markkaa.   rahasumman?
markkaa.

Laulu, jota lauletaan, ... laulu on kansan-   ..... laulun nimi on
on kansanlaulu.   laulu.   "Kukkuu, kukkuu".

Lause, joka pitää kään-   ..... lause on vaikea.   Harjoituksessa on useita
tää, on vaikea.   ..... lauseita.

Teksti, joka täytyy lu-   ..... teksti on pitkä.   ..... tekstien aihe on
kea, on pitkä.   suurkaupunkien ongel-
                                                        mat.

Tuo on reaktio, jonka   Tuo on ..... reaktio.   Nuo ovat ..... reaktioi-
voi ymmärtää.   ta.

2.   Voisinko saada jotakin, jota voisi syödä? — Voisinko saada jotakin
syötävää?

Täällä ei ole mitään, mitä voisi tehdä.
Tässä kaupassa on paljon, mitä voisi ostaa.
Onko sinulla jotain, jota haluaisit kysyä?
Minulla ei ole mitään, mitä pitäisi selittää.
Saimme vieraan eikä meillä ole mitään, mitä voisimme tarjota.

3. Ovi suljettiin.   Se on suljettu ovi.   Näen ..... oven.

Savuke poltettiin.   Tämä on ..... savuke.   Tuhkakupissa on .....
savukkeita.

Pusero silitettiin.   ..... pusero on valkoi-
nen.   Tässä on kaksi juuri
..... puseroa.

Selitys annettiin.   Onko ..... selitys riit-
tävä?   Hyväksyn *(approve)*
..... selityksen.

Pöytä tilattiin.   ..... pöytä on tuolla
oikealla.   Salissa on vain .....
pöytiä.

Muna paistettiin.   ..... muna on hyvää.   Lapset pitävät .....
munista.

Leipä leivottiin kotona.   Tämä on kotona . . . . .   On hauska syödä koto-
                           leipä.   na . . . . . leipää.

Tv-ohjelma tehtiin hy-   Se on hyvin . . . . . oh-   Tällä viikolla on ollut
vin.   jelma.   monta hyvin . . . . . oh-
                                                       jelmaa.

4. Tässä on *syötävä* kakku ja tässä on *syöty* kakku.

Tässä on . . . . . asunto ja tässä on . . . . . asunto.

Tässä näet maks. . . laskun ja tässä . . . . . laskun.

Pöydällä on kaksi . . . . . munaa ja lautasella kaksi . . . . . munaa.

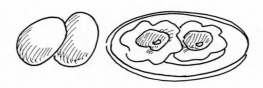

5. Huomenna on kilpailu.

Kuinka pitkä matka hiihdetään? — Kuinka pitkä hiihdettävä matka on?

Kuinka pitkä matka juostaan? — kävellään? — pyöräillään? — ajetaan?

Eilen oli kilpailu.

Kuinka pitkä matka hiihdettiin? — Kuinka pitkä hiihdetty matka oli?

Kuinka pitkä matka juostiin? — käveltiin? — pyöräiltiin? — ajettiin?

6. "tekevä" vai "tehtävä"?
   (ostaa)   Kaupassa on monta ..... asiakasta ja paljon ..... tavaroita.
   (lukea)   Kirjastossa on paljon ..... kirjoja ja paljon .....
   opiskelijoita.
   (soittaa)   Tuo ..... lapsi on 7-vuotias. ..... kappale on Mozartia.
   (hiihtää)   Näetkö tuolla ..... miehiä? ..... matkan pituus on 20 kilo-
   metriä.

7. "tehnyt" vai "tehty"?
   (nukkua)   Hyvin ..... lapsi on tyytyväinen. Hyvin ..... yö antaa ihmi-
   selle uutta tarmoa.
   (oppia)   Koululaisen pää oli täynnä juuri ..... asioita. Professorien ko-
   kouksessa on paljon ..... ihmisiä.
   (laulaa)   ..... tyttö tuli kiittämään aplodeista. ..... laulu oli italialai-
   nen venelaulu.
   (pelata)   Tuolla seisoo ..... joukkueen *(team)* kapteeni. ..... peli meni
   hienosti.

8. Olimme hiihtämässä kaksi tuntia. — Olimme hiihtämässä yhden tun-
   nin.

Vaihdoin 10 puntaa.
Nuori pari haluaisi 3 lasta.
Olen huomannut harjoituksessasi
vain kaksi virhettä.
Pysy vuoteessa kaksi päivää.

Saimme 4 vapaalippua.
Pekka on ajanut kolme kolaria.
Anna minulle kymmenen markkaa,
se riittää.

9. Onko verbi yksikössä vai monikossa? Muodosta lauseita annetuista sanoista.

nämä, neljä, perhe, olla, meidän, naapuri
täällä, olla, noin, viisikymmentä, ihminen
Peltosen, kaikki, kolme, poika, harrastaa, urheilu
parikymmentä, turisti, seisoa, Kauppatori

10. **a)**

Anna minulle tuhat markkaa. — Ei minulla ole tuhatta markkaa.

Anna minulle 2/15/80/200 markkaa.

b)
Lue ääneen.

Paljonko tavaraa saa 11/75/800/2500 markalla?
Laiva kulkee Euroopasta Amerikkaan 5 tai 6 päivässä, lentokone 6 tai 8 tunnissa.
Opas lähti Lappiin 10 tai 11 turistin kanssa.
Onko ruoka valmista 15 minuutin kuluttua? — Ei, mutta ehkä 25:n.
Uutinen kertoo 19 sveitsiläisestä, joita etsitään Alpeilla.
Ihmiset nousivat 5 bussiin.
Yliopistossa on opiskelijoita 28 eri maasta.
Liike on avoinna 9—5 (17).
Liisalla on soittotunti 18.30—19.00.

11. Numerotietoja, joita voi käyttää nyt tai myöhemmin.

Suomi jakautuu *(is divided)* 12 lääniin *(provinces)* ja 461 kuntaan *(municipalities, communes)*.
Suomen keskilämpö vaihtelee
— Helsingissä helmikuun −6 asteesta heinäkuun +19,8 (lue yhdeksäntoista pilkku kahdeksaan) asteeseen
— Sodankylässä helmikuun −13 asteesta heinäkuun +14,7 asteeseen
Suomen asukasluku on kasvanut vuosien 1750 ja 1980 välisenä aikana 421 500 hengestä 4 787 800 henkeen. Samana aikana kaupunkilaisväestön määrä on noussut 4 prosentista 60 prosenttiin.
Suomenruotsalaisten osuus koko väestöstä on sadassa vuodessa laskenut 13 prosentista 6 prosenttiin.
Suomalaisten keskimääräinen elinikä on vuodesta 1920 lähtien kohonnut miehillä 43 vuodesta 70 vuoteen, naisilla 49 vuodesta 78 vuoteen.
Yksiöiden ja kaksioiden osuus kaikista asunnoista on laskenut 49 %:sta v. 1960 30 %:iin v. 1980, samalla kun vähintään 4 huoneen asuntojen osuus on noussut 23 %:sta 44 %:iin.

12. Harjoittele numeraalien monikkomuotoja.

Tavaratalossa on (2) liukuportaat, toiset ylös, toiset alas. Harvoin samassa perheessä on (2) kaksosia. Kylässä on tänä kesänä ollut (5) häät. Diplomaatti kävi viikon aikana (6) cocktailkutsuissa. Liisa osti alesta (1) kengät ja (4) sukkahousut.

| B | **KERTAUSTA** |

1. a) Etsi seuraavien passiivimuotojen infinitiivit, joita tarvitset katsoaksesi niiden merkityksen sanakirjasta.

	(infinitiivi)	(merkitys)
Kesällä pyykki *kuivataan* ulkona.	....	....
Jos avioliitto ei onnistu, *erotaan.*	....	....
Lomalla *matkusteltiin* ulkomailla.	....	....
Miksi syyllistä *ei rangaista*?	....	....
Eilen huonekasveja *ei kasteltu.*	....	....

b) Etsi seuraavien passiivimuotojen preesensin 1. pers. ja infinitiivi. Katso merkitys sanakirjasta.

	(prees.)	(inf.)	(merk.)
Miten paras tulos *saavutetaan*?	.....	.....	.....
Eduskunnassa *laaditaan* lakeja.	.....	.....	.....
Sodissa *tapetaan* ja *hävitetään.*	.....	.....	.....
	.....	.....	.....
Saunassa *peseydyttiin.*	.....	.....	.....
Valot *sammutettiin* yöksi.	.....	.....	.....
Miksi ehdotusta *ei hyväksytty*?	.....	.....	.....

2. Pronominiharjoitus: **kuka?**

Kuka soitti?	— Liisa, ja eräät muutkin.	— Ketkä?
..... odotat?	— Liisaa, ja muitakin.	.....
..... kirjoitat?	— Liisalle, ja muillekin.	.....
..... puhutte?	— Liisasta, ja muistakin.	.....
..... luotat?	— Liisaan, ja muihinkin.	.....
..... idea se on?	— Liisan, ja muidenkin.	.....
..... tapasit?	— Liisan, ja eräät muutkin.	.....

C **KESKUSTELUA**

Keskustele toverisi kanssa television katsomisesta: kuinka usein katsotte, kuinka paljon päivässä katsotte (arkisin, viikonloppuisin), mistä pidätte ja mistä ette, kuinka televisio vaikuttaa ihmisiin ja heidän elämäänsä jne.

Tutustu ennen keskustelua myös lukuharjoitukseen. Tässä lisää sanastoa:

puheohjelmat	luonto-ohjelmat	poliisisarjat
musiikkiohjelmat	paneelikeskustelut	lääkärisarjat
asiaohjelmat	tietokilpailut	saippuaoopperat
viihdeohjelmat	uutiset	lännen filmit
sarjaohjelmat	poliittiset ohjelmat	rikosfilmit
elokuvat	urheiluohjelmat	jännärit (= jännitys-
tv-näytelmät	taideohjelmat	sarjat, trillerit)
tv-showt	missikilpailut	rakkauselokuvat
....	....	laulukilpailut
....	....	....

47

Roolikeskustelu:

Isä ja äiti keskustelevat siitä, voiko Kalle (9 v) katsoa lännen elokuvaa nimeltä "Jokainen kuolee vain kerran", joka alkaa televisiossa sunnuntai-iltana kello 21.15. Äiti on vastaan. Isän mielestä hän voisi katsoa filmin, kun hän niin kovasti haluaa ja kaikki muutkin pojat saavat katsoa sen.

Sanoja: *raaka (raa'an)* raw; brutal
  väki/valtainen
  tottua väkivaltaan
  nähdä pahoja unia
  vaikuttaa kielteisesti (negatiivisesti) *lapseen*
  pyssy gun
  ampua (ammun) to shoot
  tapella to fight
  tappelu fight

D KUUNTELUHARJOITUS

Uusia sanoja: *puhdas* clean; unpolluted; *kirkonkylä* kunnan keskuskylä (jossa kirkkokin tavallisesti sijaitsee)

Kysymyksiä

a) Kuinka kaukana Helsingistä Lapajärven kylä on?
   Kuinka pitkä matka sieltä on kirkonkylään?
b) Mistä Lapajärven asukkaat saavat rahaa?
c) Mikä on Lapajärven suuri ongelma?
d) Millaista oli elämä Lapajärvellä 30 vuotta sitten?
*e) Miksi nuoret alkoivat muuttaa Lapajärveltä Ruotsiin?
f) Minkä alan tehtaissa Ruotsissa on paljon suomalaisia?
g) Paljonko suomalaisia asuu Ruotsissa?
h) Millainen kauppa Lapajärven asukkailla nyt on?
i) Milloin Lapajärven elämä vilkastuu? Miksi?
j) Mikä surettaa monia Lapajärven isovanhempia?

E LUKEMISTA

Mitä hyvää ja mitä huonoa televisio-ohjelmissa

Paneelikeskustelu

Juontaja: Suomalaisilla oli vuonna 1986 kaikkiaan 1 814 000 televisiota. Koko Suomen kansa voi siis katsella televisiolähetyksiä. Yritämme jatkuvasti kehittää ohjelmistoamme niin, että se todella vastaisi katsojien makua. Olemme nyt kutsuneet tänne studioon muutamia tavallisia televisionkatselijoita eri puolilta maata kuullaksemme heidän mielipiteitään ohjelmien laadusta. Annan ensimmäiseksi puheenvuoron Unto Lehtorannalle, joka on kotoisin Hämeenlinnasta.

Unto L:	Minä haluaisin vain sanoa, että olen hyvin tyytyväinen television ohjelmiin. Olen invalidi ja joudun istumaan paljon paikallani. Televisio tuo maailman luokseni ihan kuin kokisin sen tapahtumat itse. Erikoisesti minä olen innostunut uutisista, vanhoista filmeistä, urheiluohjelmista ja englantilaisista poliisisarjoista.
Juontaja:	Kiitokset Unto Lehtorannalle. Seuraava puheenvuoro on vaasalaisen Saara Kukkamäen.
Saara K:	Minä olen kyllä ihan toista mieltä kuin edellinen puhuja. Minusta monia ohjelmia pitäisi muuttaa kokonaan toisenlaisiksi. Ihan ensiksi tulevat mieleen uutislähetykset. Ihmettelen usein että millä tavalla esitettävät uutiset oikein valitaan? Minkä takia niiden pitää olla niin negatiivisia ja täynnä väkivaltaa, terroritekoja, murhattuja ihmisiä makaamassa kadulla? Eikö maailmassa ole mitään positiivista kerrottavaa? Kun muissakin ohjelmissa on paljon väkivaltaa, minä en voi uskoa, että tällaisella on hyvä vaikutus varsinkaan lapsiin ja nuoriin.
Juontaja:	Saara Kukkamäki puhuu asiasta, josta me saamme paljon kirjeitä varsinkin naiskatsojilta. Mitä mieltä nuoret itse ovat, onko televisiossa liikaa väkivaltaa, Jari Pelkonen? Jari on kotoisin Ilomantsista, Suomen itäisimmästä kunnasta.
Jari P:	En minä oikein usko, että tv-väkivalta vaikuttaa paljonkaan terveeseen nuoreen ihmiseen. Kyllä me haetaan esikuvat muualta kuin televisiosta. Minusta Suomen televisio on aika hyvä, siellä on paljon katsottavaa. Tällaisia paneelikeskusteluja minä en kyllä normaalisti viitsi katsoa, mutta tietokilpailuja seuraan, ja urheilua, ja Hitchcockin jännäreitä. Musiikistahan kaikki nuoret ovat kiinnostuneita, rokkia saisi olla enemmän.
Juontaja:	Susanna Mild Raumalta, ole hyvä.
Susanna M:	Niin, Hitchcockia viitsii kyllä katsoa. Mutta urheilu ei kyllä kiinnosta vähän vähää ja tietokilpailut vielä vähemmän. Semmoiset voisi kaikki poistaa ohjelmistosta. Ja tilalle enemmän sarjaohjelmia. En tarkoita kotimaassa tehtyjä, vaan amerikkalaisia sarjoja, ne on ihania, niitä voisi katsoa vaikka joka ilta. Niissä tapahtuu koko ajan jotakin ja niissä näkee hirveän rikkaita ja kauniita ihmisiä ja hienoja taloja ja vaatteita. Sitten kaikki poliittiset ja muut keskustelut kanssa (= myös) pois, niin jäisi enemmän aikaa uusimmille hiteille.
Juontaja:	Elisa Vuorenmaa Oulusta näyttää siltä kuin hän olisi vähän eri mieltä asioista kuin Susanna.
Elisa V:	Niin olen! Minä sanon että pois kaikki saippuaoopperat ja muu kaupallinen roska! Television pitäisi tarjota katsojille vain parasta mahdollista: opettaa heitä arvostamaan kulttuuria ja suojelemaan luontoa saastumiselta.
Juontaja:	Katsojat ovat varmaan jo todenneet, ettei yleisön maun seuraaminen ohjelmansuunnittelussa ehkä olekaan niin yksinkertaista kuin joskus luullaan. Seuraava puheenvuoro ...

juontaja speaker (of a TV or radio program); *vastata (jotakin)* to correspond, be equivalent; *viitsiä* to feel like doing, care to do, bother

Tehtäviä

1. Hae perusmuodot (inf. tai yks. nom.):
   a) *kokisin — ihmettelen — haetaan*
   b) *uutisista — toisenlaisiksi — itäisimmästä kunnasta — terveeseen nuoreen ihmiseen — kiinnostuneita — uusimmille hiteille*
2. *Totta vai ei?*
   a) Unto Lehtoranta on erittäin tyytymätön televisioon.
   b) Saara Kukkamäki haluaisi vähentää televisioväkivaltaa ja saada uutisiin enemmän positiivisia tapahtumia.
   c) Jari Pelkosen mielestä nuoret yleensä hakevat esikuvansa televisiosta.
   d) Susanna Mild ei voi sietää jännäreitä eikä tietokilpailuja.
   e) Elisa Vuorenmaan mielestä kulttuurin ja luonnon pitäisi olla keskeisiä asioita tv-ohjelmissa.

7

PEKAN ON SAATAVA TYÖPAIKKA KESÄKSI

A Kun olet tutustunut kappaleen tekstiin, tee seuraavat harjoitukset.

1. Etsi tekstistä synonyymit seuraaville sanoille tai sanonnoille:
kysyä, kysellä (esim. hintoja, aikoja) / koettaa päästä (jollekin alalle, teke-
mään jtk) / tämä työ on vaikeaa, mutta *kuitenkin* pidän siitä / paperi, jolla
haet paikkaa, stipendiä jne. / keskustella uudelleen asiasta jonkun kanssa /
huomenna, ylihuomenna tai pian sen jälkeen

2. Selitä suomeksi, mitä seuraavat sanat tai sanonnat merkitsevät:
Ollilla on *hyvä italian kielen taito* / tyttö *pääsi koulusta* vuosi sitten / *en
ole* hyvin *selvillä* Suomen historiasta / matkustaminen *kiinnostaa minua* /
otamme teihin yhteyttä ensi viikolla

3. Jos olisit henkilöstöpäällikkö Järvinen, ottaisitko Pekka Pihlajan töihin vai
ei? Perustele vastaustasi.

B Kun olet tutustunut kappaleen kielioppiin, tee seuraavat harjoitukset tai joi-
takin niistä.

1. Tule kotiin heti! — Sinun on tultava kotiin heti.

Kerro minulle kaikki! Ole ahkerampi! Tutustu Itä-Suomen järvialueeseen!
Antakaa meille aikaa! Ulkoilkaa joka päivä! Ottakaa tätä lääkettä aamui-
sin! Auttakaa meitä!

2. Minun täytyy (pitää, on pakko) tehdä tämä työ. — Minun on tehtävä
tämä työ.

Sinun pitää muistaa soittaa Villelle. Niemisten täytyi muuttaa toiseen kau-
punkiin. Hänen on pakko saada rahaa jostakin. Minun pitää kirjoittaa aine.
Meidän pitäisi tilata liput heti.

3. Tämä filmi täytyy nähdä. — Tämä filmi on nähtävä.

Pesukone pitää korjata. Kirje pitää viedä postiin. Opettajalla täytyy olla
kärsivällisyyttä *(patience)*. Laskut pitää maksaa aikanaan. Työ täytyi tehdä
heti.

4. Tee seuraavista sanoista lauseita, joissa kerrot, mitä jonkun on tehtävä.
   (Muista, että objekti on samassa muodossa kuin **täytyy**-lauseissa.)
   kaikki, tehdä työtä
   sinä, puhua totta
   minä, pyytää, sinä, anteeksi
   sairaat, pysyä, vuode
   kuka, pestä, astiat?
   lapset, käydä koulua
   te, unohtaa, tämä pettymys *(disappointment)*
   nuoret opiskelijat, löytää, kesätyöpaikka

5. Vastaa seuraaviin kysymyksiin (tai joihinkin niistä) täydellisillä lauseilla:
   Mitä on tehtävä yhden tavallisen päivän aikana?
   Mitä on tehtävä, kun on väsynyt / kun ei ole ruokahalua / kun on sairas /
   kun on nälkä / kun ystävällä on syntymäpäivä / kun mennään ulos kylmäl-
   lä ilmalla / kun on talvi ja hyvä keli / kun on kesä ja kaunis ilma / kun
   haluaa ilmoittaa jotain ystävilleen?

6. Minun on opittava tämä asia. — Minun täytyy (pitää, on pakko) oppia
   tämä asia.

   Joskus jokaisen on vähän laiskoteltava.
   Jos haluaa myydä jotain, sitä on mainostettava.
   Lapsia on varoitettava liikenteen vaaroista.
   Nyt on ruvettava heti työhön!
   On myönnettävä, että Matti on menestynyt hyvin alallaan.
   Jokaisella olisi oltava oikeus onneen.

7. Lue lauseet ääneen.

   Tehdyssä mielipidetutkimuksessa (= gallup)
   — vain joka 5. henkilö vastasi kysymyksiin
   — joka 3. vastaajan koti oli Etelä-Suomessa
   — politiikka kiinnosti joka 7. vastaajaa
   — joka 4. vastaajalla oli rahaongelmia
   — kysely oli lähetetty joka 10. suomalaiseen kotiin

   Monennellako (t. millä) luokalla teidän lapset ovat?
   — Antti on 1., Anna 7. ja Arto 9. luokalla.

   Monennessako (= missä) kerroksessa te asutte?
   — Asun 2./4./10./16. kerroksessa.

   Monenteenko (= mihin) kerrokseen olette menossa?
   — Olen menossa 2./4./10./16. kerrokseen.

   Soitat teatteriin.
   — Haluaisin kaksi paikkaa perjantai-illan näytökseen.
     Minkälaisia paikkoja on jäljellä?

— Meillä on paikkoja 11. penkkirivillä, mutta ei keskellä. 15. rivillä on kaksi paikkaa keskellä.
— Saisinko ne 15. rivin paikat.

8. Tunnetko historiaa? Arvaa, jos et tiedä.

Kenen Ranskan kuninkaan sanat olivat "Valtio olen minä"?
Mihin kuninkaaseen loppui Ruotsin suurvalta-aika?
Kenellä Englannin kuninkaalla oli kuusi vaimoa?
Kenen Venäjän tsaarin patsas on Helsingin Senaatintorilla?
Mistä Ruotsin kuninkaasta — joka asui nuorena jonkin aikaa Turun linnassa — kerrotaan, että hän kirjoitti kirjeen Ranskan hoviin *(court)* suomen kielellä?
Historian henkilöt, joita tarvitset vastauksiisi, ovat aakkosjärjestyksessä *(alphabetical order):*
Aleksanteri II — Henrik VIII — Juhana III — Kaarle XII — Ludvig XIV

9. Lue kaikki numerotiedot ääneen.

Uutinen oli toukokuun viidennen päivän lehdessä.
Jatka päivämäärillä 7.7. / 14.8. / 29.10. / 30.11.
Otamme teihin yhteyttä ennen tammikuun viidettä päivää.
Jatka päivämäärillä 12.6. / 17.9. / 28.12. / 30.11.

Poika on syntynyt ensimmäisenä (päivänä) maaliskuuta.
Jatka päivämäärillä 4.4. / 10.8. / 26.9. / 31.12.

Hakemukset on jätettävä helmikuun seitsemänteen päivään mennessä.
Jatka päivämäärillä 3.6. / 11.8. / 24.10. / 1.1.

Lomani on 1.6.—1.7. / 10.6.—15.7. / 30.7.—31.8.

10. Harjoittele ordinaalien monikkomuotoja.

Liikkeessä oli niin paljon asiakkaita, että sinne tarvittiin kolm... liukuportaat.
Järviset ovat saaneet toi... kaksoset!
Huomenna tässä kylässä on vuoden vii... häät.
Minulla on kahdet talvisaappaat, en tarvitse kolm...

11. Tee **päästä**-lauseita seuraavista sanoista:

mihin aikaan, ihmiset, päästä, työ, arkisin?
Ville, haluta, päästä, työelämä, heti, kun, hän, päästä, peruskoulu *(comprehensive school, grade school)*
miten, täältä, päästä, nopeimmin, lentoasema?
Pirjo, haluta, päästä, opiskella, historia
vanki, päästä, vapaa, viime kuu

12. Olen kiinnostunut kaikesta. — Kaikki kiinnostaa minua *t.* Minua kiinnostaa kaikki.

53

Monet tytöt ovat kiinnostuneita sairaanhoidosta.
Jos olet kiinnostunut monipuolisesta työstä, olet se henkilö, jota etsimme.
Vanhemmat ovat kiinnostuneita lasten harrastuksista.
Kuka olisi kiinnostunut retkestä Isoonsaareen?

13. Täydennä **itse**-pronominin muodoilla:
    a)
    Haluaisin ostaa . . . . . puvun. (Pekka haluaisi . . . . .)
    Katselin . . . . . peilistä. (Pekka . . . . .)
    Luotan . . . . . . (Pekka . . . . .)
    Sanoin . . . . . : Mikä tilaisuus! (Pekka . . . . .)
    En halua puhua . . . . . . (Pekka . . . . .)
    En tee sitä vain . . . . . tähden. (Pekka . . . . .)

    b)
    Muodosta lauseita seuraavista sanoista:
    joskus, ihminen, ei ymmärtää, itse
    minä, ei voida, antaa, tämä, anteeksi, itse
    rakas ystävä, sinä, täytyä, ajatella, myös, itse
    väittää, sinä, että, me, välittää, vain, itse?
    tämä, diiva, ihailla, vain, itse
    kysyä (imperat.), itse, mitä, te, todella, haluta

14.   Malli: Juhlassa oli itse sisäministeri. — Juhlassa oli sisäministeri itse.

Harkitse, missä muodossa **itse** on muissa lauseissa ja muista käyttää poss.-suffiksia.
Tämä toimittaja on tavannut itse Alvar Aallon.
Itse paavia emme Vatikaanissa nähneet.
Tutustuimme itse arkkipiispaan *(archbishop)*.
Sain tämän tehtävän itse pääjohtajalta.
Itse rouva Aholle ei asiasta ole ilmoitettu.
Artikkelissa kerrotaan laajasti Mika Waltarin romaaneista, mutta vähän itse
Mika Waltarista.

C **KERTAUSTA**

1. *sitä* vai *siitä*?
   Puhumme modernista musiikista.
   A. pitää . . . . .
   B. kuuntelee . . . . .
   C. on kiinnostunut . . . . .
   D. vihaa . . . . .
   E. harrastaa . . . . .
   F. ei tiedä mitään . . . . .

G. rakastaa .....
H. ei ajattele .....
I. ei välitä .....
J. ihailee .....
K. on innostunut .....
L. koettaa ymmärtää .....

2. *Objektiharjoitus*
Uusi sanonta: *saada tekemään* to make someone do something (esim. *Vitsi sai Liisan nauramaan.*)

Pian on ystäväni syntymäpäivä ja aion ostaa hänelle (jokin romaani), koska hän lukee mielellään (romaanit). Olin juuri kaupassa valitsemassa (romaani), kun Tiina tuli sinne. "Älä osta hänelle (tuo romaani), hän on jo lukenut (se)", hän sanoi. "Sitä paitsi hän ei lue mielellään (dekkarit), koska hän sitten yöllä pelkää (murhaajat) ja näkee (pahat unet). Osta hänelle (aivan toisenlainen kirja)! Hän lukee mieluummin (romanttiset kirjat), jotka saavat (hän) itkemään. Kuule, ostetaan hänelle (tämä lahja) yhdessä!"
No, menimme yhdessä katsomaan (romanttiset kirjat). Tutkimme (ne) kauan aikaa, mutta emme löytäneet (mikään erikoinen). "Voisimmeko ajatella (historiallinen romaani), hänhän rakasti (historia) koulussa", minä sanoin. Mutta ei, oli aivan mahdotonta löytää (sopiva kirja). Lopulta saimme (yksinkertainen, mutta hyvä aate): löysimme (myyjä) ja kysyimme häneltä, (millainen kirja) meidän pitäisi valita ystävällemme. Myyjä toi meille (paksuin romaani), (mikä) olen koskaan nähnyt, ja sanoi: "Ottakaa (tämä)! En ole koskaan lukenut (romanttisempi kirja), tämä romaani saa (krokotiilikin) itkemään." No, meistäkin tuntui, että oli parasta ostaa (se kirja), ja (se) me ostimme. Mutta (yksi asia) minä olen sen jälkeen ihmetellyt. Olen kyllä kuullut krokotiilin kyynelistä, mutta lukevatko krokotiilit todella (romaanit)?

D **KUUNTELUHARJOITUS**

Pekka tapaa koulutoverinsa Sarin.

> Uusia sanoja: *lukukausi* term, semester; *vahva* strong; *hyödyllinen* useful

Kysymyksiä
Viihtyykö Sari hyvin vai huonosti kesätyössään? Miksi?
Mikä todistaa *(prove)*, että Pekka viihtyy erittäin hyvin kesätyössään?
Millaisista asioista matkatoimistossa tulee valituksia?
Mitä kieliä — paitsi suomea — Pekan on käytettävä matkatoimistossa?
Miksi Pekan melko heikko saksan taito ei ole hänelle ongelma?
Millainen kuva Pekalla on matkatoimistonjohtajan työstä?

KESKUSTELUA

Suomalainen Paper Export Co., joka myy paperia Amerikkaan ja Englantiin, etsii ulkomaalaista opettamaan henkilöstölleen englannin kieltä ja myös olemaan mukana firman englanninkielisen kirjeenvaihdon hoitamisessa.
Olet henkilöstöpäällikön haastattelussa. Hän tiedustelee sinulta henkilötietojasi, suomen ja muiden kielten taitoa, konekirjoitustaitoa, työkokemusta, työlupaa, oletko naimisissa ja millainen perhe sinulla on, millainen olet luonteeltasi, kuinka tulet toimeen ihmisten kanssa, palkkavaatimusta, työn aloittamispäivää ja kuinka sinuun voi ottaa yhteyttä, kun he haluavat ilmoittaa sinulle päätöksensä.

tai:
Suomalainen kirjakauppa etsii myyjää kesäksi vieraskielisen kirjallisuuden osastolle. Pääset haastatteluun.

tai:
Suomalaiseen kesäkahvilaan haetaan ulkomaalaista tarjoilijaa turistikaudeksi. Pääset haastatteluun.

LUKEMISTA

I. Ilmoitus, jonka Pekka Pihlaja luki lehdestä.

> Nuori, reipas
>
> MATKATOIMISTOVIRKAILIJA
>
> saa paikan kesäapulaisena Riemumatkat Oy:ssä.
> Tiedustelut henk.pääll. Järvinen 17035/13.

17035/13 lue 17035 kautta 13

II. Hakemus, jonka Pekka Pihlaja lähetti Riemumatkat Oy:lle.

56

Pekka Pihlaja
Koivikkotie 12 A 4
02600 ESPOO
Puhelin 101010

HAKEMUS

15.4.1986

Riemumatkat Oy
Henkilöstöpäällikkö B. Järvinen
Länsirannankatu 41 C 25
00180 HELSINKI

Helsingin Sanomat 14.4.1986
MATKATOIMISTOVIRKAILIJA
(kesäapulainen)

Toivon, että otatte minut huomioon valites-
sanne kesäapulaista matkatoimistoonne.

Henkilötiedot
Koulutus

Olen 20-vuotias perheetön kielten opiskelija.
Pääaineeni on englanti.

Käytännön kokemus

Olen ollut kesätyössä Tiilitalo Oy:n raken-
nustyömaalla kesän 1984 ja samoin kesä-
työssä Markkapankki Oy:n Vantaankosken
konttorissa 1985.

Kielitaito

Olen ollut Yhdysvalloissa vaihto-oppilaana
11 kuukautta lukuvuonna 1982—83 ja
käytän englantia sujuvasti puheessa ja
kirjoituksessa. Ruotsi on toinen kotikieleni.
Saksaa olen lukenut koulussa lyhyen
kurssin.

Lisätietojen antaja

Tietoja minusta on luvannut antaa pankin-
johtaja Olli Koivumäki, puh. 90-202020.

Palkkatoivomus

. . . . mk

Tenttikautemme loppuu toukokuun 14. päi-
vänä, joten voisin olla työssä toukokuun
15. päivästä syyskuun 15. päivään, jolloin
syyslukukausi alkaa.

Kunnioittavasti

Pekka Pihlaja

3 LIITETTÄ

ottaa huomioon to consider; *valitessanne* kun valitsette; *koulutus* education;
lukuvuosi academic year, school year; *luvata* to promise; *tenttikausi* exam
period; *joten* so (that); *jolloin* when, at which time; *kunnioittava* respectful;
liite enclosure; appendix; supplement

III. Pekan ansioluettelo, jonka hän liitti hakemukseen.

Pekka Pihlaja Koivikkotie 12 A 4 02600 ESPOO Puhelin 101010	ANSIOLUETTELO 15.4.1986	Liite 1
HENKILÖTIEDOT Nimi Syntymäaika ja -paikka Perhesuhteet	Pekka Juhani Pihlaja 13.7.1966 Mäntyharju Naimaton	
KOULUTUS Ylioppilas	1985 Mäntyharjun lukio 1985— opiskelee Helsingin yliopiston Historiallis-kielitieteellisessä osastossa englantilaista filologiaa	Liite 2
TYÖKOKEMUS Tiilitalo Oy Markkapankki Oy	1984 tiilenkantajana, 2,5 kk 1985 kesäapulaisena, 3 kk	Liite 3 Liite 4
OPINTOMATKAT USA	1982—1983 vaihto-oppilaana high schoolissa Utahissa, 11 kk	
KIELITAITO	Äidinkieli: suomi Muut: englanti ruotsi	
HARRASTUKSET	lentopallo, musiikki, matkat	
Pekka Pihlaja		

ansio/luettelo (''merit list'') personal record, career details; *naimaton* unmarried; *lukio* senior high school, higher secondary school; *kielitiede* philology; *tiili* brick; *lentopallo* volley ball

---

TYÖTODISTUS   Liite 3

Henkilötiedot	Suku- ja etunimet PIHLAJA, PEKKA JUHANI	Henkilötunnus 130766-055H
Yrityksen nimi	TIILITALO OY	
Tehtävät yrityksessä	Tiilenkantaja	Aika 1.6.—15.8.84

Pyynnöstä todistamme lisäksi, että hän on työssään osoittanut
     hyvää työtaitoa
     hyvää ahkeruutta
     kiitettävää käytöstä
ja että syy työsuhteen päättymiseen on työsuhteen määräaikaisuus.

Espoo, 15.8.1984   *Jussi K. Kangas*

Kopion oikeaksi todistavat:
Ulla Ihanainen   *Pentti Kuula*

---

henkilö/tunnus identity number, social security number; *(liike)yritys* business enterprise, company, firm; *tehtävä* task, duty; *osoittaa* to point; show, display; *kiitettävä* praiseworthy, excellent; *käytös* behavior, conduct; *päättyä* to end, finish, terminate; *työ/suhteen määrä/aikaisuus* term of employment agreed upon in advance

---

MARKKAPANKKI OY   TYÖTODISTUS   Liite 4
Kultakuja 7
01300 VANTAA
Puh. 90-313131   31.8.1985

Ylioppilas PEKKA JUHANI PIHLAJA
syntynyt 13.7.1966
on ollut työssä pankkimme Vantaankosken
konttorissa 1.6.—31.8.1985.

Tehtävät	Erilaisia tehtäviä kesäapulaisena yleisö- palvelussa sekä atk-osastolla.
Arviointimme hänestä	*Työtaito* kiitettävä *Ahkeruus* kiitettävä *Aloitteisuus* kiitettävä *Käytös* kiitettävä
Eroamisen syy	Oma pyyntö

MARKKAPANKKI OY,
Vantaankosken konttori
Arja Honkanen
pankinjohtaja

---

konttori toimisto; *yleisö* (myös:) asiakkaat; *sekä* ja; *atk* electronic data processing; *arviointi* appraisal; *aloitteisuus* initiative; *erota* to part, separate, resign; *pyyntö* request

8

JOULU SUOMESSA

A Kun olet tutustunut kappaleen tekstiin, tee seuraavat harjoitukset.

1. Selitä suomeksi, mitä seuraavat sanat tai sanonnat tarkoittavat:
   hyvää vauhtia / runsaasti / "pehmeä paketti" / ainoastaan / tapaninpäivä
   / lahjan saaja / hiukan / aatto

2. Etsi tekstistä sanat tai sanonnat, jotka tarkoittavat samaa kuin:
   lämpötila on vähän alle nollan / paikka, jossa luistellaan / *työntää*-verbin
   vastakohta / *tämä on syy siihen* (että ihmiset matkustavat maalle) / torilla
   oli *tuhansia* ihmisiä / muina aikoina / sanoa "hauskaa joulua", "onnea"
   jne.

B Kun olet tutustunut kappaleen kielioppiin, tee seuraavat harjoitukset tai joi-
takin niistä.

1. Mitä on tapahtunut kirjalle? — Kirja *on luettu.*

Kerro samanlaisilla lyhyillä passiivilauseilla, mitä on tapahtunut seuraaville
asioille:
kahvi / laskut / vieraat kielet / matkalaukut / asunto / puheenjohtaja /
laina / lahja / laulu / hauskat vitsit

Mutta jos ihmisillä ei ole ollut aikaa tai halua tehdä mitään, mitä *ei* ole ta-
pahtunut?

2. Niemiset ostavat huoneiston. — Onko se jo ostettu?

Järviset rakentavat uuden saunan.
Lahtiset myyvät autonsa.
Rantaset ottavat koiran.
Jokiset vuokraavat pois kesämökkinsä.
Saariset avaavat huonekalukaupan.
Aaltoset hankkivat asuntovaunun *(caravan, trailer).*
Meriläiset kutsuvat isovanhemmat heille jouluksi.

3. Olemme aikoneet maksaa kaikki laskut, mutta niitä ei ole vielä makset-
tu.

Olemme aikoneet myydä kesämökkimme / korjata saunan katon / leipoa omenapiirakkaa / lainata pankista rahaa / valita uudet tapetit (= seinäpaperit) / postittaa joulukortit ajoissa / tehdä matkan Leningradiin, mutta ...

4. Eivätkö he ole ilmoittaneet asiasta? — Eikö asiasta ole ilmoitettu?

Ettekö te ole hakeneet stipendiä?
Eikö kukaan ole soittanut tänä aamuna?
Eivätkö Pesoset ole vastanneet siihen kirjeeseen?
Eivätkö kaikki ole ymmärtäneet asiaa?
Ettekö te ole tehneet sitä?
Eivätkö he ole kutsuneet Mäkisiä?
Eivätkö ne ole mainostaneet näitä tavaroita televisiossa?

5. Muuta kappaleen 5 harjoitus 5 pluskvamperfektiin. Kerro siis, mitä *oli tehty* päivän aikana.

6. Malli: Oliko kaikki tehty ennen iltaa? — Ei, kaikkea ei ollut tehty.

Tee kysymyksiä seuraavista sanoista sopivilla verbeillä ja anna kielteisiä vastauksia mallin mukaan.

kirja	laskut	likaiset vaatteet	ruoka
kirje	matkalaukut	huoneet	koira

7. Mitä oli tapahtunut Salon perheen asunnossa, kun he itse olivat maalla? Muuta kertomus passiiviin. (Muista objektin muoto.)

Varas oli käynyt asunnossa. — Asunnossa oli käyty.

Hän oli tullut sisään ikkunasta / rikkonut ikkunan / avannut kaikki laatikot / heittänyt tavarat lattialle / särkenyt (*särkeä särjen* to break) paljon tavaraa / varastanut kaikki rahat / ottanut kaiken, mikä oli arvokasta.

8. Seuraavassa puhekielinen kertomus Lapin-matkasta.
”Käännä” se kirjakielelle (*olemme* t. *olimme tehneet* jne.)

Me ollaan nyt oltu Lapissa viikko. Me oltiin suunniteltu tätä matkaa jo pitkän aikaa, ja täällä me nyt ollaan. Me ollaan asuttu vuokramökissä. Me ollaan kalastettu joka päivä ja ollaankin saatu niin paljon kalaa, ettei me olla ostettu ruokaa juuri ollenkaan. Jälkiruuaksi me ollaan poimittu marjoja.
Me ollaan saunottu ja uitu joka ilta ja paistettu makkaraa ja juteltu ja laulettu myöhään yöhön. Me oltiin luultu, että täällä olisi ollut enemmän sääskiä (*sääski* mosquito), mutta ei me olla nähty niitä paljonkaan, kun on jo loppukesä. Me ei oltu käyty Lapissa ennen, mutta me tullaan varmasti kyllä taas ensi kesänä.

9. Käännä suomeksi:

It has been said that hunger is the best cook *(kokki)*.
It has been said by somebody that the Finnish are the shyest people *(kansa)* in the world.
The war years have not been forgotten in Europe.
The war years have not been forgotten by the Europeans.
This composition had been first *(ensi kerran)* performed in 1940. It had been performed by the country's best orchestra.

10. Passiivin eri aikamuotoja. Muuta aktiivilauseet passiiviin. Muista objektin muoto.

a)
He tekevät sen! — Olet väärässä, he eivät tee sitä.
He tekivät sen! — He eivät tehneet sitä.
He ovat tehneet sen! — He eivät ole tehneet sitä.
He olivat tehneet sen! — He eivät olleet tehneet sitä.

b)
Asemalla kaikki odottivat junaa.
Ihmiset ovat odottaneet tätä juhlaa innokkaasti.
Niitä, jotka myöhästyvät, emme odota.
Vanhemmat olivat odottaneet vanhinta tytärtä kotiin.
Emme odottaneet vastausta tähän kirjeeseen niin pian.
Ihmiset eivät olleet odottaneet niin kovaa myrskyä.
Koskaan emme ole odottaneet kesää niin kiihkeästi
(*kiihkeä* ardent, intensive) kuin tänä vuonna.

11. Aktiivi vai passiivi? Muodosta lauseita.
a) koira, antaa, ruoka, ja, se, syödä, se, nopeasti
b) pikku Liisa, oppia, kaikki, mitä, hän, opettaa
c) äiti, olla, sairas, koko viikko; hän, hoitaa, kotona
d) olla, hauska, hiihtää, nyt, kun, ladut, lopulta, tehdä, lähimetsiin
e) Suomessa, käydä, joulusauna, vanhat ajat, lähtien
f) miksi, lumi, ei kuljettaa, vieläkään, pois, kadut?

12. **a)**

Kenen tehtävä on siivota talo? — Kenen tehtävä on talon siivoaminen?

Naisten tehtävä on leipoa. Miesten tehtävä on hakea kuusi. Lasten tehtävä on koristaa se. Liisan tehtävä on kirjoittaa joulukortit. Minun tehtäväni on postittaa ne. Vanhempien tehtävä on tilata joulupukki.

b)

Muista maksaa laskut! — Et saa unohtaa laskujen maksamista.

Muista hankkia lapsenvahti *(babysitter)* / pestä auto / lähettää kutsut / soittaa Heikki-sedälle / silittää paidat / vaihtaa lakanat *(bed sheets)*.

c)

Lennätkö mielelläsi? — Kyllä, rakastan lentämistä.

Matkustatko mielelläsi? Uitko mielelläsi?
Leivotko mielelläsi? Luetko mielelläsi?

d)

Onko sinusta hauska katsoa televisiota? — On, minä pidän / Ei, en pidä television katsomisesta.

Onko sinusta hauska asua Helsingissä? — nousta aikaisin? — tavata ihmisiä? — hoitaa lapsia? — siivota huoneita? — käydä kylässä?

13. Minulla ei ole mitään tehtävää. — Minulla ei ole mitään tekemistä.

Haluaisin jotain juotavaa. Ei tässä ole mitään pelättävää. Onko muilla jotain kysyttävää? Meillä ei ole tähän mitään lisättävää. Onko sinulla vielä jotakin sanottavaa?

14. *Lepo* tekisi sinulle hyvää. — *Lepääminen* tekisi sinulle hyvää.

Poika aloitti *luistelun* 5-vuotiaana.
Kunpa oppisin pitämään *silityksestä,* pyykin *pesusta,* vaatteiden *korjauksesta* ja ruuan *valmistuksesta!*
Kuivassa metsässä tulen *teko* on kielletty.
Presidentin *valinta* tapahtuu joka kuudes vuosi.
Varokaa liikaa *syöntiä* ja *juontia* ja harrastakaa riittävästi *ulkoilua.*

15. joku — jokin?

Ulkona laulaa . . . . . lintu. Ovella on . . . . . mies, joka kysyy Villeä. Tapasimme . . . . . , joka kertoi meille Kiinan-matkastaan. Haluaisitko nähdä . . . . . kivan elokuvan tai kuunnella . . . . . hyvää musiikkia? Tuo mies on kotoisin . . . . . Afrikan maasta. Ehkä . . . . . ystävälläsi on mahdollisuus auttaa? Haluaisimme mennä . . . . . konserttiin. Jos et tiedä itse, kysy . . . . . , joka tietää. Oletko tutustunut . . . . . näistä kirjailijoista? Me tapaamme vielä . . . . . päivänä. . . . . . pelkäävät ukkosta. . . . . . eläimet eivät siedä eläintarhassa oloa.

16. a)

Mitä on suomeksi
— to wait for something
— to like (be fond of) something
— to get used to something

— to write with something
— to be afraid of something
— to become something
— to be worth something
— to visit some place

b)

Pekka tuli ..... , mutta en tiedä mistä.
Hän lähti ..... , mutta en muista mihin.
Liisakin meni ..... , mutta en kuullut minne.
He ovat nyt ..... , mutta en osaa sanoa missä.

c)

Oletko nähnyt kaikki Chaplinin filmit? — Olen joitakin, mutta en kaikkia.

Pidätkö näistä tauluista? Tiedätkö noiden ihmisten nimet? Oletko ennen matkustanut näissä maissa? Oletko tutustunut naapureihisi? Oletko antanut vettä kukille?

17. joku-harjoitus

"to love somebody" on suomeksi *rakastaa jotakin henkilöä t. jotakuta*

Mitä on
to care for somebody / to think of somebody / to get acquainted with somebody / to get a present from somebody / to admire somebody / to give something to somebody

C **KERTAUSTA**

Tiedätkö oikeat päätteet?

Asun (maa), en (kaupunki).
Tähdet ovat (taivas).
Ari on koulussa (toinen luokka).
Jaana on aina (hyvä tuuli).
Juna seisoo (asema).
Johtaja on (lounas).
Liisa on käymässä (Koponen).
Meidän mökki on meren (ranta).
Bill on suomen (tunti).
Laila on (keittokurssi).
Hän saapui (kevät).
Hän saapui (aamu).

(Maa) on vielä lunta.
Pekka seisoi (kadunkulma).
(Mikä kerros) sinä asut?
Istuimme (juna).
Onko tämä ohjelma (radio) vai (televisio)?
Miehellä oli hattu (pää), saappaat (jalka) ja käsineet (käsi). Hänellä on sormus (sormi).
(Mikä pöytä) he istuvat?
Hän saapui (tämä kevät).
Hän saapui (tämä aamu).

KESKUSTELU

Keskustele toverisi kanssa joulun vietosta omassa maassasi esim. seuraavien kysymysten perusteella:

Vietetäänkö kotimaassasi joulua? Onko se uskonnollinen vai kaupallinen juhla? Jos joulua ei vietetä, onko olemassa jokin muu tärkeä keskitalven juhla? Milloin se on ja kuinka sitä vietetään?

Mitä jouluna syödään kotimaassasi? Montako joulupäivää on? Annetaanko jouluna lahjoja ja kuinka ne saadaan? Tunnetaanko joulupukki ja missä hän asuu?

Vietetäänkö sinun maassasi pikkujoulua?

tai:
Jos olet viettänyt joulun Suomessa, vertaile *(compare)* suomalaista joulua oman kotimaasi jouluun.

E KIRJOITUSTEHTÄVÄN AIHEITA

Kerro jostakin epätavallisesta joulusta, jonka olet kokenut.
Kirjoita lapsen toivomuskirje joulupukille.
Aikuisen ihmisen jouluajatuksia vuonna 19. . .

F KUUNTELUHARJOITUS

Uusia sanoja: *käsitys* idea, notion; *pohjoisnapa* North Pole; *tunturi* Lapp mountain, fjeld; *avaruus* space; *kelkka* sled(ge); *nähdä unta* to dream, have a dream; *mummola* mummon, isoäidin koti

I. Valitse oikea vaihtoehto:
1. Suomen lapset uskovat, että joulupukki asuu
   a) pohjoisnavalla.
   b) Korvatunturilla.
2. Joulupukin postitoimisto sijaitsee
   a) Helsingissä.
   b) Rovaniemellä.
3. Vuonna 1974 joulupukki sai lapsilta
   a) 10 000
   b) 12 000
   c) 18 000 kirjettä.
4. Vuonna 1985 kirjeiden määrä oli
   a) noin kaksi kertaa niin suuri.
   b) yli kymmenen kertaa niin suuri.

5. Eniten kirjeitä ulkomailta joulupukki sai
   a) Japanista ja Englannista.
   b) Japanista ja Australiasta.
   c) Japanista ja Unkarista.
6. Eri maiden lasten toivomukset
   a) ovat aika tavalla samanlaisia.
   b) ovat aika tavalla erilaisia.

II. Mitä muuta kuin lahjatoivomuksia lasten kirjeissä voi olla? Mainitse esimerkki tai pari.

G LUKEMISTA

Joulu juhlista jaloin

Jouluksi leivotaan useimmissa suomalaisissa kodeissa ainakin piparkakkuja ja joulutorttuja. Piparkakut voivat olla esim. joulutontun tai joulukuusen muotoisia. Joulutortut (kuvassa joulukuusien ja sydämien välissä) tehdään voitaikinasta ja täytetään luumuhillolla.

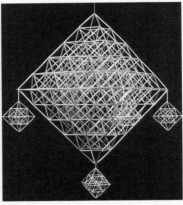

Olkikoristeet ovat vanha jouluperinne. Niistä kaunein on himmeli, eräänlainen joulumobile, niin kevyt, että kun se ripustetaan kattoon, se alkaa pienimmästäkin ilmavirrasta pyöriä sirosti ympäri. Himmelin osat voi ostaa kaupasta ja koota itse, mutta aivan hetkessä se ei valmistu.

Kaikissa kouluissa ja nuorempien lasten päiväkodeissa on omat joulujuhlansa, joissa leikitään, lauletaan ja saadaan pieniä lahjoja. Kuvan päiväkotilapset leikkivät tonttuleikkiä punaiset tonttulakit päässään. Tontut ovat joulupukin pieniä apulaisia.

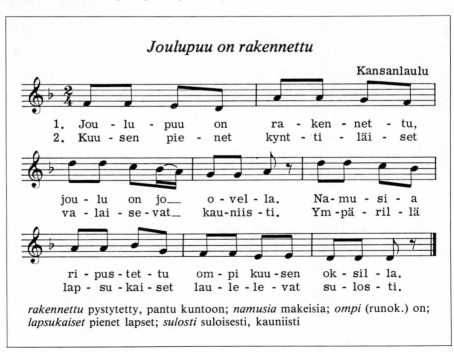

Joulupuu on rakennettu

Kansanlaulu

1. Jou - lu - puu on ra - ken - net - tu,
2. Kuu - sen pie - net kynt - ti - läi - set

jou - lu on jo__ o - vel - la. Na - mu - si - a
va - lai - se - vat__ kau - niis - ti. Ym - pä - ril - lä

ri - pus - tet - tu om - pi kuu - sen ok - sil - la.
lap - su - kai - set lau - le - le - vat su - los - ti.

rakennettu pystytetty, pantu kuntoon; *namusia* makeisia; *ompi* (runok.) on; *lapsukaiset* pienet lapset; *sulosti* suloisesti, kauniisti

Keskellä pikkujoulukautta, 13. joulukuuta, on suomenruotsalaisten erikoisjuhla Lucian päivä. Ruotsalaisen tavan mukaan Luciaksi valitaan viehättävä, kaunisääninen tyttö, jonka tehtävänä on tuoda ihmisille valoa ja iloa. Päässään seppele, jossa on palavia kynttilöitä, hän yhdessä Lucia-neitojensa kanssa käy laulamassa sairaaloissa, vanhainkodeissa, lasten päiväkodeissa jne. Kuvassa Suomen Lucia 1983 laskeutumassa Helsingin tuomiokirkon portaita. Suomenruotsalaisella alueella eri kaupungit, kylät, koulut jne. valitsevat myös omat Luciansa.

Kaikkialla Suomessa on tapana sytyttää aattoiltana kynttilöitä omaisten ja sukulaisten haudoille. Samalla tavalla muistetaan niitä, jotka kaatuivat viime sodissa. Kuva on Helsingin Hietaniemen hautausmaalta.

KODITTOMIEN JOULU

HS 22.12.63

Arvoitus:
Kulkee maata kuin kuningas,
vaeltaa kuin valtaherra,
joka vuosi varrotaan
köyhimpäänkin kotihin.
Mikä se on?

valtaherra: suuri, korkea herra;
vartoa odottaa

9

PIENI ELÄMÄKERTA

A Kun olet tutustunut kappaleen tekstiin, tee seuraava harjoitus.

a)
Työstä maksetaan palk...; kilpailusta voi saa palk...
Selitä toisilla sanoilla
*lempi*aine / sota *syttyy* / nuoret *ryhtyvät opiskelemaan*

b)
Etsi tekstistä sanat t. sanonnat, jotka merkitsevät samaa kuin:
(henkilö) jolla on lahjoja / jolla on varoja / jolla on älyä / menestyä elämässään / olla mukana kilpailussa / ei tehdä loppuun saakka / spesialisti, ekspertti / suorittaa ylioppilastutkinto / suorittaa maisterintutkinto

B Kun olet tutustunut kappaleen kielioppiin, tee seuraavat harjoitukset tai joitakin niistä.

1. Muuta essiiviin, milloin se on tarpeellista.

   Mitä Riitta tekee? Hän on (kampaaja). Hänen sisarensa Minna on (kääntäjä). Hän on (kokenut kääntäjä). Hän on (kääntäjä) eräässä vientifirmassa. Heidän veljensä Arto on (insinööri) samassa firmassa. Hän on (tietokoneinsinööri).

   Pekka on ollut muutamia vuosia (opettaja) Pohjois-Suomessa. Hän on (erinomainen opettaja).

   Missä serkkusi Risto on nyt (upseeri *officer*)?
   Hämeenlinnassa. Kuten tiedät, hän on vasta (nuori upseeri). Hän on (luutnantti).

   Eeva Jukola on (muusikko). Hän on (soittaja) Jyväskylän orkesterissa. Hän on (hyvin lahjakas).

2. Täydennä:
   Pikkulintu makasi portailla (kuollut). Tämä henkilö oli syntynyt (rikas), mutta kuoli (aivan köyhä). Jussi Ikola lähti maailmalle (nuori poika) ja palasi (keski-ikäinen liikemies). Miksi istut siinä niin (masentunut)? Pidä selkäsi (suora)! Pidä mielesi (iloinen)! Olemme tottuneet näkemään Päivin aina yhtä (kaunis) ja (vilkas) ja Maijan aina yhtä (hajamielinen) ja (huolestunut).

   Kaikki haluavat elää (vapaa). Menemme saunaan (likainen) ja palaamme sieltä (puhdas). Lapset juoksivat (onneton) kertomaan, mitä oli tapahtunut. Paniikkia ei syntynyt, koska kaikki pysyivät (rauhallinen).

3. Vanhus makasi vuoteessaan; hän oli sairas. — Vanhus makasi vuoteessaan sairaana.

Seisoin bussissa; olin hirveän väsynyt.
Lapsi kokosi (inf. *koota*) palapeliä *(puzzle);* hän oli hyvin innostunut.
Taiteilija katseli näyttelyään; hän oli tyytyväinen.
Ihmiset katselivat hänen taulujaan; he olivat kiinnostuneita, mutta kriittisiä.
Nina on palannut Pariisista; hän on entistä kauniimpi ja tyylikkäämpi (*tyylikäs* stylish, elegant).

4. *"iloisesti"* vai *"iloisena"*?
Kaikki nauroivat (iloinen) Ollin vitseille. Tyttö kertoi (iloinen) uudesta työpaikastaan.
Lapset tulivat koulusta (väsynyt). He tulivat (hidas).
Filmi päättyi (onnellinen). He elivät aina (onnellinen).
Lasse on todellinen herrasmies (= gentlemanni), hän puhuu kaikille yhtä (ystävällinen) ja (kohtelias). Lassen näkee aina yhtä (ystävällinen) ja (kohtelias).

5. Kun olin pieni, asuin maalla. — Pienenä asuin maalla.

Kun Pekka oli nuori opiskelija, hän osallistui innokkaasti ylioppilaselämään.
Kun lapset ovat väsyneitä, ne itkevät pienestäkin syystä.
Vasta kun taiteilija oli vanha ja sairas, hän alkoi saada kiitosta *(praise)* työstään.
Koska Carlo on italialainen, hän rakastaa oopperamusiikkia.
Koska Raija on viehättävä ja sydämellinen ihminen, hän on suosittu kaikkialla.

6. a)

Mielestäni Liisa on viehättävä tyttö. — Pidän Liisaa viehättävänä tyttönä.

Mielestäni tuo ajatus on mahdoton.
Meistä tämä ohjelma oli mielenkiintoinen.
Ihmisten mielestä sellaiset asiat ovat tärkeitä.
Sinun mielestäsi Helsinki on siis miellyttävä kaupunki.
Useimpien mielestä Picasso on paras moderni maalari.
Joidenkin mielestä moderni arkkitehtuuri on steriiliä.
Minusta teidän mielipiteenne ovat liian subjektiivisia.

b)
Vastaa täydellisillä lauseilla muutamiin seuraavista kysymyksistä:

Mitä autoa pidät parhaana?
Mitä kukkaa pidät kauneimpana?

Mitä hedelmää pidät maukkaimpana?
Mitä vuodenaikaa pidät miellyttävimpänä?
Mitä pidät maailman kauneimpana kaupunkina? — mielenkiintoisimpana
urheiluna? — viime aikojen hauskimpana elokuvana?
Keitä pidät kaikkien aikojen kahtena parhaana elokuvanäyttelijänä?
Ketä pidät tämän hetken parhaana urheilijana?
Mitä pidät parhaana vapaa-ajan viettotapana?
Mitä pidetään älykkäimpänä eläimenä?
Mitä asioita pidät tärkeimpinä asunnon valinnassa?

7. Harkitse, milloin tarvitset essiiviä.

Kaikilla suomalaisilla on vapaapäivä (vappu), samaten (joulu), (pääsiäinen),
(juhannus) ja (Suomen itsenäisyyspäivä). Vappua vietetään (1. toukokuuta),
Aleksis Kiven päivää (10. lokakuuta), Kalevalan ja suomalaisen kulttuurin
päivää (28. helmikuuta) ja itsenäisyyspäivää (6. joulukuuta).
(Yö) nukun aina kahdeksan tuntia, paitsi (uudenvuoden yö). (Kevät) lumi
sulaa yleensä huhtikuussa, (tämä kevät) jo maaliskuussa. (Syksy) voi olla
hyvin kaunista, kuten (toissa syksy).
(Päivä) olemme työssä, mutta ei (pyhäpäivät). (Ilta) olemme sisällä, mutta
emme (kauniit kesäillat).

8. Täydennä translatiivilla.

Lapset ovat pieniä, mutta kasvavat . . . . .
Olette nuoria, mutta kerran tulette . . . . .
Nämä talot ovat vielä kesken, mutta ne tulevat kyllä lähiaikoina . . . . .
Nämä miehet ovat vankeina, mutta pääsevät kohta . . . . .
Yöt ovat pimeitä, mutta muuttuvat kohta . . . . .
Ilmat ovat vielä lämpimiä, mutta käyvät pian . . . . .
Ajatuksesi ovat mahdottomia, mutta ehkä ne joskus tulevat . . . . .
Nämä vaatteet eivät ole kuivia, ne ovat jääneet ihan . . . . . *(märkä märän)*.

9. Tee lauseita seuraavista sanoista:

mikä vuosi, Urho Kekkonen, valita, Suomen presidentti?
mikä päivä, te, aikoa, saada, työ, valmis?
koska, lapset, olla, pieni, Leena, ei mennä, työ, vaan, jäädä, kotirouva
syksy, yöt, käydä, yhä lyhyempi ja pimeämpi
pikkulapsen suru, vaihtua, helposti, ilo
syödä, sinä, mieluummin, kova, vai, pehmeä, keitetty, kananmunat?
mitä, te, ostaa, Pekka, syntymäpäivälahja?

10. a)
Lapset kertovat, mitä heistä tulee aikuisina:
Sari, lentoemäntä / (hänen) pikkusisar, perheenäiti / (hänen) veli, jalkapal-
loilija / Pertti, lentäjä / (hänen) paras ystävänsä, eläinlääkäri

b)

Ritvasta tulee vaimoni = Ritva tulee vaimokseni.

Pentistä tulee työtoverini tähän uuteen projektiin.
Insinööri Rautiosta tulee teidän esimiehenne *(superior)*.
Tuosta tytöstä tulee oppaamme *(opas oppaan* guide).
Kenestä tulee tulkkimme *(tulkki* interpreter)?

11. Järjestämme *(arrange, organize)* kurssin kouluttaaksemme oppaita. — Järjestämme kurssin oppaiden kouluttamiseksi.

Mitä yliopisto aikoo tehdä nopeuttaakseen opintoja?
Joka puolella maailmaa lääkärit etsivät lääkkeitä parantaakseen syövän.
Punainen Risti järjestää koko maassa keräyksen auttaakseen Afrikan lapsia.

12. Matkustan huomenna Pohjois-Suomeen.

Kuinka kauan olette siellä?	Kuinka pitkäksi aikaa menette sinne?
Olen siellä viikon.	Menen .....
Olen Ivalossa päivän.	Menen .....
Viivyn Kemissä kaksi päivää.	Menen .....
Asun ystävieni luona torstain.	Menen .....
Viivyn Oulussa vain muutamia tunteja.	Menen .....
Olen viikonlopun Kuusamossa.	Menen .....

13. Valitse oikeat vaihtoehdot.

Liisa ei ole paikalla. Missä/mihin hän on mennyt?
Missä/mihin hän on jäänyt?
Olet sairas. Jää vuoteessa/vuoteeseen pari päivää/pariksi päiväksi. Pysy
vuoteessa/vuoteeseen pari päivää/pariksi päiväksi.
Haluaisin asua Lapissa/Lappiin vuoden/vuodeksi.
Jää luonani/luokseni viikonlopun/viikonlopuksi.

C KERTAUSTA

1. Käännä suomeksi seuraavat lauseet, joissa "have"-verbillä on erilaisia merkitystehtäviä. Harkitse tarkkaan, mitä suomen kielen verbejä käytät.
   a) Little Liisa has (got) a white cat.
   b) May I have some cold water please?
   c) I'd like to have another glass, please.
   d) What do you usually have for breakfast?
   e) I often have a cup of tea.
   f) Have some more coffee!
   g) We had a good time.
   h) Have a good time!
   i) We had a swim.
   j) She's going to have a baby.
   k) I don't have time to help you today.
   l) He has (got) to do it.

m) He doesn't have (hasn't got) to do it.
n) I must have my hair cut.

Avuksi pari verbiä: *ehtiä; leikkauttaa tukkansa*

2. **each other** -harjoitus

> On hyvä, jos mies rakastaa vaimoaan ja tämä häntä. — On hyvä jos
> mies ja vaimo rakastavat toisiaan.

Joskus mies kyllästyy vaimoonsa ja tämä häneen.
On mahdollista, että mies vihaa vaimoaan ja tämä häntä.
Sinä hymyilet minulle ja minä sinulle.
Kaija on kiinnostunut Pekasta ja tämä hänestä.
Virtaset tulevat hyvin toimeen Lahtisten kanssa ja nämä heidän kanssaan.
Sinä tunnet naapurisi ja he tuntevat sinut.
En voi sietää Villeä eikä hän minua.
Ihmiset pelkäävät käärmeitä *(snakes)* ja käärmeet ihmisiä.

Huom. *Me pidämme toisistamme* voidaan sanoa toisellakin tavalla: *me pidämme toinen toisestamme* (huomaa, että sana *toinen* on silloin aina yksikössä).

Sano 2. harjoituksen lauseet vielä kerran tällä toisella, harvinaisemmalla tavalla.

D KIRJOITUSTEHTÄVÄ

Kirjoita jonkun henkilön elämäkerta (n. 150 sanaa). Voit kertoa perheesi tai sukusi jäsenestä, jostakin historian henkilöstä tai, jos niin tahdot, itsestäsi *(oma/elämäkerta)*.

E KESKUSTELUA

Kerro lyhyesti jonkun henkilön elämästä. Voit kertoa samasta henkilöstä, josta olet kirjoittanut, mutta ilman papereita.

F KUUNTELUHARJOITUS

> Uusia sanoja:
> *työ/kalu* tool; *vuoristo* mountain range; *kaataa* to fell, cut, chop;
> *huuhtoa kultaa* to wash gold; *hyödyttää* to benefit; *kulua* (of time:) to
> pass; *omaisuus* property; *laitos* institute

Kysymyksiä

a) Mikä oli Kalle Joutsenen syntymäpaikka ja -vuosi?
b) Minkä ikäisenä ja kenen kanssa Kalle lähti kultaa etsimään?
c) Kuinka viime vuosisadan lopussa matkustettiin Seattlesta Klondykeen?
   Mikä oli matkan vaikein osa? Miksi matkan tekeminen oli kovin hidasta?
   Mistä saatiin vene?
*d) Miksi he saivat ostaa huuhtomisalueen melko halvalla? Millä tavalla he
   onnistuivat nopeuttamaan huuhtomisprosessia?
e) Mistä johtui, että kotimatka oli helpompi kuin menomatka Alaskaan?
f) Millä tavalla Alaskan kulta hyödytti Suomen kulttuuria?

| G | **LUKEMISTA** |

Lapsi aloittaa koulunkäyntinsä yleensä innokkaana ja optimistisena. Koulu
on hänelle tie aikuisten maailmaan, jossa kaikki ovet ovat avoinna. Useim-
mat haaveilevat jo siitä, mitä he haluaisivat tehdä isona, vaikka haaveet ei-
vät tietenkään ole kovin realistisia. Kun Kauniaisten kaupungin Mäntymäen
koulun 2B-luokan oppilailta lukuvuonna 1984—85 kysyttiin, mitä heistä tu-
lee aikuisina, vain kaksi ilmoitti, etteivät vielä osaa sitä sanoa. Muut yhdek-
säntoista suunnittelivat hyvinkin vaihtelevia elämänuria (*ura* career).

Tyttöjen ja poikien valinnat olivat jossakin määrin erityyppisiä. Tytöillä
suosituin oli opettajan ammatti, jonka olisi valinnut kolme tyttöä ("olen
haaveillut siitä", "pidän ihmisistä", "tykkään lapsista"). Kaksi tyttöä, jot-
ka "rakastivat eläimiä", halusi eläinlääkäreiksi. Yksi tyttö aikoi lentoemän-
näksi ("koska saa kiertää ympäri maailmaa") ja yksi kampaajaksi. Pojista
kaksi halusi palomieheksi ("koska se on niin jännää") ja kaksi jääkiekkoili-
jaksi ("koska se on hauskaa"). Jännitystä elämäänsä halusivat myös ne
kaksi poikaa, jotka aikoivat ruveta poliisiksi ("saa seikkailla") ja agentti
007:ksi ("koska se on niin kova"). Yhdestä pojasta näyttelijän ammatti tun-
tui kivalta, yksi aikoi rakentaa soittimia, yksi "hoitaa eläimiä" maanvilje-
jänä ja yksi toimia teurastajana. Palkan suuruutta ajatteli tässä iässä vain
kaksi poikaa, joista toinen ajatteli valmistua insinööriksi ("haluan hyvän
elämän") ja toinen lääkäriksi ("koska siitä saa paljon rahaa").

Ehkäpä näiden lasten haaveista tulee vielä joskus totta, ainakin jonkun.
Matka insinööriksi, lääkäriksi tai opettajaksi on kuitenkin pitkä. Vaikka pe-
ruskoulun tarkoituksena on olla koko kansan koulu, se on luonteeltaan mel-
ko teoreettinen ja raskas. Jokaisen oppilaan, myös niiden, jotka aikovat pa-
lomieheksi, teurastajaksi tai maanviljelijäksi, on luettava ainakin kahta kiel-
tä ja aika laaja kurssi matematiikka. Taideaineita, käytännön aineita ja lii-
kuntaa on vähän, kotitehtäviä ja kokeita paljon. Ei ihme, että varsinkin
murrosiässä (*murrosikä* puberteetti) muutamat väsyvät ja kyllästyvät kou-
luun, ja suurissa kouluissa tämä voi vaikuttaa häiritsevästi työrauhaan.

Kuitenkin lukioon pyrkii joka vuosi enemmän nuoria kuin ammattikoulu-
tukseen. Osaksi tämä johtuu siitä, että Suomessa on ollut tapana arvostaa
teoreettista tietoa ja akateemisia opintoja enemmän kuin käytännön koulu-
tusta. Lukiossa niiden nuorten ystäviemme, jotka aikovat insinööriksi, lää-
käriksi tai eläinlääkäriksi, on aikanaan syytä valita ohjelmaansa laaja mate-
matiikan ja fysiikan kurssi. Tulevalle opettajalle, lentoemännälle ja jääkiek-
koilijalle — kuka tietää, vaikka hänestä vielä tulisi kansainvälinen tähti? —
riittää lyhyempi matematiikka, mutta heidän on luettava lukiossa kolmea
kieltä. Kolmas kieli on yleensä saksa, ranska tai venäjä.

Lukiolaisten suuri määrä johtaa ylioppilastutkinnon jälkeen, noin 19 vuoden iässä, kovaan kilpailuun opiskelupaikoista. Nyt ratkaistaan, saako 8-vuotiaamme "hyvän elämän" insinöörinä tai "paljon rahaa" lääkärinä tai tuleeko lapsia rakastavasta tytöstä opettaja. Useimmille aloille otetaan vuosittain vain tietty määrä opiskelijoita, ja hakijoita saattaa olla moninkertainen määrä. Tämä merkitsee, että vain osa pääsee opiskelemaan sitä alaa, mitä haluaa; monet joutuvat valitsemaan alan, jolla sattuu olemaan vapaita opiskelupaikkoja. Kaikkein pienin mahdollisuus päästä toiveammattiinsa on sillä pojalla, joka halusi näyttelijäksi: Teatterikorkeakouluun otetaan vain murto-osa hakijoista (vuonna 1985 37 opiskelijaa 1610 hakijasta).

Tehtäviä

1. Kirjoita perusmuodot (yks. nom. tai inf.)
   tässä iässä — vaihtelevia elämänuria — soittimia — suuruutta — tarkoituksena; suunnittelevat — vaihtelivat — haaveillut — tykkään — ratkaistaan

2. *Totta vai ei?*
   a) Kaikki Kauniaisten Mäntymäen koulun 2B-luokan oppilaat olivat halukkaita kertomaan, mitä heistä tulee isona.
   b) Suomen peruskoulu on koko kansan koulu, mutta vieraat kielet, matematiikka ja muut teoreettiset aineet tekevät sen melko raskaaksi.
   c) Suomen peruskoulussa ei ole kotitehtäviä, ja kokeita on harvoin.
   d) Suomessa lukio on arvostetumpi kuin ammattikoulutus, koska suomalaiset arvostavat teoreettisia opintoja.
   e) Suomessa on vaikea päästä yliopistoihin ja korkeakouluihin, ja monet jäävät niiden ulkopuolelle.

10

HAASTATTELEMME SUOMESSA ASUVIA ULKOMAALAISIA

A Kun olet tutustunut kappaleen kielioppiin, tee seuraavat harjoitukset tai joitakin niistä.

1. Täydennä lauseet annetuilla verbeillä. (Tarvitset sekä aktiivin että passiivin partisiippeja.)

a)

juoda   Suomalaiset ovat kahvia . . . . . kansaa. Suomessa . . . . . kahvi tuodaan tietenkin ulkomailta.

soittaa   Huomisessa konsertissa . . . . . musiikki on aivan modernia. Soolon . . . . . pianisti on norjalainen.

käyttää   Tuo tummia laseja . . . . . mies on suosittu pop-laulaja. Ruotsissa, Tanskassa ja Norjassa . . . . . rahan nimi on kruunu.

hiihtää   Hämeenlinnasta Lahteen . . . . . Finlandia-hiihtoon osallistuu tuhansia hiihtäjiä. Noilla . . . . . lapsilla on hauskat, värikkäät hiihtopuvut.

b)

Lapset antoivat äidille lahjan.
Tässä ovat äidille . . . . . lahja ja lahjan . . . . . lapset.

Perhe on lahjoittanut isälle kirjoja.
Tässä ovat isälle . . . . . kirjat ja kirjat . . . . . perhe.

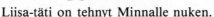

Liisa-täti on tehnyt Minnalle nuken.
Tässä ovat Minnalle . . . . . nukke ja nuken . . . . . Liisa-täti.

Pekka-eno on kirjoittanut äidille kirjeen.
Tässä on äidille . . . . . kirje ja kirjeen . . . . . Pekka-eno.

2. a)

Mikä tuo on? Se on lintu, joka istuu puussa. — Se on puussa istuva lintu.

Se on ruusu, joka kukkii puistossa / lapsi, joka juoksee pihalla / ihminen, joka kulkee kadulla / auto, joka ajaa talon ohi / bussi, joka saapuu pysäkille / lentokone, joka lentää korkealla ilmassa / poika, joka leikkii koiran kanssa.
b) Näen ikkunastani puussa istuvan linnun / .....
c) Näen puussa istuvia lintuja / .....
d) Kerron sinulle siitä, mitä näen ikkunastani.
Kerron puussa istuvista linnuista / .....

3. Katselemme tunnetun valokuvaajan kuvia.
a)

Mikä tuo on? Se on lintu, joka on kuollut öljyyn. — Se on öljyyn kuollut lintu.

Se on puu, joka on kaatunut myrskyssä / rakennus, joka paloi pommituksessa / lapsi, joka väsyi kesken leikin / nuori, joka on kovasti rakastunut / ihminen, joka on jäänyt työttömäksi / urheilija, joka on juuri juossut maratonin / turisti, joka on käynyt ensi kertaa saunassa.
b) Näen öljyyn kuolleen linnun / .....
c) Nuo ovat öljyyn kuolleita lintuja / .....
d) Valokuvaaja ottaa kuvia öljyyn kuolleista linnuista / .....

4. a)

Mikä tuo on? Se on lasku, joka täytyy maksaa tänään. — Se on tänään maksettava lasku.

Se on auto, joka vuokrataan turisteille / sauna, jota lämmitetään sähköllä / laulaja, joka kutsutaan Helsinkiin / stipendi, joka annetaan vuodeksi / lääke, jota täytyy ottaa allergiseen nuhaan / juoma, jota tehdään kesällä marjoista / ruoka, jota valmistetaan jouluksi.
b) Nuo ovat tänään maksettavia laskuja / .....
c) Keskustelemme tänään maksettavista laskuista / .....

5. a)

Mikä tuo on? Se on talo, joka rakennettiin viime vuonna. — Se on viime vuonna rakennettu talo.

Se on kaupunki, joka perustettiin keskiajalla / rakennus, joka pommitettiin sodassa / auto, joka on valmistettu Ranskassa / taulu, joka on maalattu viime vuosisadalla / kirja, joka on käännetty monille kielille / ministeri, joka nimitettiin eilen / harvinainen kukka, joka on löydetty Australiasta.
b) Näimme viime vuonna rakennetun talon / . . . . .
c) Nuo ovat viime vuonna rakennettuja taloja / . . . . .
d) Keskustelemme viime vuonna rakennetuista taloista / . . . . .

6. Katsele sivulla 190 olevaa kuvaa ja kerro mitä kuvassa on. Käytä koko ajan partisiippeja (*lehteä lukeva nainen, rannalla leikkiviä lapsia* jne.).

7. Täydennä eri partisiipeilla.
a) Puiston penkillä (istua) tytöt katselivat lomamatkalla (ottaa) kuvia ja söivät kioskista (ostaa) suklaata.
b) Mitä ajattelet? — Ensi viikonloppuna (tehdä) töitä.
c) (*Hikoilla* perspire) pojat istuivat kuumaksi (lämmittää) saunassa.
d) Lapset lähettivät serkuilleen hauskasti (piirtää) ja värikkäästi (maalata) joulukortteja.
e) Opettaja puhui historiantunnilla vuonna 1939 (alkaa) ja 1945 (loppua) toisesta maailmansodasta.

8. Käytä partisiippeja **joka**-lauseiden sijasta.
a) Puhuimme lukukaudesta, joka alkaa pian. Matkustan tuossa junassa, joka lähtee parin minuutin kuluttua. Asumme kaupungissa, joka sijaitsee joen rannalla. Katso noita lehtiä, jotka lentävät puista! Asiasta ilmoitettiin heti kaikille, jotka olivat läsnä *(present)*.
b) Puhuimme lukukaudesta, joka oli juuri alkanut. Minun piti matkustaa tuossa junassa, joka lähti kaksi minuuttia sitten. Asumme kaupungissa, joka on syntynyt joen rannalle. Tiellä oli lehtiä, jotka olivat lentäneet puista. Asiasta ilmoitettiin heti kaikille, jotka olivat olleet kokouksessa.
c) Puhuimme projektista, joka aloitetaan lähipäivinä. Henkilöllä, joka nimitetään tähän toimeen, on edessään vaikea tehtävä. Opiskelijoiden, jotka valitaan kurssille, täytyy voida keskittyä vain opiskeluun. Mitkä ovat asiat, jotka pitää kerrata tässä kappaleessa? Kilpailuissa, jotka pidetään ensi viikonloppuna, on mukana urheilijoita monista maista.
d) Puhuimme projektista, joka aloitettiin juuri. Asumme kaupungissa, joka on perustettu 1600-luvulla. Kokoukseen, joka pidettiin Raumalla, osallistui noin sata henkeä. Opiskelijoiden, jotka on valittu kurssille, täytyy voida keskittyä vain opiskeluun. Asiat, jotka on opittu hyvin nopeasti, eivät pysy mielessä ilman kertausta.

9. Käännä suomeksi. Käytä partisiippeja, ei **joka**-lauseita.
That bird singing in the park is a nightingale *(satakieli)*. Will the nightingale, which sang in the park yesterday, come again tonight?

The song to be sung now is "Our Land", Finland's national anthem. The song heard on the radio a moment ago was from a well-known play.

10. Reading texts which contain participial qualifiers may seem somewhat difficult before you get used to these structures. In the beginning, it might be wise to analyze the sentence a bit to see which is which, for instance in the way suggested here.

You have the sentence

Portailla seisova koira haukkui pihaan tulleita vieraita.

First, find the basic sentence without participial qualifiers *(koira haukkui vieraita)* and underline it.

Secondly, see what the sentence tells you about the words *koira* and *vieraita:*
millainen (t. *mikä*) *koira? koira, joka seisoi portailla*
millaisia (t. *mitä*) *vieraita? vieraita, jotka olivat tulleet pihaan*

The sentence, accordingly, could also read,

Koira, joka seisoi portailla, haukkui vieraita, jotka olivat tulleet pihaan.

In this exercise, analyze the sentences in this manner as long as you feel you profit from it.

a) James on *suomea opiskeleva ulkomaalainen.*
Tunnen hyvin nuo *metroon nousseet pojat.*
Pekka otti kuvia *rannalla istuvista tytöistä.*
Ruotsista palanneilla suomalaisilla on joskus ongelmia.
Oletko tutustunut *Helsingissä sijaitseviin museoihin?*
Näitä *kuun lopussa maksettavia laskuja* on aika paljon.
Opetusministeriö halusi raportin *ulkomaalaisten suomen kielen opetukseen käytetyistä varoista.*

b) Kaikilla *epidemiaan sairastuneilla (ihmisillä)* oli korkea kuume.
Kadulla kävelevät ihmiset katselivat *kauppojen näyteikkunoissa olevia tavaroita.*
Mikä *tässä puutarhassa kasvavista kukista* on sinusta kaunein?
Monet *Suomeen ostetuista viineistä* ovat kotoisin Välimeren maista.
Hedelmien kuljetuksessa käytettäviä laatikoja valmistetaan sekä puusta että muovista.
Auton alle jääneellä naisella ei ole enää hengenvaaraa.
Autoa kuljettaneen miehen veressä oli alkoholia 1,3 promillea.

c) Tiedotus *lomamatkalla Pohjois-Suomessa oleville Jorma ja Pirkko Tuomiselle:* ottakaa heti yhteys kotiin.
Myös *kotieläimille annettavan ruuan* pitäisi olla tarpeeksi monipuolista.
Paljon elämää kokeneet ihmiset ymmärtävät toisten ihmisten vaikeuksia.
Lasten on hyvä tutustua kaikkiin *kotona tehtäviin töihin.*
Tärkeimmät *Suomesta ulkomaille vietävistä artikkeleista* ovat yhä metsäteollisuuden tuotteet.
Lehdissä on uutinen *Suomen ja Belgian välillä tehdystä kauppasopimuksesta.*
Lapin junaan nousevilla matkustajilla oli yllään *helsinkiläisistä tavarataloista ostetut muodikkaat hiihtopuvut.*

11. Taivuta:

tuo onneton ihminen | nuo ....
tuota .... | noita ....
tuon .... | noiden ....
tuolla .... | noilla ....
tuosta .... | noista ....
tuohon .... | noihin ....
tuona .... | noina ....
tuoksi .... | noiksi ....

12. Täydennä.

a)

Henkilö, jolla ei ole yhtään penniä, on .....
Tilanne, jossa ei ole toivoa, on .....
Kun taivaalla ei ole pilviä, taivas on .....
Elämä, jossa ei ole iloa, on .....
Alkoholistit, joilla ei ole asuntoa, ovat .....
Tulot, joista ei makseta veroa, ovat .....
Ihmiset, jotka eivät tunne pelkoa, ovat .....
Ne, joilla ei ole lukutaitoa, ovat .....

b)

Asutko rauhallisessa vai ..... ympäristössä?
Viihtyykö lohi suolaisessa vai ..... vedessä?
Pidätkö poliittista tilannetta vaarallisena vai .....?
Pidetäänkö kesällä hihallisia vai ..... pukuja?
Ovatko ihmissuhteet yleensä ongelmallisia vai .....?
Pitäisikö mielestäsi lahjakkaita ja ..... lapsia opettaa erikseen?
Onko sinusta verotus sopiva tapa pienentää varakkaiden ja ..... tuloeroja?
Pidätkö suurkaupunkeja ihmiselle luonnollisina vai ..... asuinpaikkoina?

13. Täydennä.

a)

> Ongelma, jota ei ole, on olematon.

Asia, joka ei muutu, on .....
Sairas, joka ei voi parantua, on .....
Talot, joissa ei asuta, ovat .....
Armeijat, joita ei voi voittaa, ovat .....
Ne, jotka eivät väsy, ovat .....
Ne, jotka eivät paljon ajattele, ovat .....
Asiat, joita ei voi antaa anteeksi, ovat .....

b)

Panetko mieluummin yllesi silitetyn vai ..... puvun?
Saavatko kokeneet vai ..... työntekijät parempaa palkkaa?
Ovatko mielestäsi kirosanat *(swear words)* keskustelussa sopivia vai .....?
Ovatko Suomen järvet saastuneita vai .....?
Syötkö vihannekset keitettyinä vai .....?

B KESKUSTELUA

Keskustele toverisi kanssa siitä, mitä hyviä ja huonoja puolia voi olla ulkomailla asumisessa.

tai:

Jos olet nyt tai olet ollut Suomessa, keskustele toverisi kanssa siitä, millaista on olla ulkomaalaisena Suomessa. Ajatelkaa sekä hyviä että huonoja puolia.

Lukekaa myös seuraavat väitteet (*väite* statement, claim), jollaisia näkee lehtikirjoituksissa tai kuulee keskusteluissa. Sanokaa oma mielipiteenne.
1. Suomalaiset ovat kovin ujoja ja hiljaisia, heihin on vaikea tutustua.
2. Suomalaiset ovat hyviä ja rehellisiä ystäviä, kun heihin tutustuu lähemmin.
3. Suomalaiset ovat rasisteja, he eivät halua maahansa ulkomaalaisia. He ovat epäystävällisiä ihmisille, jotka edustavat *(represent)* toista rotua *(race)*, uskontoa tai poliittista ideologiaa kuin he itse.
4. Suomalaiset pelkäävät puhua vieraita kieliä ulkomaalaisten kanssa, paitsi kun ovat humalassa.
5. Suomessa nuoret ovat vähemmän ujoja ja ennakkoluuloisia *(prejudiced)* kuin keski-ikäiset ja vanhat.
6. Suomessa naiset ovat ulkomaalaisille ystävällisempiä ja vähemmän rasisteja kuin miehet.
7. Suomalainen yhteiskunta *(society)* — esim. poliisi ja ulkomaalaistoimisto — on ulkomaalaiselle epäystävällinen. Oleskelu- ja työlupa annetaan liian lyhyeksi aikaa, niitä on jatkuvasti uusittava.
8. Suomalaiset eivät mielellään kutsu ulkomaalaisia kotiinsa.
9. Suomalaiset kutsuvat mielellään ulkomaalaisia kotiinsa, mökille tai saunaan.

C KUUNTELUHARJOITUS

Puhumme Suomessa olevista ulkomaalaisista.

Uusia sanoja: *pakolainen* refugee; *tilasto* statistics

Totta vai ei?
a) Suomessa on yli 80 000 ulkomaalaista.
b) Suurin osa ulkomaalaisista on tullut Suomeen erilaisiin töihin.
c) Ulkomaalaisissa on paljon pakolaisia ja vähän sellaisia, jotka ovat menneet naimisiin suomalaisen kanssa.
d) Helsingin yliopistossa oli keväällä 1986 lähes 500 ulkomaalaista opiskelijaa, eikä heidän määränsä ollut kymmenessä vuodessa kasvanut juuri ollenkaan.
*e) Opiskelijoiden lähettäjämaista ensimmäinen oli Yhdysvallat. Ruotsi oli kolmas ja Neuvostoliitto viides.
f) Opiskeluoikeus annetaan melkein kaikille ulkomaalaisille, jotka hakevat sitä.

g) Afrikasta on Suomessa vain vähän opiskelijoita.
h) Oleskelu- ja työlupia ei ole kovinkaan vaikea saada.
i) Kaikki ulkomaalaiset eivät pääse heti työhön omalle alalleen.

LUKEMISTA

Ihmiset muuttavat toiseen maahan monista syistä, oleskelevat siellä eripituisia aikoja ja sopeutuvat hyvin tai huonosti. Ongelmia syntyy tietenkin helposti, kun ollaan vieraassa maassa. Suomessa on kaksi perusongelmaa, joista monet ulkomaalaiset masentuvat: ilmasto — pitkän talven kylmyys ja varsinkin keskitalven pimeys — sekä kieli, joka on erilainen kuin useimmat muut maailman kielet. Ulkomaalaisten vaikeuksista saa silloin tällöin lukea sanomalehdistä varsinkin Helsingissä, jossa suurin osa Suomen ulkomaalaisista asuu.

Mutta monet löytävät tästä pohjoisesta maasta myönteisiäkin puolia ja viihtyvät, kaikesta huolimatta. Seuraavassa lainataan kahta amerikkalaista stipendiaattia, jotka jälkeenpäin muistelevat Suomessa vietettyä aikaa.

"Muistan, miltä tuntui nähdä kauppojen nimissä, kuulla tiedotuksissa ja uutisissa noita sanoja, jotka olivat kuin Kafkan tekstistä, mystisiä, maagisia, mahdottomia ymmärtää. Kauniita konsonantti- ja vokaalipareja, paljon ä:tä ja ö:tä, pitempiä sanoja kuin olin ikinä voinut kuvitella. Ja mikään ei tuntunut tutulta! Mutta ensimmäisen masennuksen jälkeen mielenkiintoni tätä kieltä kohtaan kasvoi kasvamistaan (= kasvoi ja kasvoi), ja vähitellen onnistuin ratkaisemaan osan sen mysteereistä.

Olinhan minä lukenut koulussa pari vuotta sekä latinaa että ranskaa. Mutta että ihmiset todella ajattelivat näillä kielillä, että kieli voi vaikuttaa ajatteluun ja että ajattelu usein tapahtui aivan eri tavalla kuin englannissa, se ei ollut koskaan tullut mieleeni. Tämän asian tajuaminen vaikutti koko älylliseen kehitykseeni, lisäsi kiinnostustani kieliä kohtaan ja rohkaisi minua hankkimaan ainakin alkeistiedot useista muistakin kielistä.

En ollut koskaan kokenut luontoa ja ilmastoa sillä tavalla kuin Suomessa. Floridassa kaikki päivät olivat enemmän tai vähemmän samanlaisia, ja New Yorkissa vietetystä lapsuudestani en muistanut juuri mitään. Floridassa aurinko paistoi melkein aina. Mutta Suomessa: kuinkahan kylmää tänään on? Kuinka kylmäksi ilma *voi* tulla? Tuuleeko tänään? Onkohan taas tänään (ja taas huomenna) pilvistä? Päivät lyhenivät lyhenemistään ja aina oli pilvistä (siltä ainakin tuntui); oli helppo ymmärtää naapurimaan Ingmar Bergmania ja uskoa, että pohjoisissa maissa ihmisillä todella oli depressioita talvella. Ei tietenkään minulla, kuuman Floridan jälkeen Suomi oli suuri seikkailu. Mutta ehkä olisi vähemmän ihanaa kokea tämä sama jatkuvasti, vuodesta toiseen.

Näin kesän muuttuvan lyhyeksi, mutta värikkääksi syksyksi. Jokainen puisto oli kuin kirjavia lehtiä tuottava tehdas. Mutta pimeys lähestyi koko ajan: minulle kerrottiin, että jokainen päivä oli kuusi minuuttia edellistä lyhyempi. Sitten tuli pakkanen ja sitten tuli lumi. Lumi! Paljon lunta! En ollut nähnyt lunta moneen vuoteen. Uutta oli se, että lunta tuli talven aikana niin uskomattoman paljon ja että se muuttui kaupungeissa liiankin pian likaiseksi sohjoksi.

Kevätkin saapui aikanaan, ja kaikki, ihmiset ja luonto, kirkastuivat. Kaunein kaikista väreistä, mitä ihmissilmä voi nähdä, on kevään ensimmäisten lehtien intensiivinen vihreys. Sitten kesä: päivät pitenivät pitenemistään ja yöt lyhenivät lyhenemistään, kunnes yötä ei enää ollut, oli vain puoliyön aikaan tapahtuva auringonnousu. Tietenkin minun oli päästävä napapiirille katsomaan keskiyön aurinkoa — ja aivan oikein: aurinko valvoi kanssani koko yön.

Luonto tuli sinä vuonna minua todella lähelle ja on sen jälkeen merkinnyt minulle aivan muuta kuin sitä ennen."

Näin kirjoittaa kokemuksistaan arkkitehti Marc Treib. Ray Marshall Texasin yliopistosta kertoo puolestaan, kuinka hän oppi arvostamaan suomalaisten kuivaa huumoria.

"Yritin parhaani mukaan tutustua suomalaisiin tapoihin, joten opettelin hiihtämään ja saunomaan. Molemmat olivat uusia asioita Mississipin valtiosta kotoisin olevalle amerikkalaiselle. Olin lujasti päättänyt oppia nämä taidot, vaikka pelkäsin kumpaakin, minkä suomalaiset ystäväni ja opettajani selvästikin huomasivat. Kun kysyin suomalaiselta hiihdonopettajaltani, tekikö kaatuminen kipeää, hän vastasi: 'Ei kaatuminen, mutta kyllä sitä seuraava pysähdys'.

Enemmän pelkäsin kuitenkin saunaa, vaikka meistä molemmista, vaimostani ja minusta, tuli lopulta aivan saunahulluja. Kun olin ensi kertaa erittäin kuumassa saunassa, minusta alkoi viidentoista minuutin kuluttua tuntua, että en varmaan pystyisi enää kävelemään. Paniikki valtasi minut, ja kysyin suomalaiselta isännältäni: 'Kuule, onko kukaan kuollut saunassa?' Hän vastasi tyynesti ja aivan vakavan näköisenä: 'Ei, ei minun tietääkseni. Kaikki ovat ehtineet ainakin ovelle saakka'." [1]

---

[1]Finnish-American Academic and Professional Exchanges: Analyses and Reminiscences. Espoo 1983. Pp. 96 f, 103. Käännös M.H.A.

11

JAMES BROWNIN LOMAMATKA

A Kun olet tutustunut kappaleen tekstiin, tee seuraavat harjoitukset.

1. Selitä suomeksi, mitä merkitsee:

   tehdä jotakin *kunnolla* / Punkaharju *kuuluu matkaohjelmaan* / retkeily*asu* / leirintäalue

2. Etsi tekstistä sanat t. sanonnat, jotka merkitsevät samaa kuin:

   matka, johon osallistuu kokonainen ryhmä ihmisiä / osaksi / järvi tai joki vastakohtana merelle / "brosyyri" / se teatterin osa, jossa katsojat istuvat / mennä kadun, tien jne. yli / nousta / moderni / oikein hyvältä maistuva ruoka / nukkua yönsä jossakin / turismi / hankkia tietoja tapahtumista, asioista jne. / juomaraha

3. Mitkä seuraavista väitteistä ovat tekstin mukaan totta?

   a) James tekee lomamatkansa seuramatkana, osittain maitse, osittain vesitse.
   b) Tampereen ulkoilmateatteri on tunnettu pyörivästä näyttämöstään.
   c) Pohjoisen napapiirin pohjoispuolella aurinko voi kesällä paistaa läpi vuorokauden.
   d) Kilpisjärvi, jonka läheisyydessä on paljon tuntureita, on hyvää retkeily- ja kalastusaluetta.
   e) Koli on Suomen korkein kohta.
   f) Punkaharju on kauneutensa vuoksi Suomen tunnetuimpia luonnonnähtävyyksiä.
   g) Ulkomaalainen ei tarvitse Suomessa kalastuskorttia.

B Kun olet tutustunut kappaleen kielioppiin, tee seuraavat harjoitukset tai joitakin niistä.

1. **Kauanko voi elää ilman ruokaa? — Kauanko voi elää ruuatta?**

    Monet eivät osaa nukkua ilman unilääkkeitä. Niitä ei saa apteekista ilman reseptiä.
    On ikävä elää ilman ystäviä.
    Kukapa tekisi työtä ilman palkkaa ja lomaa — paitsi perheenäiti.
    Yxkax-pölyn/imurilla *(vacuum cleaner)* siivoatte kotinne ilman vaivaa.
    Ennen oli paljon sairaita, jotka jäivät hoitoa vaille.

2.   Miten aiot viettää viikonloppusi? — Lepäämällä.

Miten on helpointa matkustaa? Osallistu seuramatkaan.
Kuinka Suomen lapset viettävät talvea? He hiihtävät, luistelevat, pelaavat jääkiekkoa, rakentavat lumilinnoja jne.
Kuinka voi nopeimmin valmistaa aterian? Avaa tölkki ja lämmitä sisällys.
Miten oppisin kirjoittamaan hyvin? Lue parhaita kirjoja!
Millä tavalla oppii vieraita kieliä? Kuuntele, puhu, käytä kieltä mahdollisimman paljon.
Miten voi saada ystäviä? Ole kiinnostunut muista ihmisistä!
Millä tavalla kiität isäntääsi tai emäntääsi, kun tapaatte kutsujen jälkeen?
Sanon "kiitoksia viimeisestä".

3. Vastaa kysymyksiin käyttämällä 3. infinitiivin muotoa.

Kuinka vietät iltasi? — viikonloppusi? — lomasi?
Jos tarvitset rahaa, kuinka voit hankkia sitä?
Millä tavalla voi saada tietoja maailman tapahtumista?
Millä tavalla voi valmistaa kalaa?
Kuinka voi matkustaa nopeimmin?
Miten voi parhaiten hoitaa terveyttään?

4.   Menin kokoukseen; en tiennyt, että se oli peruutettu *(canceled)*. — Menin kokoukseen tietämättä, että se oli peruutettu.

Liikemies matkusti maailman ympäri; hän ei nähnyt muuta kuin lentokentät ja hotellit.
Mies koetti lähteä ravintolasta, vaikka ei ollut maksanut.
On vaikeaa päästä teatteriin, jos ei ole varannut lippua ajoissa.
Ihminen ei pysy terveenä, jollei syö terveellistä ruokaa.
Harrastin kauan aikaa pianonsoittoa, mutta en päässyt kovinkaan pitkälle.
Marjat ja hedelmät pitäisi syödä raakana, niitä ei pitäisi keittää.
Kestätkö myrskyn ilman että tulet merikipeäksi?

5. a)

Ruokaa ei ole ostettu. — Ruoka on ostamatta.

Huoneita ei ole siivottu. Pukua ei ole silitetty. Emme ole ostaneet matkalippuja. Isä ei ole varannut hotellihuonetta.

b)

Miksi et ole pessyt käsiäsi? — Miksi kätesi ovat pesemättä?

Miksi et ole kammannut tukkaasi? — lukenut läksyjäsi *(läksyt* homework)?
— tehnyt harjoituksiasi? Miksi kukaan ei ole lämmittänyt saunaa?

6. **a)**

> Haluaisitko juoda kahvia? — Mieluummin olisin juomatta.

Haluaisitko vastata kysymykseeni? — mennä niihin kutsuihin? — tavata entisen ystäväsi Jussin? — uida avannossa (*avanto* hole in the ice)?

b)

Käännä suomeksi:

I'll tell you something; promise not to laugh. When he came home, he tried not to wake up *(herättää)* the others. I couldn't help thinking of those happy days long, long ago.

7. **a)**

> Katsoiko Liisa tätä ohjelmaa? — Ei, hän jätti sen katsomatta.

Veikö Pekka kirjeen postiin? Luitko tämän romaanin? Kutsuitteko Virtaset? Tilasitteko tämän lehden ensi vuodeksi?

b)

> Näitkö tämän uuden filmin? — En, se jäi minulta näkemättä.

Haitko sitä stipendiä? Etsittekö sen vanhan valokuvan? Katsoitteko uutiset eilen illalla?

8. Täydennä 3. infinitiivin muodoilla (**"tekemässä"**, **"tekemästä"**, **"tekemään"**, **"tekemällä"**, **"tekemättä"**).

Vietän melkein joka päivä tunnin tai pari (ulkoilla). Jos mahdollista, en jätä yhtenäkään päivänä (kävellä) tai (hiihtää). Eilen, kun olin (kävellä), rupesi kovasti (sataa). En koskaan opi (pitää) mukana sateenvarjoa, joten palasin (hakea) sitä kotoa. Mutta heti, kun tulin taas ulos, lakkasi (sataa)!

Päätin käydä (tavata) Liisaa, joka oli pari päivää sitten tullut (hiihtää) Lapista. Soitin ovikelloa, ja Liisan äiti tuli (avata). — "Sattuukohan Liisa (olla) kotona"? kysyin häneltä. — "Ei ole, hän lähti sairaalaan (katsoa) Martti-setää. Mutta jää (odottaa), kyllä hän pian tulee." Istuin noin puoli tuntia ja vietin aikaa (jutella) Liisan äidin kanssa. Sitten kyllästyin (odottaa) ja lähdin kotiin (onnistua) (tavata) Liisaa.

Nyt satoi lunta, ja jouduin koko ajan (kulkea) paksussa lumisohjossa, niin että jalkani olivat pian kylmät ja läpimärät. Koetin auttaa asiaa (keittää) kuumaa vettä ja (juoda) kaksi suurta kupillista teetä. Se ei kuitenkaan estänyt minua (saada) kovaa nuhaa.

9. **"tehdäkseen"**, **"tehtävä"**, **"tekemällä"**, **"tekemättä"**

Täydennä sopivilla verbeillä.

On ..... selvää, että kieliä voi oppia vain ..... ahkerasti työtä. Monet asuvat jonkin aikaa ulkomailla ..... kieltä maan asukkaiden kanssa ja ..... aitoa ääntämistä. Tietysti voit oppia vierasta kieltä myös omassa maassasi, esim. ..... kursseilla ja ..... kasetteja tai ..... keskustelutunteja. Mutta ulkomailla sinun on todella ..... tätä kieltä, koska ihmiset eivät muuten ymmärrä sinua, ja sinun on myös ..... ymmärtää heidän puhettaan.

10. **a)**

> Ihmiset eivät halua asua näin pienissä asunnoissa, he muuttavat suurempiin.

Ihmiset eivät halua asua näin kalliissa / rumissa / kylmissä / pimeissä / vanhoissa / epämukavissa / vanhanaikaisissa asunnoissa.

b)
Kukapa haluaisi muuttaa näihin kaikkein kalleimpiin asuntoihin? (jne. ks. harj. a)

11. **a)**

> En pidä näin vaaleista väreistä, pidän tummemmista.

En pidä näin suurista kaupungeista / hitaista autoista / epämukavista tuoleista / kovista huonekaluista / helpoista tehtävistä / pitkistä puheista.

b)
Pidän kaikkein vaaleimmista (tummimmista) väreistä. (jne. ks. harj. a)

12.

> Mitä sinä ajattelet noista ihmisistä? *(viisas)* — Pidän heitä *viisaampina* kuin itse olen. Pidän heitä *viisaimpina* ihmisinä, mitä tiedän.

Jatka adjektiiveilla *kokenut / älykäs / menestynyt / hauska.*

13. *Superlatiiveja, superlatiiveja!*

vanh... lapsi	"Esikoinen" tarkoittaa perheen ..... lasta.
pohjoi... kylä	Aslak Magga asuu Suomen ..... kylässä.
uu... numero	Oletko jo lukenut Suomen Kuvalehden ..... numeron?
rik... perhe	Maailman ..... perheellä on paljon rahaa.
pi... joki	Tv-ohjelmassa tutustuttiin maailman ..... jokeen.
kall... kauppa	Täällä päin ovat kaupungin ..... kaupat.
nope... yhteys	..... yhteydet Suomesta Alaskaan ovat pohjoisnavan yli.

par... puku	Tyttö pani juhlaan ylleen ..... pukunsa.
tärk... kaupunki	Saavuimme Helsinkiin, Suomen ..... kaupunkiin.
tavalli... nimi	Virtanen ja Lahtinen ovat Suomen..... nimiä.
tunnet... poliitikko	Artikkelissa puhutaan maan ..... poliitikoista.
lyh... päivä	Vuoden ..... päivinä päivä on todella hyvin lyhyt.

14. Tampere on tärkeämpi kuin useimmat muut Suomen kaupungit. — Tampere on Suomen tärkeimpiä kaupunkeja.

"Oulunhovi" on kalliimpi kuin useimmat muut kaupungin hotellit.
Timo on pitempi kuin useimmat muut koulun pojat.
Maarit on parempi juoksija kuin useimmat muut urheiluseuran tytöt.
Lehmä on hyödyllisempi kuin useimmat muut ihmisen kotieläimet.
Syöpä on vaarallisempi kuin useimmat muut nykyajan sairaudet.

15. Järvi on tässä matalampi kuin muualla. — Järvi on tässä matalimmillaan.

Kesällä yöt ovat valoisampia kuin muulloin.
Joulukuussa päivät ovat pimeämpiä kuin muulloin.
Syksyllä marjat ovat halvempia kuin muulloin.
Kesällä matkailu on vilkkaampaa kuin muulloin.
Järvialueella suomalainen maisema on kauniimpi kuin muualla.
Matin kuume oli sunnuntaina korkeampi kuin muina päivinä.

16. Käännä suomeksi:
The Lehtinens have a summer cottage with a red roof and a green door. Finland has only a couple of cities with more than 100,000 inhabitants. The mountain ash (rowan, *pihlaja*) is a pretty tree with a lot of berries in autumn. Mrs. Laakso is a lady with a lot of energy.

17. Kuinka sanoisit samat asiat *kuulua*-verbillä?
Tämä kissa *on pikku Ullan oma.*
Libanon *on osa Lähi-itää.*
Suu kiinni, tämä ei *ole sinun asiasi!*
Halloo ... no, nyt *voin kuulla äänesi* paremmin.
Sanotaan, että unkari on sukua suomen kielelle.

C | **KERTAUSTA**

1. Käytä partisiippia **joka**-lauseen sijasta.
   Haluaisin tutustua henkilöihin, jotka puhuvat ranskaa / ymmärtävät englantia / harrastavat lintuja / opiskelevat kemiaa / pitävät kansanmusiikista / pelaavat tennistä / asuvat Keski-Suomessa / viihtyvät kotona.

2. Käytä **joka**-lauseita partisiipin sijasta.
   Naapuritalossa asuvalla perheellä on vieraanaan Japanista Eurooppaan muuttaneen taiteilijan perhe.

Tänään pidettävässä juhlassa esittää pianonsoittoa kolme vuotta Sibelius-Akatemiassa opiskellut Marja Raita.
Matkustimme Helsingistä Kuopioon menevässä pikajunassa ja tapasimme pari viime vuonna Helsingin yliopistossa opiskellutta ulkomaalaista.
Pesästä (*pesä* nest) pudonneet linnunpoikaset joutuvat helposti metsässä liikkuvien kettujen suuhun.
Syntymäpäiville kutsutuilla lapsilla oli hirveän hauskaa.

D KESKUSTELUA

Kerro — mieluusti kartan ja kuvien avulla — ulkomaalaiselle turistille sopivasta kiertomatkasta omassa maassasi. Vastaa toisten kysymyksiin.
tai:
Kerro — mieluusti kartan ja kuvien avulla — matkasta, jonka olet tehnyt.

Roolikeskustelua:
Jenni ja Kari (nuori aviopari) istuvat kartan ja esitteiden ääressä suunnittelemassa lomamatkaa. Mielipiteet ovat joskus aika kaukana toisistaan.
tai:
Kaksi ystävystä suunnittelee interrail-matkaa eri maihin.

E KUUNTELUHARJOITUS

"Aktiivinen loma kotimaassa"
Henkilöt: matkatoimistovirkailija; Veikko Laine

Uudet sanat: *selkä (selän)* back; *oma/tunto* conscience

Valitse oikeat vaihtoehdot ja vastaa kysymyksiin.

1. Laineet ovat matkustaneet kotimaassa
   a) erittäin vähän.
   b) aika paljon.
   c) paljon.
2. Mitä kalaa turistit kalastavat Lapissa?
3. Millainen ravintola Puijon mäellä on?
4. Veikko sanoo, ettei hän halua Kuopioon, koska hänen vaimonsa
   a) ei pidä korkeista paikoista.
   b) ei pidä kalakukosta.
*5. Savonlinnan oopperaesitykset nähdään
   a) oopperatalossa.
   b) linnanpihalla.
   c) kirkossa.
6. a) Laineet pitävät tangomusiikista.
   b) Vaimo pitää oopperasta ja mies tangoista.
   c) Molemmat pitävät oopperasta.

7. Lomalla maalaistalossa
   a) pitää osallistua maalaistalon töihin.
   b) voi osallistua maalaistalon töihin.
   c) ei voi osallistua maalaistalon töihin.
8. Veikko valitsee lopulta etelän-matkan
   a) koska vaimo on puhunut siitä koko talven.
   b) koska Veikko on kiinnostunut siitä.
   c) koska Veikko on ollut Kanarian saarilla ja haluaa viedä sinne vaimonsakin.

F | LUKEMISTA

Syyskuun neljännen päivän iltana vuonna 1827 turkulaisen kauppiaan Kaarle Kustaa Hellmanin vaimo huomasi, että ilmassa oli savun hajua. Aivan oikein: tuli oli irti, ja sitä ryhdyttiin kiireesti sammuttamaan. Yrityksissä ei kuitenkaan onnistuttu, vaan tuli levisi nopeasti enimmäkseen puusta rakennetussa kaupungissa ja sammui vasta puolentoista vuorokauden kuluttua. Kun kauppias Hellman, joka oli ollut liikematkalla Tukholmassa, palasi Turkuun, hänen kotinsa ja melkein koko kotikaupunkinsa oli palanut maan tasalle.

Turun suuri palo oli pahin, mitä maassa oli koettu, mutta samalla tavalla paloivat Suomen pienemmätkin kaupungit kerran tai pari vuosisadassa. Tästä johtuu, että Suomen kaupungeissa näkee niin vähän vanhoja historiallisia rakennuksia. Turkuun saapuvan matkailijan on usein vaikea muistaa, että hän on maan vanhimmassa kaupungissa. Linnan ja tuomiokirkon lisäksi vanhasta Turusta on jäljellä vain Luostarinmäki, joka nykyisin on käsityöläismuseona. Tämä tärkeän kansainvälisen matkailupalkinnon saanut idyllinen museoalue onkin nähtävyys, jota Turussa käyvän turistin ei pitäisi jättää näkemättä.

Turun historia on pitkä. Kaupunki syntyi aikoinaan vanhalle kauppapaikalle — nimi Turku merkitsee juuri toria tai kauppapaikkaa — kuten mm. maasta löydetyt viikinkiajan rahat todistavat. Koko sen ajan, jonka Suomi kuului Ruotsiin, Turku oli maan tärkein kaupunki. Sen kautta saapuivat Suomeen yhtä hyvin ruotsalaiset ja saksalaiset kauppiaat kuin katolinen kirkko ja länsieurooppalainen kulttuuri. Kun suomen kirjakieli syntyi uuden ajan alussa, 1500-luvulla, sen pohjana oli ennen kaikkea Turun alueella puhuttu kieli. Maan ensimmäinen, sata vuotta myöhemmin perustettu yliopisto sijaitsi myös Turussa.

Turku oli kuitenkin köyhän, pohjoisen provinssin pieni pääkaupunki, josta puuttui Keski- ja Etelä-Euroopan kaupungeissa nähtävä loisto ja rikkaus. Suomea hallittiin Ruotsista, sinne maksettiin veroja ja sinne muuttivat asumaan monet menestyneet suomalaiset. Useat Ruotsin kuninkaat eivät koskaan käyneet Suomessa. Kuuluisa Kustaa Vaasa asui kuitenkin 1500-luvun puolivälissä käydyn Venäjän sodan aikana vuoden ajan Turun linnassa, ja siellä oleskelivat eri aikoina ja eri syistä myös hänen kaksi poikaansa, kuninkaat Erik XIV ja Juhana III. Juhana, joka oli naimisissa puolalaisen prinsessan Katarina Jagellonican kanssa, piti nuorena prinssinä Turun linnassa loistavaa renessanssihovia. (Nykyajan turismi hyödyntää näitä muistoja järjestämällä Turun linnassa juhlia, joissa 1500-luvun asuihin pukeutuneet tarjoilijat tarjoilevat tuon ajan tyypillisiä ruokia ja juomia.) Kun Erik XIV oli vihastuttanut ruotsalaiset mm. tekemällä kuningattarekseen kauniin Kaarina Maununtyttären, jonka oli löytänyt Tukholman torilta, ja menettänyt kruununsa, hän joutui istumaan Turun linnassa veljensä Juhanan vankina. Kaarina Maununtytär jäi Suomeen koko loppuiäkseen ja hänet on haudattu Turun tuomiokirkkoon.

Kun Ruotsi oli menettänyt Suomen Venäjälle vuosien 1808—09 sodassa, katsottiin, että Turku sijaitsi liian lähellä Ruotsia, ja pääkaupungiksi tuli sen sijasta pieni Helsinki. Kun Turun palon jälkeen yliopistokin siirrettiin Helsinkiin, Turku menetti myös historiallisen asemansa maan kulttuurin keskuksena. Kaupunki rakennettiin kuitenkin uudelleen, ja vähitellen siitä kehittyi tärkeä teollisuus- ja satamakaupunki, joka kilpailee Tampereen kanssa maan toiseksi suurimman kaupungin asemasta. Kulttuurin harrastaminenkin on jatkunut: Turussa toimii kaksi Suomen itsenäisyyden alkuvuosina perustettua yliopistoa, toinen suomen-, toinen ruotsinkielinen, ja kaupungissa on mm. erinomainen konserttitalo ja Sibelius-museo.

Kysymyksiä

Mistä syystä Suomen vanhoissakaan kaupungeissa ei ole sellaista "vanhaakaupunkia" kuin Keski- ja Etelä-Euroopan kaupungeissa?

Mikä todistaa Luostarinmäen arvoa matkailunähtävyytenä?

Mikä merkitys Turulla on ollut suomen kielen kehitykselle?

Mitkä Ruotsi-Suomen kuninkaat ovat oleskelleet joitakin aikoja Turun linnassa ja mistä syystä?

Kuka Ruotsin kuningatar on haudattu Turkuun?

Millä vuosisadalla perustettiin Turkuun maan ensimmäinen yliopisto?

Miksi Turku menetti asemansa maan tärkeimpänä kaupunkina?

JAMES BROWN LUKEE LEHTEÄ

A Kun olet tutustunut kappaleen tekstiin, tee seuraavat harjoitukset.

1. a)
Mikä on samaa kuin
pestä itsensä / työ, työpaikka / *voittaa*-verbin vastakohta / luultavasti?

b)
Selitä suomeksi, mitä merkitsee:
olla elämänsä kunnossa / hänellä on hyvä venäjän kielen taito / Matti käyttää silmälaseja, hänellä on *nimittäin* heikko näkö

c)
Valitse oikea vaihtoehto:
Aamulla nukkuja herättää/herää. Huomenna on hiihto/kilpailu/-ottelu (jalkapallo/kilpailu/-ottelu). Iltataivaalla näkee/näkyy tähti. Lehdessä oli ilmoitus/mainos Eero Ahon kuolemasta.

d)
Mitä ovat Mikki-Hiiri, Aku Ankka ja Asterix?

2. Täydennä sanoilla, jotka löydät tekstistä.

Aamuisin miehet ..... partansa. Mistä ..... , että James nousee niin aikaisin? Sunnuntailehdet ..... yleensä enemmän artikkeleita ja ilmoituksia kuin arkipäivien lehdet. Koko maailma toivoo ..... rauhaa. Mitä pääkirjoitus ..... tänään? On ..... , pitääkö kahvista vai teestä. Ostamme tämän videonauhurin vain, jos saamme sen 25 %:n .... halutaan saksan ja ranskan taitoinen sihteeri.

B Kun olet tutustunut kappaleen kielioppiin, tee seuraavat harjoitukset tai joitakin niistä.

1. Mitä tapahtuisi kirjalle, jos meillä olisi aikaa? — Kirja *luettaisiin*.

Kerro lyhyillä passiivilauseilla, mitä tapahtuisi seuraaville asioille, jos kaikki kävisi normaalisti:
kahvi — laskut — vieraat kielet — matkatavarat — hauskat vitsit — puheenjohtaja — asunto — laina — vieraat — lahja

Mutta jos ihmisillä ei olisi mahdollisuutta tehdä mitään, mitä *ei* tapahtuisi?

2. Vastaa **jotta**- tai **että**-lauseilla ja passiivin konditionaalilla seuraaviin kysymyksiin.

> Miksi ollaan työssä? (saada rahaa) — Jotta (että) saataisiin rahaa.

Mihin tarvitaan rahaa? (voida hankkia asunto ja ruokaa)
Minkä takia toivotaan kaunista ilmaa viikonlopuksi? (päästä ulkoilemaan)
Minkä vuoksi ulkoillaan ja levätään? (pysyä kunnossa)
Miksi täytyy saada tarpeeksi C-vitamiinia? (ei sairastua)

3. Muodosta lauseita, joissa käytät passiivin konditionaalia.

Ehdotan, että
tämä asunto, myydä, mahdollisimman pian / päivällinen, syödä, tänään, ulkona / tämä vaikea asia, selittää, vielä kerran / tästä asiasta, kysyä, Liisan mielipide

Olisi parasta, että
ikkuna, ei avata / ehdotus, ei ottaa, vakavasti / sairas, ei jättää, yksin / asia, ei päättää, liian nopeasti

4. > On ihana päivä, mitäs tehtäisiin? *Mentäisiinkö ulos?*

Tämä on hyvin tavallinen tapa ehdottaa jonkin tekemistä. Tee samanlaisia ehdotuksia seuraavista verbeistä:
lähteä kävelylle / käydä uimassa / lämmittää sauna / maata rannalla / ottaa aurinkoa / juoda jotain kylmää
(Muista, että nämä muodot voivat lyhentyä puhekielessä: *tehtäiskö, mentäiskö* jne.)

5. Anna-Liisa Peltonen kertoo:

> Meillä oli semmoinen ajatus, että kutsuisimme vieraita — että me kutsuttaisiin vieraita;

että tarjoaisimme iltapalaa / suunnittelisimme kaiken ajoissa / siivoaisimme talon torstaina / ostaisimme ruoka-aineet perjantaina / valmistaisimme ruuan lauantaina / alkaisimme syödä seitsemältä / pitäisimme oikein hauskaa

6. > Mitä olisi tapahtunut kirjalle, jos meillä olisi ollut aikaa? Se *olisi luettu.*

Katso harjoitusta B 1 ja kerro, mitä olisi tapahtunut kahville, laskuille jne.

Kerro myös, mitä *ei* olisi tapahtunut, jos ...

7. Peltosen perheen iltapalasta (ks. harj. 5) ei tullutkaan mitään, koska Heikki Peltonen joutui lähtemään työmatkalle. Anna-Liisa kertoo, mitä olisi tapahtunut, jos Heikki olisi voinut olla kotona:
Me olisi kutsuttu vieraita. Me olisi ... jne.

8. Mitä tehtäisiin, jos saataisiin nuha? Mitä olisi tehty, jos olisi saatu nuha? Mitä tehtäisiin, jos voitettaisiin lotossa? Mitä olisi tehty, jos olisi voitettu lotossa? Mitä ei tehtäisi, jos sataisi? Mitä ei olisi tehty, jos olisi satanut? Mitä ei tehtäisi, jos ei olisi pakko? Mitä ei olisi tehty, jos ei olisi ollut pakko?

9. Käännä suomeksi:
It should be done. It could be done. It shouldn't be done. It couldn't be done. It should have been done. It could have been done. It shouldn't have been done. It couldn't have been done.

10. Sijoita seuraaviin lauseisiin verbiparit *innostaa/innostua, jatkaa/jatkua, kääntää/kääntyä, maistaa/maistua, paistaa/paistua, parantaa/parantua, puhdistaa/puhdistua, unohtaa/unohtua, valmistaa/valmistua, ääntää/ääntyä.*

Sinun täytyy ..... autoa enemmän oikealle. No niin, nyt se ..... oikeaan suuntaan.
Lääkäri ..... sairaita. Kaikki sairaat eivät voi .....
Äiti ..... kalaa. Kala ..... muutamassa minuutissa.
Nyt voimme ..... työtä. Työ ..... vielä viikon.
Milloin ..... oppikirja, jota tämä työryhmä .....?
Vaatteet ..... pahimmastakin liasta, kun ne ..... tällä uudella pesuaineella.
Nuoret ..... urheilemaan, kun huippu-urheilijoiden esimerkki ..... heitä.
..... tätä ruokaa! — Voi, kuinka hyvältä se .....!
Ikävät asiat ..... pian. Ihminen ..... pian ikävät asiat.
Täytyy ..... selvästi! Miten tämä pitkä sana .....?

11. Kumpi herää aamulla, herätyskello vai sinä? Kumpi pääsee vapaaksi, vartija vai vanki? Kumpi synnyttää, äiti vai lapsi? Jos kuljetat autoa, mitä auto tekee? Jos haluat, että kirje palaa lähettäjälle, mitä teet sille? Kun pudotat esineen, mitä esine tekee?

12. Valitse oikea vaihtoehto.

Kuka puki/pukeutui Villen tänään? Sateenvarjoni jätti/jäi kotiin. Katsopas, ovi on avannut/avautunut. Kukahan sen on avannut/avautunut? Menin sulkemaan/sulkeutumaan ikkunaa, mutta se oli jo sulkenut/sulkeutunut itsestään. Olet väsynyt, haluaisitko istua/istuutua hetkisen? Aurinko laskee/laskeutuu yhdeksän jälkeen. Lentokone laskee/laskeutuu 20.45.

13. Näkeekö joku jo laivan? — Kyllä, laiva näkyy jo.

Löysivätkö lapset jo kissan? Kuuletteko jo musiikkia? Tunnetteko jo kipua *(pain)?* Muutitko jo mieltäsi? Valmistitko jo ruuan? Kaatoiko oppositio jo hallituksen?

KERTAUSTA

1. Passiivin eri muotoja. Muuta kaikki predikaattiverbit passiivin vastaavaan *(corresponding)* muotoon. (Käytä *täytyy*-verbin sijasta "on tehtävä" -muotoa.)

   A: *Kutsummeko* vieraita viikonlopuksi?
   B: Miksi ei, mutta keitä *kutsuisimme?*
   A: Ainakin Martta-täti *täytyy kutsua.* Hän oli niin loukkaantunut *(hurt, offended),* kun *emme kutsuneet* häntä viime kerralla. Minä halusin, että *olisimme kutsuneet* hänet, mutta sinä olit vastaan.
   B: Niin, mutta muistatko, kuinka hän puhui sairauksistaan koko illan, kun *kutsuimme* hänet päivälliselle vuosi sitten. Silloin minä päätin, että *emme kyllä kutsu* häntä pitkään aikaan.
   A: No, nyt *emme ole kutsuneet* häntä vuoteen.
   B: Hyvä on, ... *(= let's invite)* hänet sitten nyt.

2. Vastaa monikkomuodoilla.

   Keihin (millaisiin ihmisiin) haluaisit tutustua?
   kirjoista kiinnostunut ihminen / Italiassa asunut henkilö / Australiassa käynyt suomalainen / kuorossa laulanut basso / Finlandia-hiihtoon osallistunut hiihtäjä / kemiaa opiskellut insinööri / purjehduksesta *(sailing)* innostunut nuori / hiljattain Suomeen tullut ulkomaalainen

3. Käytä partisiippeja **joka**-lauseen sijasta (ks. tekstikirja 10:1).

   Katso kuvaa, joka on sivulla 213.
   Henkilön, joka on saanut influenssaviruksen, on parasta pysyä vuoteessa.
   Kirjeen, joka lähetetään Helsingistä Rovaniemelle, pitäisi ehtiä perille päivässä.
   Tätä romaania pidetään parhaana kirjana, mikä on kirjoitettu tällä vuosikymmenellä.
   Eilen illalla sain ruokaa, joka maistui ihanalta.
   Jalkapalloklubi sai lahjoituksen muutamilta henkilöiltä, jotka olivat nuorena harrastaneet jalkapalloa.

4. Käytä **joka**-lauseita partisiippien sijasta.

   Viikko sitten avatussa näyttelyssä on käynyt jo tuhansia veneistä kiinnostuneita katsojia.
   Tänä iltana television kakkoskanavalla esitettävässä filmissä nähdään erinomaisia näyttelijöitä.
   Paneelikeskusteluun osallistuu kaksi kertaa ministerinä ollut tohtori Koivu.
   Liikaa alkoholin käyttöä pidetään Suomessa usein ymmärrettävänä ja anteeksiannettavana asiana.
   Hyvin koulutetuilla ihmisillä on pienempi pelko työttömyydestä.

KESKUSTELUA

a)

Keskustelkaa vapaasti tai seuraavien kysymysten avulla lehtien lukemisesta.
Luetko useita lehtiä vai ainoastaan yhtä?
Mitä lehteä tavallisimmin luet? Minkä tähden juuri sitä?
Mitä asioita sinulla on tapana lukea lehdestä ja mitä pidät kiinnostavimpina:

— pääkirjoitus
— ulkomaan uutiset
— kotimaan uutiset
— paikallisuutiset
— perheuutiset
— poliittiset artikkelit
— radio- ja tv-ohjelmat
— yleisönosasto (= lukijoiden kirjeet)

— kulttuuripalstat (musiikki, kirjallisuus, taide, teatteri, elokuva jne.)
— urheiluosasto
— ilmoitusosasto
— mainokset
— sarjakuvat
— ....
— ....

tai:
b)
Keskustelkaa kotimaanne lehdistöstä ja, mikäli mahdollista, verratkaa sitä
suomalaisiin lehtiin. Mahdollisia kysymyksiä:

Onko kotimaassasi etupäässä puolueettomia vai puoluelehtiä? Mitkä ovat tär-
keimmät lehdet? Onko iltalehtiä? Ovatko paikallislehdet tärkeitä? Millaisista
asioista ne kirjoittavat? Onko lehdissä enimmäkseen oman maan vai myös
ulkomaan uutisia? Mikä kotimaasi lehti lähinnä vastaa Suomen Kuvalehteä?

Kuinka suosittu ajanviettotapa lukeminen on kotimaassasi? Luetaanko lehtiä
vai kirjoja? Kuinka television ja varsinkin videoiden katselu on vaikuttanut
lukuharrastukseen?

KIRJOITUSTEHTÄVÄ

a)
Kirjoita suomalaiselle lehdelle lyhyt artikkeli jostakin kotimaatasi koskevasta
asiasta. Käytä yksinkertaista, helppoa tyyliä. Vältä liian pitkiä lauseita.
b)
Kirjoita suomalaiselle lehdelle lyhyt artikkeli (esim. yleisönosaston kirjoitus),
aiheena jokin sellainen asia Suomessa, jota olet paheksunut, ihmetellyt tai
ihaillut.

LUKEMISTA

Mihin aika menee?

Uusi tutkimus suomalaisten ajankäytöstä

Kun suomalainen mies lähtee ulos lenkille tai tapaamaan asiakkaitaan, nai-
nen jää kotiin keittämään päivällistä tai pesemään pyykkiä.
  Muun muassa tämä käy selville Tilastokeskuksen tutkimuksesta, jossa sel-
vitetään, mitä 10—64-vuotiaat suomalaiset tekevät vuorokauden eri aikoina.

Tietoja ajankäyttötutkimukseen on koottu yli 6000 hengeltä. Vastausprosentti oli 82. Vastaajat pitivät ajankäytöstään päiväkirjaa kahden vuorokauden aikana, joten vuorokausia oli yhteensä noin 12 000.

Tilastokeskuksen tutkimus kertoo asioita, joista jokainen suomalainen kokemuksensa perusteella aavistaa jotakin. Nukkuminen vie 10—64-vuotiaan suomalaisen ajasta yli kolmasosan, vapaa-aika lähes neljänneksen, ansiotyö 15 prosenttia (mukana ovat koululaiset, opiskelijat, työttömät jne.) ja kotityöt 12 prosenttia. Ruokailuun, peseytymiseen ja muuhun sellaiseen menee 9 prosenttia ja opiskeluun 5 prosenttia.

Suomalaisen miehen ja naisen aikataulut eroavat huomattavasti toisistaan. Miehet käyttävät kaikissa ikäryhmissä enemmän aikaa ansiotyöhön kuin naiset: miehet neljänneksen ajasta ja naiset viidenneksen.

Ansiotöistä vapaaksi jäävän ajan naiset käyttävät kotitöihin, joita he tekevät kaikissa ikäryhmissä kaksi kertaa enemmän kuin miehet. Miehillä taas on kaikissa ikäryhmissä enemmän vapaa-aikaa. Erot ovat pienimmillään alle 15-vuotiailla.

Naisten kokonaistyöaika, ansio- ja kotityöt yhteenlaskettuina, on viikossa kuusi tuntia pitempi kuin miehillä eli 64 tuntia. Pisin viikkotyöaika on alle nelivuotiaiden lasten äideillä, 69 tuntia. Pienten lasten isillä se on 63 tuntia. Nainen vastaa yhä kotitöistä.

Työssä käyvä nainen tekee huomattavasti enemmän kotitöitä kuin mies. Vapaapäivät merkitsevät naiselle kotitöitä, kun taas miehet käyttävät enemmän aikaa liikuntaan, perheen ja tuttavien kanssa seurusteluun sekä television katseluun.

Lapseton mies ei ajankäytöltään paljon eroa perheenisästä. Pienten lasten isä tekee saman työpäivän kuin muut miehet, kun taas pienten lasten äiti vähentää ansiotyönsä määrää ja käyttää yli jäävän ajan kotitöihin. (Suomalaisista perheistä on lapsettomia noin neljännes.)

Kun mies menee naimisiin, hän saa edelleen samalla ruuanlaittajan ja pyykinpesijän: naimisissa olevat miehet tekevät muita vähemmän kotitaloustöitä. Sen sijaan huoltotöitä[1] perheelliset miehet tekevät enemmän kuin perheettömät. Vapaa-aikana seurustellaan ja katsotaan televisiota.

Suomalaisten vapaa-ajasta vievät suurimman osan seurustelu sukulaisten, tuttavien ja perheenjäsenten kanssa sekä television katselu. Televisiota katsellaan päivässä keskimäärin puolitoista tuntia, kun lukemiseen käytetään alle tunti. Ulkoiluun ja liikuntaan kuluu päivässä noin puoli tuntia.

10—14-vuotiaat nuoret käyttävät television katseluun päivässä jopa yli puolitoista tuntia. Yhtä tärkeä vapaa-ajan käyttötapa on nuorilla vain seurustelu muiden kanssa.

Useimpien suomalaisten päivä alkaa kello 7, jolloin on hereillä lähes 80 prosenttia ihmisistä. Yleinen lounasaika on kello 11, kun taas päivällistä syödään eri aikoina. Vapaa-aikaa viettää kello 18—21.30 yli puolet.

Se vapaa-ajan käyttömuoto, johon osallistuu samanaikaisesti eniten suomalaisia, on todennäköisesti iltauutisten katselu kello 20.30, minkä jälkeen mennään vähitellen nukkumaan. Kello 22 nukkuu jo 45 prosenttia suomalaisista ja kello 23 lähes 80 prosenttia.

(Tiedot: Päivälehdet 26.3.1981; Tilastokeskus.)

---

[1] töitä, joiden avulla pidetään huolta huoneiston tai talon kunnosta, esim. pienet korjaustyöt, lumen poistaminen, pihatyöt jne.

Tehtäviä

a) Mitkä ikäryhmät olivat mukana ajankäyttötutkimuksessa?

b) Moneltako hengeltä pyydettiin vastauksia? Vastasivatko kaikki? Kauanko ajankäytöstä pidettiin päiväkirjaa?

c) Montako prosenttia vuorokaudessa suomalaiset tämän tutkimuksen mukaan keskimäärin käyttivät
   — työhön (toimessa ja kotona)? — vapaa-aikaan?

d) Missä ikäryhmässä naisten ja miesten vapaa-ajan käyttö oli lähinnä toisiaan?

e) Millä tavalla lapsettomien miesten ja lapsettomien naisten ajankäyttö erosi pienten lasten vanhempien ajankäytöstä?

f) Millä väestöryhmällä oli kaikkein eniten työtä? Kuinka pitkä heidän viikoittainen työaikansa oli?

g) Mikä oli suosituin vapaa-ajan käyttötapa?

h) Luettele seuraavat vapaa-ajan käyttötavat siinä järjestyksessä, miten paljon niihin käytettiin aikaa:
   ulkoilu — television katselu — lukeminen

i) Minä vuorokauden tunteina suurin osa suomalaisista on valveilla (= hereillä, ei unessa)?

j) Vertaa omaa ajankäyttöäsi tutkimuksessa esitettyihin numerotietoihin. Luuletko, että ajankäyttösi on melko samanlaista vai melko erilaista? Montako tuntia vuorokaudessa nukut? — olet työssä tai opiskelet? — käytät vapaa-ajan harrastuksiin? Mikä on tärkein vapaa-ajan harrastuksesi?

13

TULIAISIA OSTAMASSA

A Kun olet tutustunut kappaleen kielioppiin, tee seuraavat harjoitukset tai joitakin niistä.

1. a)

Tämä on ostettu kakku.
Kuka osti sen? Äiti.
Se on äi... ost...
Se ei ole minun ..... ,
se ei ole sinun ..... ,
se on hänen ......

Tämä on kotona tehty kakku.
Ketkä tekivät sen? Äiti ja Liisa.
Se on äi... ja Liis... te...
Se ei ole meidän ..... ,
se ei ole teidän ..... ,
se on heidän ......

b)

Nämä kakut ovat äi... ost...

Ne eivät ole minun ..... ,
ne eivät ole sinun ..... ,
ne ovat hänen ......

Nämä kakut ovat äi... ja Liis... te...

Ne eivät ole meidän ..... ,
ne eivät ole teidän ..... ,
ne ovat heidän ......

2. Finlandian on säveltänyt Sibelius. — Finlandia on Sibeliuksen säveltämä.

Mona Lisan on maalannut Leonardo da Vinci.
Puhelimen on keksinyt Bell.
Paperin ovat kehittäneet kiinalaiset.
Helsingin asematalon on piirtänyt Eliel Saarinen.
Nämä lasimaljat on muotoillut Timo Sarpaneva.
Nämä puvut ompeli äitini.
Kuka on suunnitellut tämän ostoskeskuksen? — kutonut tuon villapaidan?
Sen olen kutonut minä. Sen on kutonut hän.
Kuka keksi nämä ideat? Me keksimme ne. He keksivät ne.

3. Muista, että kun sanassa on possessiivisuffiksi, yksikön ja monikon nominatiivi sekä yksikön genetiivi ovat muodoltaan samanlaiset.

> Tässä on runo, jonka minä olen tehnyt. — Tässä on minun tekemäni runo.

Tässä ovat runot, jotka minä olen tehnyt.
Haluatko kuulla runon, jonka minä olen tehnyt?
Onko tuo kirje, jonka sait?
Ovatko nuo kirjeet, jotka sait?
Voinko lukea kirjeen, jonka sait?

4. Tuolla on hiljattain ostettu auto.
   Se on Matin ostama auto / hänen ostamansa auto.

Oletko nähnyt Matin .... / hänen ....?
Oletko istunut Matin .... / hänen ....?
Oletko tutustunut Matin .... / hänen ....?
Haluaisin kokeilla Matin .... / hänen ....
Pidän kovasti Matin .... / hänen ....

Tuossa on juuri ostettuja kirjoja.
Ne ovat Matin ..... kirjoja / hänen ....
Haluaisin nähdä Matin ..... kirjat / hänen ....
Olen kiinnostunut Matin .... / hänen ....
Haluaisin tutustua Matin .... / hänen ....

5. Kun muutat seuraavat lauseet agenttipartisiippilauseiksi, harkitse, milloin on käytettävä *hänen, heidän* -pronomineja ja milloin vain poss.suffiksia.

> Sain paketin, jonka hän oli lähettänyt (eri subjektit!).
> — Sain hänen lähettämänsä paketin.
> Hän sai lehden, jonka oli tilannut (sama subjekti!).
> — Hän sai tilaamansa lehden.

Keskustelimme asunnosta, jonka he olivat ostaneet. He keskustelivat asunnosta, jonka olivat ostaneet.
James matkusti ympäri Suomea autolla, jonka oli vuokrannut. Matkustimme ympäri Suomea autolla, jonka hän oli vuokrannut.
Nuori mies soitti kappaleita, jotka oli itse säveltänyt. Soitin kappaleita, jotka hän oli säveltänyt.
Taiteilija kertoi meille tauluista, joita hän on maalannut. Ihmiset pitävät tauluista, joita hän on maalannut.

6. Tässä on lasku, jonka isä maksoi tänään. — Tässä on isän tänään maksama lasku.

Mona Lisa on muotokuva *(portrait)*, jonka Leonardo da Vinci on maalannut italialaisesta naisesta.

Näimme pyramidin, jonka vanhat egyptiläiset ovat rakentaneet tuhansia vuosia sitten.

Orkesteri soitti kappaletta, jonka on hiljattain säveltänyt Aulis Sallinen.

Helsingin kaupungilla, jonka Kustaa Vaasa perusti Vantaanjoen suulle, on hyvä asema meren rannalla.

Minulla on pukuja, jotka äitini on ommellut vapaa-aikoinaan.

Pirkko sai kukkia vierailta, jotka oli kutsunut sunnuntaiksi iltapäiväkahville.

7. Selitä kursivoidut *(italicized)* kohdat **joka**-lauseilla.

Finlandia on *Sibeliuksen v. 1899 säveltämä teos.* — Finlandia on teos, jonka Sibelius sävelsi v. 1899.

Näytä meille *viime kesänä Japanin-matkalla ottamiasi kuvia!*

Lehdet kirjoittavat paljon *Suomen ja Neuvostoliiton pari päivää sitten allekirjoittamasta kauppasopimuksesta.*

Liisa oli ihastunut *lauantai-iltana näkemäänsä tv-ohjelmaan,* mutta me muut emme erikoisesti välittäneet *viikonlopun aikana näkemistämme ohjelmista.*

Maria Jotunin kirjoittamat novellit kuvaavat mielenkiintoisella tavalla naisten elämää.

Akseli Gallen-Kallelan Kansallismuseon kattoon maalaamissa freskoissa on Kalevalasta saadut aiheet.

Risto Virtanen ei valitettavasti saanut *ulkomaista opiskelua varten hakemaansa stipendiä.*

Jyväskylässä on useita *Alvar Aallon elämänsä eri kausina vanhaan koulukaupunkiinsa suunnittelemia rakennuksia.*

Sydämellinen kiitos *hääpäivänämme saamistamme onnitteluista ja lahjoista.*

8. Keksi itse verbit ja täydennä agenttipartisiipeilla.

Esim. *Ohjelma* oli hauska. — *Perheen lauantai-iltana katsoma ohjelma* oli hauska.

Auto oli Volvo. *Laatikossa* oli vanhoja rahoja. *Ihmiset* olivat minulle tuntemattomia. Mitä pidit *vitseistä?* Oletteko tutustuneet *suunnitelmaan?* Konsertissa esitettiin *lauluja.* Liisalla on *koru.* Pidän kaikista *levyistä.* *Romaani* oli tylsä (= ikävä). Ystäväni on ihastunut *filmeihin.*

9. Hiihdetty matka oli 10 kilometriä. — Hiihtämäni matka oli 10 kilometriä.

Uitu matka oli 200 m. Sinun . . . . .
Kävelty matka oli 5 km. Hänen . . . . .
Juostu matka oli yksi maili. Meidän . . . . .
Ajettu matka oli 200 km. Teidän . . . . .
Pyöräilty matka oli 50 km. Heidän . . . . .
Kauan odotetut hyvät uutiset saapuivat tänään. Meidän . . . . .

10. Selitä **joka**-lauseilla, mitä merkitsee
a) päivällistä syövä perhe.
b) päivälliseksi syötävä kala.
c) eilen syöty kala.
d) perheen eilen syömä kala.
e) päivälliseksi kalaa syönyt perhe.

11. Täydennä lauseet annettujen verbien eri partisiipeilla (**"tekevä"**, **"tehnyt"**, **"tehtävä"**, **"tehty"**, **"tekemä"**).

antaa   Lapsille . . . . . lahjojen ei tarvitse olla kalliita.
         Pikku Mari piti eniten äidin . . . . . nukesta.
pestä   Kas, miten paljon . . . . . vaatteita meillä on!
         Liisa vei . . . . . pyykin ulos kuivumaan. Pian hänen . . . . . vaatteet olivat jo kuivia. Pesukone on helpottanut pyykkiä . . . . . perheenemäntien työtä.
pitää   Ensi sunnuntain juhlassa . . . . . puhe käsittelee YK:n toimintaa. Radio lähettää tänään viime sunnuntain juhlassa . . . . . puheen. Tänään kuullaan siis pääministerin viime sunnuntaina . . . . . puhe. Lehdissä on useita kuvia puhetta . . . . . pääministeristä. Juhlan jälkeen radiotoimittaja haastatteli juhlapuheen . . . . . pääministeriä.

12. Anna: Mi. . . sinä olet löytänyt tuon ihastuttavan huivin?
Nina: Minä ostin sen juuri Forum. . .
A: Minä olen turhaan etsinyt sopivaa huivia ainakin kymmen. . . kaup. . .!
N: No, haetaan sinullekin huivi si. . . sama. . . kaup. . .
A: Kiva! Mutta hei, nyt alkaa sataa. Mi. . . minä olen jättänyt sateenvarjoni?
N: Ehkä se on jäänyt si. . . liik. . . , missä sinä viimeksi kävit. Minä unohdan aina sateenvarjoni kaup. . . (mon.).
A: Hetkinen . . . Minä pysähdyin Stockmannilla hetkeksi kenkäosasto. . .
N: Mennään katsomaan sie. . . Muuten, mi. . . sinä olet pysäköinyt autosi?
A: Stockmannin parkkitalo. . .
N: Kas, kun sait paikan sie. . . , sehän on aina täynnä.
A: Niin, keskusta. . . pitäisi rakentaa lisää parkkitaloja. Kuule, kun on ostettu se huivi, mennään kahville meil. . .
N: Kiitos kutsusta, minä tulen oikein mielelläni.

KESKUSTELUA

Olet toverisi kanssa ostamassa tuliaisia kotiin, joululahjoja tai syntymäpäivälahjaa yhteiselle ystävälle. Teidän on vaikea heti keksiä sopivaa lahjaa, kuljette ympäri tavarataloa ja katselette kaikkea mahdollista. Olette vähän eri mieltä, voi tulla pieni riitakin.
tai:
Keskustelette siitä, mitä matkailijat voisivat ostaa tuliaisiksi, kun käyvät teidän maassanne.

C KUUNTELUHARJOITUS

Iltahetki Liukkosen perheessä. (Katso kuvaa ja kuuntele.)

Sanoja: *periä* to inherit; *arvokas* valuable; *rotu* race

Tehtävä
Kerro nyt, mitä tiedät
a) olohuoneen huonekaluista.
b) kukkamaljakosta.
c) pöydällä olevasta kirjasta.
d) ryijystä.
e) taloa esittävästä piirustuksesta ja sen tekijästä.
f) arvokkaasta taulusta.
*g) julisteista *(posters)*.
h) isä-Liukkosen televisioharrastuksesta.
i) äiti-Liukkosen saamasta kirjeestä.
j) Liukkosen lasten puuhista (*puuha* homma, toimi).
k) koirasta.

Skandinaavinen (eli, kuten Suomessa tavallisesti sanotaan, pohjoismainen) muotoilu on toisen maailmansodan jälkeisenä aikana tullut tunnetuksi ja suosituksi eri puolilla maailmaa. Sille luonteenomaista (= tyypillistä) ovat puhtaat, yksinkertaiset muodot, ja se pyrkii saamaan aikaan kauniita ja hyvin toimivia esineitä tavallisten ihmisten jokapäiväistä elämää varten. Muista maista maista lähinnä Italia ja Japani edustavat muotoilussaan samanlaista ajattelua.

Suomalainen muotoilu tuli Euroopassa ensi kertaa tunnetuksi jo vuoden 1900 Pariisin maailmannäyttelyssä. Siellä suomalainen keramiikka ja tekstiilit saivat palkintoja, samalla kun myös suomalainen arkkitehtuuri (Eliel Saarisen ja hänen kollegojensa piirtämä kansallisromanttinen näyttelypaviljonki) ja taide (Akseli Gallen-Kallelan maalaamat freskot) saivat osakseen huomiota. Maailmansotien välisenä aikana sekä arkkitehtuurin että muotoilun suurin suomalaisnimi oli Alvar Aalto. Hänen suunnittelemansa rakennukset ovat jääneet pysyvästi rakennustaiteen historiaan, ja hänen 30-luvulla piirtämiään huonekaluja ja lasiesineitä valmistetaan ja myydään jatkuvasti sekä Suomessa että sen ulkopuolella.

Suomalaisen muotoilun kulta-aika alkoi kuitenkin vasta toisen maailmansodan jälkeen, 1950-luvulla. Vaikea sota-aika ja sotakorvausten maksaminen olivat takanapäin. Ihmisillä oli monien köyhien vuosien jälkeen suuri halu kaunistaa elinympäristöään. He halusivat asua paremmissa ja kauniimmissa asunnoissa ja hankkia uusia, kauniimpia ja käytännöllisempiä huonekaluja, tekstiilejä ja käyttöesineitä. Ja he rakastivat arkkitehteja ja muotoilijoita, jotka heitä tässä auttoivat. Voi liioittelematta sanoa, että 50-luvun Suomessa arkkitehdit ja muotoilijat olivat yhtä tunnettuja kuin poliitikot ja filmitähdet, he olivat todella "pop". Ulkomaisista näyttelyistä, varsinkin Milanon triennaaleista saadut palkinnot toivat heille myös kansainvälistä mainetta. Samoihin aikoihin ihmiset seurasivat kiinnostuneina, kuinka nuorten arkkitehtien rakentama Tapiolan puutarhakaupunki kohosi Helsingin länsipuolelle. Ja aivan kuten ihmiset tietävät, kenen kirjoittamia kirjoja he lukevat, 50-luvun suomalaiset tiesivät, kenen piirtämässä rakennuksessa he asuivat, kenen suunnittelemilla tuoleilla istuivat, kenen muotoilemissa astioissa valmistivat ruokansa ja kenen muotoilemista laseista joivat maitonsa, piimänsä tai viininsä. Kotinsa seinille he hankkivat mielellään nuorten tekstiilitaiteilijoiden suunnittelemia värikkäitä ryijyjä.

Suomalaisella arkkitehtuurilla ja muotoilulla on yhä kansainvälisesti hyvä nimi, vaikka niiden taso on ajoittain vaihdellut eikä liika kaupallistuminenkaan ole niille tuntematonta. Mielenkiintoisia arkkitehteja ovat olleet esim. Heikki ja Kaija Sirén sekä Reima Pietilä. Hienoimmat modernit ryijyt on varmaankin suunnitellut Uhra Simberg. Kovassa kaupallisessa kilpailussa ovat menestyneet tekstiilifirmat Marimekko ja Vuokko, jotka tuottavat design-tavaraa ja joista varsinkin edellisen tuottamia pukuja, kankaita ja trikoita myydään joka puolella maailmaa. Suomalaisen muotoilun suurin sodanjälkeinen nimi on epäilemättä ollut v. 1985 kuollut Tapio Wirkkala, uskomattoman monipuolinen taiteilija, joka tuotti sekä taide-esineitä että käyttötavaraa — laseja, kuppeja, pulloja, puukkoja — ja käytti materiaalinaan yhtä hyvin lasia kuin puuta tai erilaisia metalleja. Erittäin monipuolinen on myös häntä nuorempi Timo Sarpaneva. Tärkeä kodin käyttöesineiden suunnittelijana ja muotoilijoiden kouluttajana on ollut Kaj Franck.

Totta vai ei?

a) Pohjoismaisen muotoilun periaatteisiin kuuluu, että jokapäiväisen elämän käyttöesineetkin voivat olla kauniita.

b) Pohjoismaisen muotoilun periaatteisiin kuuluu, että yksinkertainen on kaunista.

c) Suomalaisesta muotoilusta ei tiedetty mitään muualla maailmassa ennen Alvar Aallon aikoja.

d) Suomalaisen muotoilun nousu 1950-luvulla oli reaktio sota-ajan köyhyydelle ja rumuudelle.

e) Suomalaisen muotoilun kulta-ajan muotoilijat ja arkkitehdit olivat tärkeitä vaikuttajia (*vaikuttaja* trend-setter, influential person), jopa julkkiksia (*julkkis* colloq. celebrity, socialite).

f) Suomalainen muotoilu on 50-luvulta lähtien pysynyt yhtä korkeatasoisena ja epäkaupallisena.

g) Marimekko ja Vuokko tuottavat hienoja moderneja ryijyjä.

h) Tapio Wirkkala teki kauniita esineitä mm. puusta.

14

MISTÄ SUOMALAISET ELÄVÄT

A Kun olet tutustunut kappaleen tekstiin, tee seuraavat harjoitukset.

1. Mitkä seuraavista ovat oikein:
   a) Asun Ahon perheen luona. b) Asun Ahon perheen kanssa. c) Asun Aholla.
   d) Asun samassa huoneessa veljeni kanssa.

2. Selitä suomeksi, mitä merkitsee *autoon mahtuu 4 henkeä.*

3. Mikä sana tekstissä merkitsee "erinomainen, hieno"?

4. Muodosta lause: *metsä, kutsua, Suomen vihreä kulta*

5. Kysymyksiä:
   Mikä on kehitysmaiden pääelinkeino? Mitkä ovat teollisuusmaiden tärkeim-
   mät elinkeinot?

   Millä nimellä Suomea usein kutsutaan? Miksi nimi on sopiva? Mikä toinen
   nimi sopisi myös ja mistä syystä? Kuka omistaa Suomen metsät? Mitkä ovat
   maan kolme tärkeintä puulajia? Esim. mitä Suomessa valmistetaan puusta?

   Mainitse pari tyypillistä Suomen metalliteollisuuden tuotetta.

   Mitä näistä energialajeista suomalaiset saavat kotimaasta: a) sähkövoimaa
   b) öljyä c) hiiltä d) maakaasua e) ydinvoimaa (atomivoimaa)?

   Mitkä ovat Suomen tärkeimmät kauppakumppanit?

   Mitä tiedät Suomen maatilojen koosta? Mitä seuraavista maatiloilla viljel-
   lään: a) vehnä b) maissi c) ruis d) riisi e) ohra f) viini g) kaura h) heinä
   i) peruna j) tupakka?

B Kun olet tutustunut kappaleen kielioppiin, tee seuraavat harjoitukset tai joi-
takin niistä.

1. Kun aurinko paistaa, on hauska olla ulkona. — Auringon paistaessa
   on hauska olla ulkona.

Kun syksy tulee, muuttolinnut lentävät etelään. Ne muuttavat takaisin poh-
joiseen, kun kevät saapuu.
Kun lapset syntyvät, perheen elintavat muuttuvat.
Kun ihminen on nuori, koko maailma on hänelle avoin.
Kun kaupungit kasvavat, ongelmatkin kasvavat.
Minä jäin lapsenvahdiksi, kun kaikki muut lähtivät huvittelemaan.

Kun sairaus yllättää, ihmisen on sopeuduttava toisenlaiseen elämään.
Kukaan ei enää jaksanut nauraa, kun ystävämme Kalle ja Ville kertoivat
vanhoja vitsejään.

2. **a)**

> Kun olen matkoilla, ikävöin usein kotiin. — Matkoilla ollessani ikä-
> vöin usein kotiin.

Mitä sanot, kun tapaat tuttavia tai eroat heistä?
Ottakaa nämä asiat huomioon, kun suunnittelette auton ostoa.
Jokainen toivoo kai voittoa, kun osallistuu kilpailuun.
Millä tavalla reagoit, kun joudut vaikeaan tilanteeseen?
Masennun helposti, kun huomaan, että olen epäonnistunut.
Kun totesimme, mitä oli tapahtunut, otimme yhteyttä poliisiin.
Mitä teette, kun tarvitsette rahaa?
Kun näimme Virtaset, menimme juttelemaan heidän kanssaan.

b)
(Huomaa, milloin lauseilla on sama, milloin eri subjekti. Harkitse, milloin
on käytettävä vain poss.suffiksia.)
Rouva Miettinen teki usein käsitöitä, kun muu perhe katseli televisiota /
kun hän katseli televisiota.
Lapset tulevat äidin luo, kun tämä kutsuu heitä / kun tarvitsevat apua.
Muut asiat unohtuivat, kun hän luki hauskaa kirjaa. Hän unohti kaikki
muut asiat, kun luki hauskaa kirjaa.
Tytöt näkivät hirven *(elk, moose)*, kun he poimivat marjoja metsässä. Hirvi
juoksi ohi, kun he poimivat marjoja.
Ihmiset taputtivat käsiään kuin hullut, kun hän tuli lavalle / kun näkivät
hänet.

c)

> Kun viini vanhentuu, se paranee. — Vanhentuessaan viini paranee.

Kun lapsi väsyy, se itkee helposti.
Kun ihmiset laskevat, he käyttävät laskinta.
Kun nuoret tervehtivät toisiaan, he sanovat usein "moi".
Kun koirat huomaavat tuntemattoman ihmisen, ne haukkuvat.
Aina kun Olli meni työhön, hän joutui vaihtamaan bussia.
Kun kielot *(lily-of-the-valley)* kukkivat, ne tuoksuvat ihanasti.

3. Täydennä:
Kotiin (tulla) syntyi keskustelu juuri nähdystä filmistä. Työhön (mennä) on
talvella vielä pimeää. Hotellista (lähteä) pitää maksaa lasku ja palauttaa
avain. Torilla (käydä) on mukava seurata vilkasta torielämää. Hauskaa työtä
(tehdä) aika kuluu kuin siivillä. (Syödä) ei pitäisi puhua ikävistä asioista.

4. Vastaa joihinkin seuraavista kysymyksistä.

a)

Mitä tehdessämme käytämme silmiämme? — korviamme? — aivojamme? —
nenäämme? — käsiämme? — jalkojamme?
Mitä tehdessäsi sinulla on hauskaa? — ikävää?
Mitä tehdessäsi rentoudut (relax) parhaiten?
Mitä tehdessään ihmiset tarvitsevat saippuaa ja vettä? — kampaa? — har-
jaa? — parranajokonetta? Mitä tehdessäsi tarvitset neulaa ja lankaa? — sak-
sia? Mitä tehdessämme tarvitsemme kameraa? — sanakirjaa? — kasetteja?

b)

> Milloin suomalainen tulee täysi-ikäiseksi? — Täyttäessään 18 vuotta.

Milloin suomalainen koululainen saa valkoisen lakin? Milloin ihmiset kärsi-
vät aikaerosta (jet lag)? — joutuvat passintarkastukseen ja tulliin?
Milloin huippu-urheilija on onnellinen? — sinä olet onnellinen? — suoma-
lainen on onnellinen? — kissa on onnellinen?

5. > Kun lauletaan kansallislaulua, kaikki nousevat seisomaan. — Kansallis-
  > laulua laulettaessa kaikki nousevat seisomaan.

Kun keskustellaan koulusta, unohdetaan tavallisesti kysyä oppilaiden mielipi-
dettä.
Kun suunnitellaan uusia kaupunginosia, ei saisi toistaa vanhoja virheitä.
Kun pidetään puheita, on otettava huomioon, kenelle puhutaan.
Kun ajetaan Helsingistä pohjoiseen päin, tullaan Lahteen.
Vanha tapa on, että kun liikutaan metsässä, ei meluta.
Kun pakataan lasiesineitä, on oltava huolellisia.
Joskus koko elämä kuluu, kun etsitään elämän tarkoitusta.

Edellisissä **kun**-lauseissa verbin määrite (qualifier) on ollut lyhyt. Huomaa,
että pitemmät määritteet on paras panna 2. infinitiivin jälkeen:

Kun valmistetaan ruokaa vihanneksista, on koetettava säilyttää niiden vita-
miinit. Valmistettaessa ...

Kun on tutkittu ilmaston kehitystä maapallolla, on todettu, että mahdollises-
ti on tulossa uusi jääkausi.
Kun äänestettiin hallituksen viime maanantaina antamasta lakiehdotuksesta,
oppositio sai selvän voiton.

6. Muuta kursivoidut kohdat **kun**-lauseiksi.

Kuullessani nämä ilkeät sanat rupesin itkemään.
Nuoren ihmisen valitessa elämänuraansa hänen valintaansa vaikuttavat mo-
net tekijät (factors).
Tutustuessaan muihin kulttuureihin ihminen oppii arvostamaan omaakin
kulttuuriaan uudella tavalla.

Sään muuttuessa Lapin tunturiseudulla joskus hyvinkin nopeasti yksinäinen hiihtäjä on vaarassa eksyä *(get lost).*

Kekkosen toimiessa presidenttinä neljännesvuosisadan ajan kasvoi kokonainen uusi suomalaissukupolvi *(generation),* joka tunsi vain Kekkosen tasavallan.

Kirjattua postilähetystä noudettaessa on oltava mukana henkilötodistus.

Korkealaatuista tavaraa tuotettaessa hintakin on tavallisesti korkea.

7. Hän nauroi, kun hän vastasi kysymykseeni. — Hän vastasi kysymykseeni nauraen.

Kävelen aina, kun käyn ostoksilla.
Hymyile, kun tervehdit vieraitasi.
Istutko vai seisot, kun teet tätä työtä?
Nautin aina suuresti, kun syön kiinalaista ruokaa.
Yleensä kävelemme tai hiihdämme, kun ulkoilemme.
Älä siivoa, vaan lepää, kun vietät vapaapäivää.
Ompelen tai kudon, kun istun iltaa kotona.

8. Tuolla on eräs luokkatoverini ja hänen perheensä. — Tuolla on eräs luokkatoverini perheineen.

Nuoret ja heidän ystävänsä menivät tanssimaan.
Lapissa asuvat saamelaiset ja heidän poronsa.
Näimme lentoasemalla tunnetun pop-tähden ja hänen monet matkalaukkunsa.
Presidentin ympärillä näkyi filmaajia ja heidän kameroitaan.
Meitä kiinnostavat alppimaat ja niiden korkeat vuoret.
Oli hauska nähdä tämä maalaistalo ja sen ystävälliset asukkaat.
Konferenssin aiheena ovat kehitysmaat ja niiden ongelmat.
Me muutamme asuntoa, mukanamme lapset, koira ja kaikki tavarat.
Missä te ja perheenne vietätte kesää?

C KERTAUSTA

1. Käytä partisiippeja **joka**-lauseiden asemesta. (Ks. tekstikirja 10:1, 13:1.)

Nuori myyjä, joka puhuu suomea ja ruotsia, saa paikan liikkeessämme.
Perhe, joka on muuttanut Kanadaan, on tullut tapaamaan sukulaisiaan, jotka jäivät Suomeen.
Nykyhetken maailmassa on paljon ihmisiä, jotka täytyy kouluttaa uudelleen.
Minusta kananmunat, joita on keitetty neljä minuuttia, ovat liian pehmeitä.
Pikkulintu, jonka kissa on tappanut, makaa oven edessä.

2. Valitse sopiva (transitiivinen tai intransitiivinen) verbi ja täydennä lauseet.

Aikaisin tänä aamuna puhelin (soittaa, soida). Minä (herättää, herätä). Luultavasti puhelimen ääni (herättää, herätä) jonkun muunkin perheenjäsenen, mutta kukaan ei (nostaa, nousta). Juoksin vastaamaan, mutta samassa (soittaminen, soiminen) (lopettaa, loppua, lakata). Voi voi! No, minä aloin (pestä, peseytyä) ja (pukea, pukeutua). Olin vähän vihainen, mutta mieleni (muuttaa, muuttua) pian. Muistin, että olin illalla (jättää, jäädä) astiat pesemättä, ja ajattelin, että voisin tehdä sen nyt. (Minä) (pestä, peseytyä) astiat nopeasti ja (aloittaa, alkaa) sitten (valmistaa, valmistua) aamiaista.

(Aamun kuvaus jatkuu kappaleessa 16, harj. B 1.)

D

KESKUSTELUA

Haastattele toveriasi hänen kotimaansa elinkeinoista esim. seuraavien kysymysten avulla:

Mitkä ovat tärkeimmät elinkeinot? Mikä teollisuus on erityisen tärkeä? Mitä raaka-aineita saadaan omasta maasta? Mitä energiaa käytetään ja mistä se saadaan? Mitkä ovat tärkeimpiä vienti- ja tuontitavaroita? Mitkä maat ovat tärkeimmät kauppakumppanit? Käydäänkö kauppaa Suomen kanssa? Ovatko maatilat suuria vai pieniä ja mitä ne tuottavat? Ovatko tilat erikoistuneita vai eivät? Mikäli metsiä on, kuka omistaa metsät?

tai:

Toverisi haastattelee sinua Suomen elinkeinoista. Tekstin perusteella tiedät jo jotakin. Tässä lisää numerotietoja:

Maa- ja metsätalous
Suomen itsenäistyessä 1917 maatalouden palveluksessa oli yli 70 % työvoimasta, v. 1980 alle 13 %.

55,5 %:lla maatiloista (1982) oli peltoa 5—20 hehtaaria (1 acre = 0,4 ha); 0,18 %:lla oli peltoa yli 100 ha.

Metsästä omistivat 1976
— yksityiset 56,8 %
— valtiot 32,3 %
— yhtiöt 6,9 %
— muut (kunnat, kirkko jne.) 4 %

Suomen tuonti 1984
raaka-aineet 63 %
polttoaineet 6,7 %
investointitavarat 14,7 %
kulutustavarat 15,3 %
muut 0,3 %

Suomen vienti 1984
paperi- ja puuteollisuus 37,9 %
metalliteollisuus 35,4 %
kemian teollisuus 12,6 %
tekstiiliteollisuus 6,2 %
maatalous 3,2 %
muut 4,7 %

Tärkeimmät kauppatuttavat 1984

Tuonti (%)
Neuvostoliitto 23,1
Saksan liittotasavalta 13,9
Ruotsi 12,3
Iso-Britannia 7,7
Japani 5,6
Yhdysvallat 5,0
Ranska 3,2

Vienti (%)
Neuvostoliitto 19,0
Ruotsi 12,3
Iso-Britannia 12,0
Saksan liittotasavalta 9,6
Yhdysvallat 8,2
Norja 4,5
Tanska 4,1

KUUNTELUHARJOITUS

Henkilöt: Leena Järvi, maalaistalon emäntä; haastattelija

Uusia sanoja: *yhdistys* association, society, club; *olla sota/väessä* to do
one's military service

Tehtäviä

1. Mikä seuraavista kolmesta väitteestä *ei* ole totta:
   a) Leenan isä oli liikemies.
   b) Leena vietti lapsena kesiä maalla.
   c) Leena oli hyvin tietämätön maalaiselämästä.
2. Kuinka Leena ja Heikki tutustuivat toisiinsa?
3. Mikä tai mitkä seuraavista väitteistä ovat totta:
   a) Leena pelkäsi alussa hirveästi uusia sukulaisiaan ja naapureitaan.
   b) Leena piti maalaistöistä, paitsi lehmien hoidosta.
   c) Leena on kiinnostunut luonnosta.
4. Leena sai ystäviä
   a) heti.
   b) vähitellen.
   c) ei lainkaan, koska hän oli kaupunkilaistyttö.
*5. Mitä Leenan ja Heikin talo tuotti ennen? Entä nyt?
6. Kumpi seuraavista väitteistä on totta:
   a) Koneet ovat suuresti vähentäneet Leenan työtä.
   b) Hänellä on yhä paljon työtä, koska ei ole apulaisia.
7. Miksi Järvillä on harvoin aikaa istua rauhassa?
8. Kuka pojista saa todennäköisesti talon itselleen? Miksi juuri hän?

F **LUKEMISTA**

Pekka Vesterisen maatila Järvelä sijaitsee Kuopion lähellä Savossa. Siihen
kuuluu toistakymmentä hehtaaria peltoa ja noin viisikymmentä hehtaaria
metsää. Pekka sai tilan omakseen ostamalla sen vanhemmiltaan, jotka halu-
sivat siirtyä eläkkeelle. Koska hän on joutunut uusimaan tilan rakennuksia
ja koneita, hänen oli otettava melkoisen suuri pankkilaina, jonka maksami-
nen kestää vielä vuosikausia.
    Vielä Pekan isän ollessa talon isäntänä Järvelässä tuotettiin kaikkea mah-
dollista: viljaa ja perunoita, maitoa ja muita eläintuotteita, vähän villaakin
omista lampaista. Pekan aikana tilanne on kokonaan muuttunut. Perhe on
erikoistunut marjojen viljelyyn. He kasvattavat pelloissaan etupäässä man-
sikkaa, jonkin verran myös vadelmaa. Pekalla ja hänen vaimollaan Mairella
on kolme 8—14-vuotiasta lasta, jotka käyvät talvisin koulua ja auttavat ke-
sällä mansikkapellolla. Marjojen kypsyessä oma perhe ei kuitenkaan riitä,
vaan joudutaan palkkaamaan vieraita marjanpoimijoita, tavallisesti koululai-
sia. Jos säät ovat sopivan aurinkoiset, Vesteriset ansaitsevat mansikoillaan
aika mukavan summan. Epäonnistuneen sään sattuessa, kuten sateisina kesi-
nä, ansiot jäävät vähäisiksi.

Talvella mansikanviljelyssä ei ole työtä. Maan levätessä lumen alla Pekka on usein metsätöissä, joko omassa metsässä — hän lyhentää lainaansa myymällä puuta — tai myös vieraiden metsänomistajien mailla. Talvisin perheellä on myös enemmän aikaa harrastuksilleen. Lapset viettävät vapaa-aikansa hiihtäen, käyden koulun harrastuskerhoissa, lukien ja katsellen televisiota. Pekkakin harrastaa hiihtoa, ja istuessaan sisällä pitkinä talvi-iltoina hän seuraa oman alansa kirjallisuutta ja ammattilehtiä. Talon emäntä käy kirkonkylän kansalaisopistossa kutomakursseilla. Hän harrastaa myös kirkkokuoroa. Molemmat osallistuvat innokkaasti kylätoimikunnan (toimikunta = komitea) työhön. Toimikunta on hiljattain perustettu edistämään kylän asukkaiden viihtyvyyttä. Järjestetään yhteisiä iltoja, joissa on ohjelmaa ja tarjoilua, kerätään rahaa hyviin tarkoituksiin, kuten kehitysmaa-apuun, ja keskustellaan yhdessä kylän ongelmista. Tärkeää on esim. saada kaikki kyläläiset käyttämään kylän omaa kauppaa, ettei kauppias lopettaisi liikettään, kuten jo on tapahtunut naapurikylissä asukkaiden vähentyessä, nuorten lähtiessä kaupunkeihin työhön ja eläkeläisten muuttaessa kirkonkylän kerrostaloihin, lähemmäksi terveys- ja kauppapalveluja. Tässä kylässä on vielä jäljellä oma koulu, kirjasto ja postitoimisto, urheiluseura ja urheilukenttä. Kylään tulee useiden eri puolueiden lehtiä, mutta politiikan harrastus ei ole kovinkaan aktiivista. Useimmat käyvät vain äänestämässä.

Vesterisillä on kaksi läheistä naapuria, joiden kanssa ollaan tekemisissä melkein joka päivä.

Toisella puolella asuvat Ikäläiset, jotka pitävät karjaa ja viljelevät sen tähden paljon heinää. Heidän työrytminsä on aivan erilainen. Lehmät vaativat saman työmäärän läpi vuoden, ne on hoidettava ja lypsettävä joka päivä ja maito lähetettävä meijeriin. Lomalle Ikäläiset pääsevät vain, jos onnistuvat saamaan taloon kunnan palkkaaman lomittajan. Lomittajista on kuitenkin lähes krooninen puute. Ikäläiset pitävät kuitenkin eläimistä eivätkä halua luopua niistä kuten Vesteristen toinen lähinaapuri Simo Halonen, joka kasvattaa tilallaan viljaa: ruista, ohraa ja kauraa. Vehnän viljelyä hän pitää liian epävarmana näin pohjoisessa. Simo Halonen, joka on jo yli neljänkymmenen, on poikamies. Maatalojen emäntien pitkät työpäivät eivät innosta nykytyttöjä naimisiin maanviljelijöiden kanssa, ja Suomessa on tuhansia tiloja ilman emäntää. Simo on etsinyt itselleen vaimoa jopa maatalousnäyttelyn tietokoneen avulla, mutta toistaiseksi turhaan.

Lähellä Järvelää asuu myös 75-vuotias Anna Ahonen pienessä omakotitalossaan, jonka ympärillä on ruusupensaita. Reipas vanhus ei ole halunnut lähteä vanhainkotiin. Kunnan kodinhoitaja käy auttamassa häntä kerran viikossa, muuten hän pitää huolen itsestään. Naapurit käyvät usein katsomassa häntä. Kuten yleensä maalla, naapuriapu toimii aivan toisin kuin kaupungissa. Ketään ei unohdeta, maalaiskylä on turvallinen elinympäristö. Toisaalta kylän juorut pitävät huolen siitä, että jokaisen yksityiselämä on kaikkien tiedossa, salaisuuksia on vaikea säilyttää.

Vesteristen, Ikäläisten, Simo Halosen ja koko Suomen pulmana on se, että maatalous tuottaa liian paljon. Maassa, jossa vielä 1800-luvulla ihmisiä kuoli nälkään huonoina vuosina, on jatkuvasti, viljan, maidon, lihan, voin ja munien liikatuotantoa, ja valtio joutuu maksamaan runsaasti subventioita saadakseen ylimääräiset vilja-, voi- ja lihavuoret kaupaksi ulkomaille maailmanmarkkinahintaan. Toinen suuri ongelma on viljelijöiden ikärakenne. 1980-luvun alkupuoliskolla maanviljelijöiden keski-ikä oli jo 55 vuotta, ja kaikesta päättäen se on yhä kohoamassa.

Tehtäviä

1. Mitkä ovat seuraavien verbien infinitiivit:
   kypsyessä — palkkaamaan — ansaitsevat — edistämään — lypsettävä — kohoamassa

   Mitkä ovat seuraavien sanojen yks. nominatiivit:
   muita eläintuotteita — epäonnistuneen sään — sateisina kesinä — vähäisiksi — vieraiden metsänomistajien — viihtyvyyttä — hyviin tarkoituksiin — useiden puolueiden — ruista — emäntien — ruusupensaita

2. Kysymyksiä:
   Millä tavalla Järvelän tilan maanviljely on muuttunut siitä lähtien, kun Pekka tuli isännäksi? Millä tavoin Järvelän naapuritaloissa on erikoistuttu? Kuinka on pyritty helpottamaan maanviljelijöiden lomalle pääsyä? Mikä mahdollistaa sen, että Anna Ahonen voi yhä asua kotonaan? Vertaa maalaiskylää kaupunkiin elinympäristönä. Mainitse joitakin Suomen maatalouden ongelmia. Vertaa niitä kotimaasi tilanteeseen, jos sinulla on siitä tietoja.

15

BOB KÄY SAUNASSA

A Kun olet tutustunut kappaleen tekstiin, tee seuraavat harjoitukset.

1. Täydennä:
   Pekka on rohkea, hän ..... sanoa, mitä ajattelee.
   Saunan jälkeen on ihanan ..... olo.

2. Kuinka voit sanoa toisella tavalla:
   vähän yli viikon; vähän yli kaksi vuotta
   sain *mahdollisuuden* tutustua Lappiin
   Matti jaksaa yrittää uudelleen ja uudelleen, vaikka kaikki näyttää toivotto-
   malta (= Matilla on .....)

3. *Saunaterminologiaa*
   Missä istutaan, kun kylvetään saunassa? Mistä lämpö tulee? Jos saunassa
   joku sanoo sinulle: "Heitäpäs lisää löylyä", mitä teet? Kuinka vihtaa kutsu-
   taan Itä-Suomessa?

4. Muodosta lause: *minä, olla, vaikea, tottua, talven pimeys*

5. Millaiset asiat aiheuttavat ihmisille stressiä?

6. Valitse oikea vaihtoehto:
   Millainen oli ensi *vaikutelmasi/vaikutuksesi* saunasta?
   Pekalla on ollut sinuun huono *vaikutelma/vaikutus.*

B Kun olet tutustunut kappaleen kielioppiin, tee seuraavat harjoitukset tai joi-
takin niistä.

1. Lisää alla olevasta luettelosta kuhunkin lauseeseen sopiva jatko.

Aamiaista syödessäni ...	Kellon lyötyä 11 ...
Syötyäni aamiaisen ...	Työstä tullessani ...
Työhön mennessäni ...	Työstä tultuani ...
Työhön tultuani ...	Iltauutisten alkaessa ...
Kellon lyödessä 11 ...	Iltauutisten loputtua ...

*... alkaa lounastunti / ... avaan television ja istuudun katselemaan / ...
kaikki kiirehtivät syömään lounasta / ... katselen autoja ja ihmisiä / ...
luen aamulehteä / ... lähden työhön / ... olen aika väsynyt / ... suljen
television ja menen nukkumaan / ... tervehdin työtovereitani / ... vaihdan
vaatteita, syön ja lepään*

2. Kun aurinko on laskenut, tulee pimeä. — Auringon laskettua tulee pimeä.

Kun syksy on tullut, muuttolinnut lähtevät etelään.
Ne muuttavat takaisin pohjolaan, kun kevät on saapunut.
Kun lukukausi oli loppunut, opiskelijat pääsivät lomalle.
Tarjoilu alkoi, kun kaikki olivat istuutuneet pöytiin.
Lähdimme kävelylle vasta, kun sade oli lakannut.
Kun lapset olivat sairastuneet, äiti jäi pois työstä.
Vastaa meille heti, kun kirjeemme on tullut perille.

3. a)
Poista **kun**-lauseet.
Kun olen ollut poissa kotoa, minulle tulee koti-ikävä.
Käyt kai usein ajelemassa nyt, kun olet saanut ajokortin.
Kun olimme tavanneet nämä vanhat ystävät, oli ikävä erota heistä.
Kun olin hakenut imurin, aloin siivota taloa.
Masennutko helposti, kun olet epäonnistunut jossakin?
Kun olette nyt voittanut pienen summan lotossa, jatkatte varmaan lottoamista.
Kun olimme huomanneet Virtaset, menimme juttelemaan heidän kanssaan.

b)
Katso, onko lauseissa sama subjekti vai ei. Harkitse, milloin on käytettävä vain poss.suffiksia.

Muut tytöt unohtuivat, kun Kalle oli tutustunut Liisaan. Kalle unohti muut tytöt, kun oli tutustunut Liisaan.
Kaikki lehdet kirjoittivat tästä tenniksenpelaajasta, kun hän oli voittanut Wimbledonin turnauksen. Tennistähti tuli kuuluisaksi, kun hän oli voittanut Wimbledonin turnauksen.
Niemisten auto särkyi pahasti, kun se oli törmännyt *(collide)* hirveen Helsingin—Porvoon tiellä. Hirvi juoksi auton eteen, kun he olivat ajaneet 30 km Porvooseen päin.

c)

Kun Olli oli myöhästynyt bussista, hän otti taksin. — Myöhästyttyään bussista Olli otti taksin.

Kun koira oli huomannut meidät, se rupesi haukkumaan.
Kun sairas oli saanut lääkkeen, hän nukahti heti.
Kun Nina oli lopettanut aktiivisen uransa, hän ryhtyi tanssinopettajaksi.
Kun Virtaset olivat säästäneet pari vuotta, he tekivät ulkomaanmatkan.
Kun Liisa oli sulkenut ulko-oven, hän muisti, että avain oli jäänyt sisälle.
Kun lapset olivat työntäneet veneen vesille, he alkoivat soutaa saarta kohti.
Kun poliitikko oli osallistunut valtiolliseen elämään parikymmentä vuotta, hän päätti siirtyä yksityiselämään.

4. Milloin t. mitä tehtyään saa ruveta ajamaan autoa? — voi saada sakkola-
pun? — urheilija saa kultamitalin? — suomalainen tuntee itsensä puhtaaksi
ja rentoutuneeksi? — suomalainen nuori voi pyrkiä opiskelemaan yliopis-
toon?
Milloin sanomme "kiitos"? — "ei kestä"? — "anteeksi"?
Milloin ihmiset taputtavat käsiään?
Milloin tunnet itsesi väsyneeksi? — reippaaksi ja tarmokkaaksi?

5. Muuta temporaalirakenteet **kun**-lauseiksi.

Kuultuani Kaijan kihlauksesta soitin heti ja onnittelin.
Vihollisen lentokoneiden pommitettua eräitä kaupunkeja lapset ja vanhukset
evakuoitiin maaseudulle.
Selviydyttyään vaikeasta sodanjälkeisestä ajasta Euroopan maat olivat jäl-
leen valmiita nopeuttamaan talouskasvuaan ja kohottamaan elintasoaan.
Susien lisäännyttyä huomattavasti Suomessa ja niiden alettua liikkua koko
maan alueella on alettu vaatia susien metsästyksen lisäämistä.
Opiskeltuaan jonkin aikaa yliopistossa, matkustettuaan ympäri maailmaa,
kokeiltuaan monenlaisia ammatteja ja tutustuttuaan mitä erilaisimpiin ihmi-
siin Arto Sola ryhtyi kirjailijaksi, ja kirjoitettuaan ensin pari epäonnistunut-
ta näytelmää hän sai suurta menestystä tieteisromaaneillaan *(science fiction)*.

6. Käytä seuraavassa pitkässä harjoituksessa temporaalirakenteita (**"tehdessä"**,
"tehtyä") **kun**-lauseiden asemesta, mikäli se on mahdollista.

Kun Jaakko Rusko herää, hän on tavallisesti vielä aika uninen. Kun hän
nousee vuoteesta ja katsoo lämpömittaria, hän haukottelee koko ajan. Mut-
ta kun hän on peseytynyt ja ajanut partansa, hän näyttää jo reippaammalta.
Ja kun hän istuu pöydässä aamiaisella, hän keskustelee jo iloisesti vaimonsa
Pirjon kanssa.

Kun Ruskot istuvat bussissa matkalla työhön, he juttelevat illan ohjelmasta.
Jaakko ehdottaa, että he söisivät ravintolassa, kun ovat päässeet työstä, ja
menisivät sitten teatteriin. Pirjon mielestä taas heidän pitäisi palata kotiin,
kun työpäivä on päättynyt, ja syödä siellä. "Kun syö ulkona, menee kau-
heasti rahaa. Ja sitä paitsi minä haluan vaihtaa asua." — "Mutta kun vii-
meksi olimme teatterissa, siellä oli paljon ihmisiä arkiasussa." — "Mutta
minä pääsen juhlatunnelmaan vasta, kun olen saanut jotain kaunista ylle-
ni", sanoo Pirjo.

Illalla he käyttävät bussia, kun menevät teatteriin, mutta taksia, kun palaa-
vat sieltä. Kun väliaika alkaa, he menevät kahville. Pari tuttavaa tulee ter-
vehtimään, kun he ovat juomassa kahvia. Mutta kun kello pian soi, täytyy
lähteä takaisin teatterisaliin. Ja kun yleisö on palannut paikoilleen, esitys voi
jatkua. Näytelmä on mielenkiintoinen loppuun saakka, ja kun Jaakko ja
Pirjo ajavat taksilla kotiin päin, heidän ajatuksensa viipyvät vielä näytelmän
tapahtumissa.

Kun Ruskot eivät mene illalla ulos, he kuuntelevat musiikkia. Pirjo tekee
mielellään myös käsitöitä, kun hänellä on aikaa. Mutta kun hänen on täyty-
nyt olla ylitöissä, hän on niin väsynyt, että menee suoraan nukkumaan.

7. Oletko tehnyt tuon ryijyn omilla käsilläsi? — Oletko tehnyt tuon ryijyn omin käsin?

Kuulin jutun omilla korvillani. Hän näki tapauksen omilla silmillään. Ohjaa (*ohjata* to steer, lead) autoa molemmilla käsilläsi! Tämän työn voi tehdä eri tavoilla. Saman asian voi sanoa monella tavalla. Olemme auttaneet sinua kaikilla mahdollisilla tavoilla. Auttakaa meitä teoilla eikä sanoilla! Molemmilla puolilla Tornionjokea, sekä Suomessa että Ruotsissa, asuu suomalaisia.

8. Taiteilija matkusti Pariisiin. Hänellä oli suuret odotukset. — Taiteilija matkusti Pariisiin suurin odotuksin.

Koristimme joulukuusen; panimme siihen kynttilöitä ja lippuja.
Lopetin kirjeeni; lisäsin vielä sydämelliset terveiseni.
Opiskelija suoritti tutkinnon; hän sai "erinomaiset tiedot".
Rouva Kuusisto sisusti olohuoneensa; hän hankki sinne vaaleita kotimaisia huonekaluja.
Tyttö seurasi rakastettunsa poistumista; hänellä oli surullinen katse.
Tuttavat onnittelivat 50-vuotiasta; he lähettivät sähkeitä, kukkia ja lahjoja.
Kuuntelin ystäväni sanoja; tunteeni olivat sekavat (*mixed, confused*).

⃞C KERTAUSTA

1. Poista **joka**- ja **kun**-lauseet (ks. tekstikirja 10:1, 13:1, 14:1, 15:1).
   Liisa kirjoitti luettelon töistä, jotka täytyy tehdä viikonlopun aikana.
   Elämä tekee meistä vähitellen kyynisiä (*cynical*) ihmisiä, jotka ovat menettäneet kaikki illuusionsa.
   Vanhana muistellaan usein tapahtumia, jotka on koettu lapsena ja nuorena.
   En tuntenut yhtään kappaletta, minkä orkesteri soitti tässä konsertissa.
   Kun kuulen oikein kaunista musiikkia, minua itkettää.
   Pekka lupasi soittaa meille heti, kun on saanut lopulliset tiedot.

2. Vastaa kysymyksiin agenttipartisiipeilla (**"tekemä"**).

Mikko söi omenan: hänen ..... omena oli raaka. Mistä Mikko ei pitänyt?	Mikko söi omenia; hänen ..... omenat olivat raakoja. Mistä Mikko sairastui?
(Sinun) ..... vitsi oli hauska. Mille kaikki nauroivat? Mistä kaikki pitivät?	(Sinun) ..... vitsit olivat hauskoja. Mille minäkin nauroin? Mistä Liisakin piti?
Istutimme ruusun. Mikä kasvoi hyvin? Meidän ..... ruusu. Mitä hoidimme huolellisesti? Mistä saimme paljon iloa?	Istutimme ruusuja. Mitkä kasvoivat hyvin? Meidän ..... ruusut. Mitä katselimme usein? Mistä otimme kuvia?

KESKUSTELUA

Keskustelkaa saunakokemuksistanne.

tai:

Saunan ystävä ja saunan vihamies väittelevät *(to debate)* saunan hyvistä ja huonoista puolista.

E

KIRJOITUSTEHTÄVÄ

Ensimmäinen saunassa käyntini.

tai:

Tarua *(myth)* ja totta suomalaisesta saunasta.

F

LUKEMISTA

Lähdettyään ajamaan valoisassa kesäyössä kohti pääkaupunkia Pentti Ora ja Bob keskustelivat pitkään saunasta.
— Kuinka paljon Suomessa on saunoja? Bob kysyi.
— Saunojen lukumäärä on toista miljoonaa, kertoi Pentti. Maaseudulla useimmilla perheillä on oma sauna. Kaupungeissa käydään kerrostalojen saunoissa tai yleisissä saunoissa, joita on esimerkiksi uimahalleissa.
— Kuinka usein ihmiset käyvät saunassa?
— Tavallisimmin kerran, mutta kesäisin maalla parikin kertaa viikossa, likaisten töiden jälkeen jopa joka ilta. Maalla yleinen kylpyilta on lauantai. Lisäksi kuuluu asiaan, että saunassa käydään vuoden suurten juhlien aattona. Useimmiten miehet kylpevät ensin, saunan ollessa kuumimmillaan, ja naiset sitten. Lasten pieninä ollessa koko perhe kylpee yhdessä. Päinvastoin kuin monin paikoin ulkomailla luullaan, naisten ja miesten yhteissaunominen ei ole Suomessa kovinkaan tavallista.
— Miten on mahdollista, että ihminen kestää sellaista kuumuutta? Eikö sadan asteen lämpö voi olla terveydelle vaarallista?
— Ei normaalille, terveelle ihmiselle. Ja muiden ei pidä kokeillakaan kuumaa saunaa. Mutta nykyisin pidetään kyllä noin yhdeksääkymmentä astetta ihanteellisena saunan lämpötilana. Tällaista kuumuutta voi kestää siksi, että hyvän saunan löyly on aluksi melko kuivaa. Löylyn heittäminen kiukaalle lisää kosteutta ja nopeuttaa hikoilemista, joka puhdistaa ihon.
— Minä olen kuullut, että läheskään kaikki ihmiset eivät käytä saunassa vihtaa.
— Pitää paikkansa. Vihdan käyttö ei ole välttämätöntä, mutta sen tarkoituksena on edistää verenkiertoa. Vihdat tehdään alkukesällä koivun oksista, ne kuivataan lehtineen ja niitä pidetään ennen käyttöä vähän aikaa kuumassa vedessä, jotta ne pehmenisivät. Muuten, Itä-Suomessa vihtaa kutsutaan vastaksi.
— Ovatko suomalaiset todella keksineet saunan?
— Eivät suinkaan. Erilaisia saunoja on ollut ja on yhä käytössä eri puolilla maailmaa. Länsi-Euroopan kansat olivat kuitenkin unohtaneet vanhan höyrykylpytradition, mutta Suomessa sauna säilyi. Täällä sillä on yhä tärkeä asema ihmisten elämässä. Aikaisemmin saunaa pidettiin puolittain pyhänä paikkana, jossa ei esim. sopinut puhua liian kovaäänisesti. Vuosisatojen ajan suomalaiset lapset syntyivät saunassa, sinne vietiin sairaat, ja alkaessaan rakentaa uutta taloa suomalainen tavallisesti rakensi ensimmäiseksi saunan, jossa asuttiin, kunnes uusi asuinrakennus valmistui.
— Nykyisin puhutaan jopa saunadiplomatiasta.

— Aivan niin. Rentouttavan vaikutuksensa johdosta sauna kuuluu usein liike- ja poliittisten neuvottelujen ohjelmaan. Ja kuten olet huomannut, suomalaiset perheet kutsuvat myös vieraansa mielellään saunaan, varsinkin kesällä, jolloin on tilaisuus uimiseen saunan jälkeen. Tällöin on syntynyt tapa syödä ja juoda saunomisen yhteydessä. Tapa on yleistynyt nopeasti, mutta se on vieras alkuperäiselle saunatraditiolle.
— Sauna on myös tärkeä vientitavara, vai kuinka?
— Suomalaisia saunoja on viety ja viedään jossakin määrin joka puolelle maailmaa. Ja sana sauna on niitä harvoja suomalaisia sanoja, jotka on lainattu suuriin maailmankieliin, muun muassa englantiin.

Tehtäviä

1. Sano seuraavien sanojen perusmuodot (yks. nom., inf.):
   likaisten töiden — suurten juhlien — monin paikoin — sellaista kuumuutta — terveydelle — kiukaalle — oksista — lehtineen — vastaksi;

   kuivataan — pehmenisivät — rentouttava

2. Korjaa seuraavassa mahdollisesti esiintyvät asiavirheet.
   a) Suomalaiset saunovat kerran viikossa.
   b) Saunomiseen yhdistetään usein uinti.
   c) Miehet ja naiset kylpevät yleensä yhdessä.
   d) Saunasta nauttii sitä enemmän, mitä kuumempi se on.
   e) On epäkohteliasta, jos miehet menevät ensin saunaan.
   f) Vihtoja valmistettaessa koivun oksista poistetaan lehdet, muuten vihdat olisivat liian pehmeitä.
   g) Vihta on länsisuomalainen nimitys, idässä puhutaan vastasta.
   h) Sauna on suomalainen keksintö.
   i) Sauna, seksi ja alkoholi ovat Suomessa aina kuuluneet läheisesti yhteen.
   j) Liike- tai poliittisten neuvottelujen osanottajat viedään Suomessa usein saunaan, mutta yksityiset perheet eivät vie sinne vieraitaan.

G **KUUNTELUHARJOITUS**

Sanoja: *pakina* column, humorous essay; *saunottaja* sauna attendant; *lihas* muscle; *ennätys* record

Totta vai ei?
a) Art Buchwald oli ensi kertaa elämässään saunassa Helsingissä.
b) Buchwaldin mukaan suomalainen sauna on muuttunut satojen vuosien aikana kuten kaikki muutkin asiat maailmassa.
c) Buchwaldin saunottaja Leena oli kuuluisa siitä, että hän oli hyvin kookas nainen.
d) Buchwald halusi tehdä uuden saunojen kuumuusennätyksen ja voittaa Gregory Peckin.
*e) Leenan mielestä vihtominen oli suoritettava mahdollisimman huolellisesti.
f) Kylvyn jälkeen Buchwaldin täytyi hypätä lumeen.
g) Buchwaldin mielestä mikään myöhempi saunominen ei voittanut tätä kylpyelämystä.

16

PARI HÖLMÖLÄISTARINAA

A

1. Luulin, että te olette tyytyväisiä. — Luulin teidän olevan tyytyväisiä.

Näimme, että juna seisoi asemalla.
Äiti pelkäsi, että lapset sairastuvat.
Pekka toivoo, että me ymmärrämme häntä.
Poliitikot uskovat, että inflaatio nyt pysähtyy.
Uutisissa sanottiin, että hallitus luultavasti eroaa.
Sanoitko, että hän tulee jo huomenna?
Väitetään, että vastakohdat täydentävät toisiaan.
Kuvitteletko, että hyvät ystäväsi lainaavat sinulle rahaa?

2. Luulin, että te olitte olleet tyytyväisiä. — Luulin teidän olleen tyytyväi-
siä.

Näimme, että juna oli jo tullut asemalle.
Äiti pelkäsi, että lapset olivat sairastuneet.
Poliitikot uskovat, että inflaatio on pysähtynyt.
Uutisissa sanottiin, että hallitus on eronnut.
Sanoitko, että hän on jo saapunut?
Väitetään, että uusin työttömyysohjelma on epäonnistunut.
Pelkään, että ystäväni on lainannut liian suuren summan.
Et kai kuvittele, että minä olisin tehnyt sellaista?

3. Tiedän, että puhun totta. — Tiedän puhuvani totta.

Sinä tiedät, että puhut totta. Hän tietää, että hän puhuu totta. Me tiedäm-
me, että puhumme totta. Te tiedätte, että puhutte totta. He tietävät, että he
puhuvat totta.

Väitän, että olen puhunut totta. Väität, että olet puhunut totta. Hän väit-
tää, että on puhunut totta. Väitämme, että olemme puhuneet totta. Väitätte,
että olette puhuneet (/puhunut) totta.

4. Tunsin, että pakkanen laski/oli laskenut. — Tunsin pakkasen laskevan/
laskeneen.

Opiskelija ei uskonut, että tentti menisi / olisi mennyt läpi.

Arveletko, että kukaan on tiennyt / tietää asiasta?

Lehdessä kerrottiin, että suuri tamperelainen tehdas lopettaa / on lopettanut toimintansa.

Lehti totesi, että suurin osa työntekijöistä on jäänyt työttömäksi / että vain muutamat saavat oman alansa työtä Tampereelta.

Olen kuullut, että setäsi Lauri on sairaana / oli aikoinaan hyvä urheilija.

5. Käytä partisiippeja **että**-lauseiden asemesta. (Kumpi partisiippi? Poss.suffiksi vai genetiivi?)

Uskon, että onnistun. Uskotko, että onnistun? Luulen, että onnistuin. Luuletko, että onnistuin?

Sanotaan, että hän tekee parhaansa. Hän sanoo, että hän tekee parhaansa. Sanotaan, että hän on tehnyt parhaansa. Hän sanoo, että hän on tehnyt parhaansa.

Kaikki toivovat, että löytäisivät hyvän asunnon. Toivomme, että löytäisimme hyvän asunnon. Me toivomme, että he ovat löytäneet hyvän asunnon. He toivovat, että me olemme löytäneet hyvän asunnon.

6. Muuta seuraava teksti kirjakielisemmäksi käyttämällä partisiippeja **että**-lauseiden asemesta.

Eilen tunsin, että olin hyvin väsynyt. Ajattelin, että pieni kävely tekisi hyvää, ja lähdin ulos. Huomasin, että siellä oli alkanut sataa. Totesin, että sade oli jatkunut jo jonkin aikaa. Näin nimittäin, että kaduille oli tullut runsaasti vettä ja että ihmiset kulkivat sateenvarjo pään päällä. Tunsin, että ilma oli käynyt paljon kylmemmäksi. Huomasin, että palelin jo hiukan. Pelkäsin, että vilustuisin, ja ymmärsin, että oli viisainta palata kotiin. Kotona tajusin, että tämäkin pieni kävely oli auttanut: tunsin, että väsymykseni oli kadonnut ja työtarmo palannut entiselleen.

7. **a)**

Olen kuullut ihmisten sanovan niin. — Olen kuullut sanottavan niin.

Olen kuullut ihmisten kertovan sellaista / ajattelevan niin / tekevän sillä tavoin / väittävän, että ... / olevan sitä mieltä, että ... / ehdottavan, että ... / mainitsevan, että ... / pelkäävän, että ...

b)

Lehdet kertovat poliisin tutkineen asiaa. — Lehdet kertovat asiaa tutkitun.

Lehdet kertovat poliisin edistyneen tutkimuksissa / vanginneen terroristeja / kuulustelleen useita / löytäneen pommeja / kouluttaneen erikoismiehiä / lisänneen tarkastuksia lentokentillä.

8. Muuta **että**-lauseet partisiippirakenteiksi. (Kumpi partisiippi? Aktiivi vai passiivi?)

Uutisissa sanotaan, että hallitus aikoo erota / että hallitus aikoi erota jo viime kuussa.

Uutisissa sanotaan, että hallituksen eroa suunnitellaan / että hallituksen eroa suunniteltiin jo viime kuussa.

Tiedämme kaikki, että Suomesta viedään ulkomaille paperia / että Suomesta on viety ulkomaille paperia jo kauan / että Suomi on myynyt ulkomaille jäänmurtajia / että Suomi myy ulkomaille muitakin laivoja.

9. **a)**
Mitä luulet näiden ihmisten tekevän?

> Lapset ovat ulkona. — Luulen heidän leikkivän.

Ihmiset seisovat bussipysäkillä.
Lomalaiset ovat rannalla.
Nuoret istuvat luentosalissa.
Ihmiset ovat kauppatorilla.
Urheiluasuiset miehet ja naiset liikkuvat stadionilla.
Turistit kulkevat kaupungilla kameroineen.

b)
Entä mitä arvelet näiden ihmisten tehneen?

> Poika tulee metsästä sukset jalassa. — Arvelen hänen hiihtäneen.

Liisa tulee alesta useita paketteja kädessä.
Ville tulee asemalta matkalaukkuineen.
Pohjoismaalaiset tulevat ruskettuneina Kanarian saarten koneesta.
Herra ja rouva Virtanen muuttavat asumaan erilleen.
Neiti Nieminen palaa työpaikalleen viikon poissaolon jälkeen kalpeana ja yskien.
Urheilija palaa olympiakisoista ja lehtimiehet ovat häntä vastassa lentokentällä.
Presidentti tulee uudenvuoden päivänä radiotalosta puhe taskussa.

c)

> Mitä voit nähdä tehtävän luistinradalla? — Voin nähdä luisteltavan.

Mitä voit nähdä tehtävän ladulla? — uimahallissa? — diskossa? — teatterissa? — toimistossa?

d)

Mitä kuvittelet tehdyn laulukuorossa? — Kuvittelen siellä lauletun.

Mitä kuvittelet tehdyn rock-konsertissa? — junan tupakkavaunussa? — taidenäyttelyssä? — šakkikerhossa?

e)

Mitä arvelet tekeväsi ensi viikonloppuna? Mitä muistat tehneesi viime jouluna? Mitä muistat tehneesi 6-vuotiaana?

10. Täydennä annettujen verbien partisiipeilla.

Minulle on kerrottu suomen kieltä (puhua) suuressa osassa Pohjois-Ruotsia. Tiedetään suomea (puhua) myös Keski-Ruotsin metsäalueilla 1500-luvulta 1900-luvun alkuun asti. Historiassa kerrotaan monien näistä "metsäsuomalaisista" (siirtyä) ruotsalaisten mukana Amerikkaan 1650-luvulla. Nykyisen Delawaren ja Pennsylvanian alueilla tiedetään silloin (olla) Uusi Ruotsi -niminen siirtokunta *(colony)*. Ruotsalaisten ja suomalaisten väitetään (opettaa) amerikkalaisille hirsitalon rakentamistekniikan.

Hakuteokset *(reference books)* kertovat ulkosuomalaisten luvun (nousta) nykyisin satoihin tuhansiin. Ne mainitsevat suomenkielisiä lehtiäkin yhä (julkaista) eri puolilla maailmaa.

11. Remember that the local adverbs *täällä, tässä, tuolla, tuossa* are strongly demonstrative in character (you often actually point at something when using them); *siellä, siinä* are less demonstrative, you just refer to the place.

Kuka tuolla on? — Siellä on Virtasen Leena.

Kuka tuolta tulee? — ..... tulee naapurin Mikko.
(Valokuva.) Kukas tässä on? — ..... on minun serkkuni.
Onko tässä vapaa paikka? — Kyllä ..... on. ..... lähti juuri joku pois.
— No, minä istun sitten ..... .
(Lääkärissä.) Koskeeko tähän? — Kyllä, ... koskee.
Mikä on sinun kuppisi, tuoko tuossa? — Joo, ...
(Kirjeestä.) Täällä Suomessa on ollut sateista, entä ..... Englannissa?
Paljon terveisiä täältä meiltä ..... teille!

12. Olin kotona. — Tulin kotiin. Lähdin kotoa.

Auto oli oven edessä / heidän edessään. Lapset olivat talon takana / heidän takanaan. Liisa oli Leenan luona / hänen luonaan. Lapset olivat minun ympärilläni. Koira oli sinun vieressäsi. Ketkä olivat heidän välissään?

13. Tuula ja Antti Laine sisustavat olohuonettaan.

> T: Onko tämä tuoli hyvä *tässä? (panna)*
> A: Minusta sen pitäisi olla vielä tännempänä.
> T: Hyvä on, pannaan se tännemmäksi.

A: Onko tuo sohva hyvä *tuossa? (siirtää)*
T: Onko se ryijy hyvä *siinä? (laittaa)*
A: Onko tämä lamppu liian *alhaalla? (laskea)*
T: Onko se sohvapöytä liian *kaukana* sohvasta? *(työntää)*
A: Onko tämä tuoli liian *lähellä* ikkunaa? *(vetää)*
T: Onko tuo matto liian *keskellä* lattiaa? *(asettaa)*
A: Onko se juliste liian *korkealla? (nostaa)*

14. Täydennä:
Kaikki eivät pidä (kovin vapaat tavat) / (se), että heitä sinutellaan.
Luottakaa (me)! Luottakaa (se), että kaikki järjestyy.
On vaikea tottua (uudet asiat) / (se), että kaikki muuttuu.
Nautin (hyvä ruoka) / (se), että ruoka on hyvin maustettua.
Olen kyllästynyt (minun työ) / (se), että työni on aina yhtä ja samaa.
Vanhemmat haluavat olla ylpeitä (lapset + poss.suff.) / (se), mitä heidän lapsensa saavat aikaan.
Olen ajatellut (sinä) / (se), mistä juttelimme eilen.
Retkellä tutustuttiin (uusi selluloosatehdas) / (se), mikä metsäteollisuudessa on uusinta uutta.
Tammisaari näyttää (idyllinen pikkukaupunki) / (se), kuin elämä siellä olisi hiljaista ja ongelmatonta.

15. Täydennä:
Väsymys johtuu usein (se), että liikkuu vähän ja syö huonosti. Palkinto annetaan (se), joka kirjoittaa parhaan tutkielman. Voisimmeko sopia (se), milloin tapaamme? (Se), jolla on olutta, on myös ystäviä. Nuoret haluaisivat vaikuttaa (se), mihin suuntaan yhteiskunta kehittyy. Kysy tätä asiaa (ne), jotka tietävät! Pyrimme (se), että kaikilla lapsilla olisi samat koulutusmahdollisuudet. Äänestetäänkö vaaleissa (ne), jotka lupaavat eniten, vai valitaanko todella (ne), jotka ovat parhaita? (Se), joka rakastaa ihmisiä, ei tarvitse olla ilman seuraa. Tyytymättömän olisi hyvä verrata nykyisiä oloja (se), miten asiat olivat ennen.

B KERTAUSTA

1. Valitse oikea transitiivi- tai intransitiiviverbi. *Mitä tapahtui eräänä aamuna* (jatkoa kappaleesta 14 C 2).

Pian teevesi jo (keittää, kiehua) ja kananmunat olivat (paistaa, paistua) pannussa. Halusin tänä aamuna (maistaa, maistua) uutta teelaatua. Uusi tee (maistaa, maistua) mainiolta. Sitten muistin, että paahtoleipä oli eilen (unohtaa, unohtua) ostoslistastani. Mutta kas, kaapista (löytää, löytyä) vielä

puoli pakettia. Join teetä ja luin samalla lehteä. Ahaa, muoti alkaa taas
(muuttaa, muuttua). Hameet (pidentää, pidentyä) ja (kaventaa, kaventua)
... Inflaatio (hidastaa, hidastua) ... Ministeri lupaa (nopeuttaa, nopeutua)
sotaveteraanien lisäeläkkeiden (*eläke* pension) maksua ... Neuvostoliiton
suurlähettiläs (vaihtaa, vaihtua) ... Kehitysmaiden elintaso (kohottaa, koho-
ta) hyvin hitaasti ...

Samassa ovi (avata, avautua), ja Pekka-poikani tuli syömään kanssani aami-
aista.

2. **"tekemästä", "tekemään", "tehtävä", "tehdessä", "tehtyä", "tekevän"**
   vai "tehneen"?

— No niin, Jaana, sinä jäät nyt yksin (hoitaa) taloutta. Luuletko todella
(tulla) toimeen ilman apua? Voin pyytää Riitta-serkkuasi (auttaa), jos ha-
luat. Muistan sinun (sanoa) viime kerralla Riitan (käydä) täällä, että pidit
hänestä kovasti. Pelkään sinun (väsyä) liikaa, jos joudut (tehdä) kaikki nä-
mä työt yksin. Onhan sinulla tietenkin aikaa myös levätä lasten koulussa
(olla), mutta heidän kotiin (tulla) on kyllä koko ajan hommaa. Joudut (aut-
taa) heitä myös heidän (tehdä) läksyjään (= koulutehtäviään). Matin on vai-
kea oppia (laskea) ja Maija on huono (lukea). Sinun täytyy kieltää heitä
(lähteä) ulos, ennen kuin läksyt ovat selvät. Sinun on (muistaa) katsoa, että
heillä on puhtaat vaatteet seuraavaksi päiväksi. Heidän (tulla) ulkoa (leik-
kiä) sinun on (panna) märät vaatteet (kuivua). Jos he sanovat jo (tehdä)
kaikki läksynsä, sinun on (*tarkistaa* to check), että he ovat todella tehneet
ne kunnolla.

C **KUUNTELUHARJOITUS**

Suomalaisilla, kuten muillakin kansoilla, on paljon tarinoita erilaisista eläi-
mistä. Useiden tarinoiden päähenkilönä on kettu, joka onnistuu pettämään
(deceive, cheat) sekä ihmistä että toisia eläimiä.

Sanoja: *reki (reen)* sleigh, sledge; *tehdä mieli* haluta; *olla olevinaan* to
pretend to be; *varastaa* to steal; *avanto* hole in the ice; *purra* to bite;
irti off, apart, free, loose

Tehtävä

Kerro kuulemasi eläintarinat vapaasti tai seuraavien kysymysten perusteella.

Kettu ja kalastaja
Mitä kalastaja oli tehnyt? Mitä kettu näki katsellessaan tielle? Mitä se päätti
tehdä? Mitä kalastaja teki nähdessään ketun? Mitä kettu teki sen jälkeen?
Mitä tapahtui kalastajan kotona?

*Kuinka karhu sai lyhyen hännän
Minkä neuvon kettu antoi karhulle? Mitä karhu teki ja kuinka sille kävi
(= mitä sille tapahtui)?

LUKEMISTA
Pieni kulta

Suomalainen kansansatu

Oli kerran poika ja pojalla pieni kulta, ja se pieni kulta sanoi pojalle:
"Rakennuta meille pieni pirtti, että pääsemme pirttiin yhdessä asumaan!"
Mutta poika vastasi:
"Milläs minä sen rakennutan, kun onni ei ole antanut minulle rahoja!"
Niin tyttö sanoi:
"Minä en ole sinulle pieni kulta, jos et rakennuta meille pirttiä."
No, poika tuli tästä hyvin pahoilleen. Mutta ruvetessaan illalla nukkumaan hän kuuli unessa jonkun sanovan:
"Kuulehan nyt, poika. Mene metsään niin kauas, että löydät pienen majan. Siinä majassa makaa Onni sängyssä vihreän peiton alla. Herätä Onni ja pyydä siltä rahaa, että voit rakennuttaa pirtin ja asua siinä pienen kullan kanssa."
Seuraavana aamuna poika meni metsään niin kauas, että löysi pienen majan, ja majassa makasi Onni sängyssä vihreän peiton alla, ja poika herätti Onnen ja pyysi häneltä rahaa.
"Kuule nyt!" sanoi Onni. "Mene vielä kauemmaksi metsään, kunnes tulee syvä lampi. Lammessa ui vaski-, hopea- ja kultakaloja. Ongi niitä, myy kalat ja rakennuta pieni pirtti."
No, poika meni vielä kauemmas metsään, kunnes tuli syvä lampi. Poika istuutui isolle rantakivelle ja alkoi onkia. Heti onkeen tarttui vaskinen kiiski. Poika ihastui kovasti ja heitti ongen uudestaan veteen.
Silloin kuului veden sisästä kummallinen ääni, joka sanoi:
"Vieläkö enemmän sellaisia?"
Poika säikähti pahasti, katseli ympärilleen ja luuli jonkun ihmisen tulleen siihen puhelemaan. Kun ei nähnyt ketään, nauroi pelkoaan ja tuumi: Mitä kummaa, pitäisikö tähän yhteen kiiskeen tyytyä? Sillä ei paljon pirttiä rakenneta!
"Tietysti enemmän!" hän huusi iloisesti.
Vielä enemmän sai poika vaskisia kiiskiä, ja lopulta tuli hänen onkeensa hopeinen särki.
"Kas vain!" poika tuumi hämmästyneenä. "Rupeaako tuo vesi sellaisiakin antamaan? Heitänpä ongen uudestaan veteen."
Poika heitti ongen uudestaan veteen ja taas tuli hopeinen särki. Poika ihastui niin, että oikein hypähteli onkiessaan.
"Vieläkö enemmän sellaisia?" hän kuuli äänen taas sanovan, niin että poika ihan lensi ilmaan pelästyksestä.
"Mikä ihmeen ääni se on?" poika tuumi itsekseen. "Jokohan pitää ruveta pelkäämään?"
Hän olisikin ruvennut pelkäämään, mutta yhtäkkiä tarttui onkeen kookas kultainen ahven, oikeaa puhdasta, punaisen keltaista kultaa.
Poika oli niin ihastunut, että ihan vapisi. "Tästä ahvenesta saan rahaa kymmenen kertaa enemmän kuin kaikista kiiskistä ja särjistä yhteensä", hän tuumi.
Samassa kuului vedestä ääni, niin kova, että laineet löivät korkealle kivikkoon asti:
"Vieläkö enemmän sellaisia?"
Pojan sydän melkein pysähtyi pelästyksestä. Hän aikoi jo paeta ja jättää kalat, mutta samassa hän muisti:
"Minulla on pieni kulta. Jos en ota kaloja mukaani, en voi rakennuttaa pientä mökkiä ... Tai miksen voi rakennuttaa kultaista palatsia? Enpä pelkää, heitän onkeni vielä kerran veteen."

Poika heitti onkensa veteen. Päivä paistoi, vesi oli tyyni. Paljon, paljon kultaa onki poika. Rannalla oli jo iso kasa kultaisia ahvenia.

Silloin kuului taas kumma ääni kuin ukkosen jyrinä, niin että vesi nousi ja puut rannoilla kaatuivat:

"Vieläkö enemmän sellaisia?"

No, poika katsoi lampeen nähdäkseen, mikä sieltä sillä tavoin huuteli. Katsoi ja näki vedessä kauhean kuvan. Sillä oli tyhjät silmät ja se oli kalju ja hampaaton.

"Hyi, miten ruma olet, vedenhaltija, nyt minä lähden pakoon!" huusi onkija, otti kulta-ahvenensa ja juoksi kotimailleen.

Siellä hän etsi joka paikasta pientä kultaansa, mutta ei löytänyt mistään. Tuli vihdoin pienen mökin ovelle, koputti ja kysyi:

"Missä on minun pieni kultani?"

Ja ääni sisältä sanoi:

"En tiedä kultaasi, mutta minullakin oli kulta, ja se meni viisikymmentä vuotta sitten metsään pyytämään Onnelta rahoja."

"Minäpä se juuri menin pyytämään Onnelta rahoja ja minäpä olen sinun kultasi. Avaa, pieni kultani!"

"En avaa!" vastasi ääni sisältä. "Minulla on jo toinen kulta."

"Avaa!" huusi mies. "Minulla on taskut täynnä kulta-ahvenia. Minä myyn ne ja rakennan kultaisen palatsin."

Silloin ovi avattiin, mutta ei avaaja ollutkaan onkijan pieni kulta, oli vain vanha eukko. Ovi avattiin ja lyötiin heti kiinni, ja eukko huusi:

"Hyi miten ruma olet, en tule kultaiseen palatsiisi!"

Ja onkijakin sanoi:

"Hyi miten ruma olet, et olekaan minun kultani, en huoli sinua palatsiini!" Ja mies lähti taas etsimään pientä kultaansa.

Etsi, etsi viikon eikä löytänyt. Viimein kulki metsään, kulki yhä syvemmälle, kunnes tuli pieni mökki. Mökissä Onni makasi sängyssä vihreän peiton alla. No, onkija herätti Onnen ja kysyi:

"Mistäs minä nyt löydän pienen kultani?"

Onni kysyi:

"Ongitkos lammesta kaloja ja rakennutitkos pienen pirtin?"

Onkija vastasi:

"Onginhan minä kaloja, mutta en rakennuttanut pientä pirttiä. Rakennutan suuren palatsin!"

"En minä ole käskenyt suurta palatsia rakennuttamaan! Et enää kultaasi löydä."

Ja Onni haukotteli, käänsi kylkeään ja nukkui taas vihreän peittonsa alle.

---

pirtti tupa, mökki; *vaski* kupari; *kiiski* huono pikkukala (engl. *ruff*); *särki* vähän parempi kala (engl. *roach*); *ahven* vielä parempi kala (engl. *perch*); *en huoli* en halua ottaa

17

ELÄKÖÖN SEITSEMÄN VELJESTÄ!

A Kun olet tutustunut kappaleen tekstiin, tee seuraava harjoitus.
Etsi tekstistä synonyymit tai samaa merkitsevät sanonnat ja sijoita ne seuraavaan keskusteluun.

A: Keskustellaanko vielä vähän?

B: En oikein tiedä ... *Minä olen* vähän *väsynyt* ... *Tai tehdään vain niin.* Otetaan kuppi kahvia.

A: Minä *luonnollisestikin* tarjoan. Hei, katso, tuolla istuu se tunnettu *kriitikko,* jota kaikki pelkäävät. Viimeksi hän kirjoitti Mervi Kaltion uudesta romaanista. Hän sanoi, että *se, mitä siinä tapahtuu,* on hirveän banaalia.

B: Tunnetko sinä sen kirjan?

A: *Melko hyvin, mutta en yksityiskohtaisesti.* Minä voin *kertoa* sinulle, jos *sinulla on halua* kuunnella. Romaanin nimi on *"Vanhempansa menettänyt lapsi".* Päähenkilö, jonka nimi on Samuli, *pyytää vaimokseen* viehkeää Elisaa, mutta tämä *sanoo hänelle kiitos ei. Se, josta Elisa pitää eniten,* on Untamo, *monissa maissa* tunnettu taiteilija.

B: *Onko* se sinusta *lukemisen arvoinen?*

A: No, minusta se on tekijänsä huonoin *kirjallinen tuote.* Mutta kaikki puhuvat nyt siitä, joten jos *on mahdollista saada se* lähimmästä kirjastosta, niin lue pois.

B Kun olet tutustunut kappaleen kielioppiin, tee seuraavat harjoitukset tai joitakin niistä.

1. Seuraavat lauseet ovat normaalityyliä. Jos haluat käyttää kirjallista, juhlallista tai vanhahtavaa tyyliä, mihin muotoon muutat verbit?

Harkitaan asiaa yhdessä!
Työskennellään kaikki tämän asian hyväksi!
Esitetään ongelma asiantuntijoille!
Ruvetaan harrastamaan terveitä elämäntapoja!
Hoidetaan tämä asia parhaalla mahdollisella tavalla!
Nautitaan elämästä, ystävät!
Ei anneta tämän pikkuseikan häiritä itseämme.

2. Älä ajattele vain vanhoja ajatuksia. — Älkäämme ajatelko vain vanhoja ajatuksia.

Älä lue vain vanhoja kirjoja.
Älä käytä vain vanhoja sanoja.

Älä opi vain vanhoja viisauksia.
Älä kysy vain vanhoja kysymyksiä.
Älä anna vain vanhoja vastauksia.
Älä seuraa vain vanhoja esimerkkejä.

3. Täydennä "**tehkäämme**"-imperatiivilla.

(Jättää) tämä asia, (ei puhua) siitä enää.
(Suojella) luontoa saastumiselta, (ei häiritä) luonnon tasapainoa.
(Laulaa) yhdessä Savolaisten laulu!
(Kirkossa:) (Rukoilla)!
(Jouluevankeliumista:) (Mennä) nyt Beetlehemiin!
(Uudenvuoden yön juhlapuheesta:) Kansalaiset, (kohottaa) kolminkertainen eläköön-huuto isänmaalle!
(Kuolemantapauksen jälkeen:) (Kunnioittaa) hetken hiljaisuudella pidetyn työtoverimme muistoa.

4. **a)**
Isän lompakko on kadonnut. Kaikki etsimään!

> Kati etsii olohuoneesta. — Kati etsiköön olohuoneesta.

Risto juoksee pihalle katsomaan. Janne käy autotallissa. Äiti soittaa löytöta-varatoimistoon. Joku ottaa yhteyttä poliisiin. Joku tiedustelee talonmieheltä. Jokainen käyttää järkeään. Jokainen tekee parhaansa.

b)

> Mitä lapset nyt voisivat tehdä? — Tehkööt mitä haluavat.

Missä he voisivat leikkiä? Mihin he voisivat mennä? Mistä nuoret voisivat keskustella? Mitä he voisivat harrastaa? Mitähän ihmiset ajattelevat meistä? Milloinkahan Lehtoset tulevat kylään?

c)
Saako pikku Matti katsoa tätä televisio-ohjelmaa? (Katsoa) vain.
Saako Pirjo lähteä ulos? (Lähteä) vain, mutta (ei olla) liian myöhään.
Saako Maija avata ikkunan? (Avata) vain, mutta (ei pitää) sitä auki kovin kauan.

5. *On syytä esittää* pari esimerkkiä. — *Esitettäköön* pari esimerkkiä.

On syytä mainita, että Antti Harju on maan parhaita šakinpelaajia.
On hyvä muistaa, mitä Paasikivi on sanonut.
Pitäisi ajatella asian toistakin puolta.
On sanottava suoraan, että tulos on huono.
Ei ole syytä luvata mahdottomia.
Ei pidä estää nuorisoa kokeilemasta uutta.

6. Täydennä annetuilla verbeillä.

a)

paeta

Monet ihmiset ..... kotimaastaan poliittisista syistä. Tämä henkilö joutui myös ..... . Hänen ystävänsä sanoivat hänelle: "..... heti, sinut aiotaan vangita." — "Entä perheeni?" — "..... kaikki!" Kun sotilaat tulivat paikalle, perhe oli jo ..... .

b)

vaieta (= 1. lakata puhumasta, laulamasta jne. 2. olla puhumatta, vaiti, hiljaa)

Ole jo *hiljaa! Olkaa* jo *hiljaa!* Jos *olisit hiljaa,* kuulisit paremmin luonnon äänet. Sanotaan, että Suomessa *ollaan hiljaa* kahdella kielellä. Puhuminen on hopeaa, *puhumatta oleminen* kultaa *(sananlasku).* Joskus voi vastata myös *olemalla vaiti.*

c)

edetä

Sodassa joukot joskus..... , joskus perääntyvät. Tällä kurssilla ..... normaalivauhtia. Muutamat toivovat, että ..... vähän nopeammin. Tällä vanhuksella on nopeasti ..... syöpä.

7. Kuinka voit ilmaista lyhyemmin, käyttäen -ne-verbiä:

Keväällä ilma *tulee* vähitellen *lämpimämmäksi* ja syksyllä *kylmemmäksi.*
Huomenna sää *muuttuu selkeämmäksi.*
Ihmisen *tullessa vanhemmaksi* hänen näkönsä *käy huonommaksi.*
Tilanne ei *muutu paremmaksi* valittamalla, vaan toimimalla.
Maan kohotessa vähitellen merestä Suomen maa-alue *tulee* jatkuvasti *laajemmaksi,* ja Ruotsin ja Suomen välinen merialue *tulee kapeammaksi.*

8. Muoti lyhentää hameita. — Hameet lyhenevät. Hameet ovat lyhentyneet.

Ompelija pidentää pukua. Valokuvaaja suurentaa kuvan. Työläiset leventävät siltaa. Koetamme pienentää menoja. Sade viilentää ilmaa. Vuodet vanhentavat ihmistä.

9. Valitse oikea vaihtoehto (oikeat vaihtoehdot). Tarvitsetko transitiivi- vai intransitiiviverbin?

Paheneeko / pahentaako / pahentuuko automaatio työttömyyttä?
Epidemia on pahentumassa / pahentamassa / pahenemassa.
Pitäisikö lomien pidentyä / pidentää / pidetä?
Huomenna hintoja aletaan / alennetaan / alennutaan.
Liikenne hiljentyy / hiljentää / hiljenee iltaisin.

10.

	("any")	("no")
Kuka voisi auttaa meitä?	— Kuka tahansa.	Ei kukaan.
Mitä haluat juoda?	. . . . .	. . . . .
Mihin mennään?	. . . . .	. . . . .
Kenelle kirjoittaisimme?	. . . . .	. . . . .
Mistä haluat keskustella?	. . . . .	. . . . .
Minkä kirjan haluat?	. . . . .	. . . . .
Kumman kirjan haluat?	. . . . .	. . . . .

11. Käännä:

A: Do you know anyone around here?
B: No one.
A: Well, you can ask anyone. Everybody will be ready to help you.

***

C: Do you know anything about this plan?
D: No, I don't know anything about it.
C: Whatever they tell you about it, don't believe them.

***

E: Which of these two apartments would you prefer *(pitää enemmän, haluta mieluummin)?*
F: Well, any of them will be all right. I was afraid I shouldn't get any apartment this time of the year.

C **KERTAUSTA**

Selitä kursivoidut kohdat **joka-, kun-** tai **että**-lauseilla.

Kirjailija sai ystävällisen kirjeen *hänen teoksiaan ihailevalta lukijalta.*
Itse poimituista ja pakastetuista marjoista saa halpaa ja terveellistä ruokaa.
Tartuttuaan onkeen kala joutui kesämökin päivällispöytään.
Liian myöhään se huomasi *tehneensä hirveän erehdyksen.*
Pekka osti *säästämillään rahoilla* polkupyörän.
Pohjoiseen muuttaneilla etelämaalaisilla voi olla sopeutumisvaikeuksia erilaisen ilmaston vuoksi.
Olen kuullut *suomalaisten urheilijoiden menestyvän melko heikosti luistelussa ja uinnissa.*
Pudotessaan laiturilta veteen Jaana kastui läpimäräksi.
Linnuista kiinnostunut veljeni toivoo *voivansa osallistua* kaikkiin *kesän aikana järjestettäviin linturetkiin.*
Luulin *vastanneeni oikein* kaikkiin *esittämiisi kysymyksiin.*
Tutkittuaan ongelmaa monta vuotta tiedemies tunsi *edenneensä vasta lyhyen matkan kohti ratkaisua.*

Akseli Gallen-Kallela: Lemminkäisen äiti

Suomalaisten kansalliseepos Kalevala alkaa maailman luomisella — se luo-
tiin suuren linnun munista — ja päättyy Marjatan pojan syntymään eli sii-
hen, että kristinusko voittaa vanhan elämäntavan. Suurin osa eepoksesta
kertoo kuitenkin kahden maan, Kalevalan ja Pohjolan, rauhanomaisista ja
sotaisista suhteista.

Kalevalan sankareita ovat Väinämöinen, suuri tietäjä, laulaja ja soittaja,
joka muun muassa rakentaa ensimmäisen kanteleen, taitava seppä Ilmarinen
sekä sotaa ja naisia rakastava Lemminkäinen. Orjaksi syntynyt Kullervo on
Kalevalan traagisin henkilö. Pohjolan asioita johtaa mahtava Pohjolan
emäntä, jonka kauneudestaan kuulua tytärtä Kalevalan sankarit kilpaa kosi-
vat.

Vanha Väinämöinenkin on nimittäin yhä vaimoa vailla. Väinämöisen
kanssa riitautunut nuori Joukahainen joutuu tosin, itsensä pelastamiseksi,
lupaamaan Väinämöiselle sisarensa Ainon, mutta tämä hukuttautuu mie-
luummin kuin menee vaimoksi vanhalle miehelle. Tämän jälkeen Väinämöi-
nen kilpailee Ilmarisen kanssa Pohjolan tyttärestä, jonka Pohjolan emäntä
lupaa antaa sille, joka osaa takoa Sammon. Sampo on jonkinlainen ihmelai-
te, joka tuottaa omistajalleen onnea ja rikkautta. Ilmarinen takoo Sammon,
mutta Pohjolan emäntä ei pidä lupaustaan. Myös Lemminkäinen, vaikka
hänellä on kotona vaimona kaunis Kyllikki, saapuu kosimaan Pohjolan ty-
tärtä. Pohjolan emäntä antaa hänelle kolme vaikeaa tehtävää, ja suorittaes-
saan kolmatta niistä, yrittäessään ampua joutsenta Tuonen (= kuoleman)

mustasta joesta, Lemminkäinen saa surmansa. Hänen rohkea äitinsä etsii kuitenkin poikansa ruumiin ja herättää hänet jälleen henkiin. Pohjolan tyttären saa lopultakin omakseen Ilmarinen, ja Pohjolassa vietetään mahtavat häät.

Nyt astuu näyttämölle Kullervo, kaikessa epäonnistuva mies, joka joutuu paimeneksi Ilmarisen perheeseen. Ilmarisen vaimo antaa hänelle piloillaan evääksi leivän, jonka sisään on leivottu kivi. Tämän Kullervo kostaa muuttamalla lehmät karhuiksi ja susiksi, jotka illalla kotiin tullessaan tappavat talon emännän. Sureva Ilmarinen takoo itselleen kullasta uuden vaimon, mutta kultanainen ei herää henkiin, vaan pysyy kylmänä ja elottomana.

Sillä aikaa Ilmarisen takoma Sampo tuottaa onnea ja rikkautta Pohjolaan, mikä herättää kateutta Kalevalan väessä. Lopulta kalevalaiset lähtevät hakemaan Sampoa pois Pohjolasta. Väinämöinen nukuttaa laulullaan Pohjolan väen, ja Kalevalan miehet ryöstävät Sammon. Heidän kuljettaessaan sitä laivalla kohti Kalevalaa Pohjolan emäntä miehineen saa heidät kiinni. Syntyneessä taistelussa Sampo putoaa mereen ja särkyy tuhansiksi kappaleiksi.

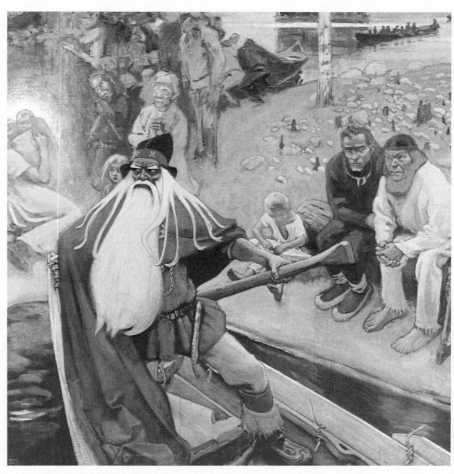

Akseli Gallen-Kallela: Väinämöisen lähtö

133

Elias Lönnrot julkaisi ensimmäisen Kalevalan vuonna 1835; laajennettu painos, nykyinen Kalevala, ilmestyi 1849. Runot itse ovat kuitenkin paljon vanhempia. Ne olivat säilyneet satoja vuosia suullisena traditiona varsinkin Suomen ja Venäjän Karjalassa, mistä Lönnrot ja muut kerääjät kirjoittivat ne muistiin.

Kalevalalla on ollut Suomen historiassa ratkaisevan tärkeä merkitys. Siihen aikaan, kun eepos julkaistiin, virallisena kielenä Suomessa oli vielä ruotsi ja suomea pidettiin oppimattoman maalaiskansan kielenä. Se, että tällä kielellä oli voinut syntyä suurenmoinen eepos, todisti, että suomen kielellä oli mahdollista luoda myös korkeampaa kulttuuria. Kalevala antoi suomalaisille kansallista itsetuntoa, joka johti suomenkielisen kulttuurin kehittymiseen, suomenkielisten koulujen ja lehtien perustamiseen, suomenkielisen kirjallisuuden syntymiseen ja lopulta Suomen itsenäisyyteen.

**

Lönnrot ja muut suullisen perinteen (perinne = traditio) kerääjät kirjoittivat eeppisten runojen lisäksi muistiin valtavan määrän lyyrisiä runoja sekä satuja, arvoituksia, sananlaskuja jne. Esitettäköön tässä näyte Lönnrotin julkaisemasta vanhan suomalaisen lyriikan kokoelmasta, jolle hän antoi nimeksi *Kanteletar. Tuuti lasta Tuonelahan* on kehtolaulu. Sen runomitta on sama kuin Kalevalassa. (Huomaa, miten runon surullinen tunnelma on saatu aikaan käyttämällä tummia vokaaleja, ennen kaikkea u:ta.)

TUUTI LASTA TUONELAHAN

Tuuti, tuuti tummaistani
tummaisessa tuutusessa,
tummaisella tuutijalla,
tummaisen tuvan sisässä!
Tuuti lasta Tuonelahan,
lasta lautojen sylihin,
alla nurmen nukkumahan,
maan alla makoamahan,
Tuonen lasten laulatella,
Manan neitojen pidellä!
Tuonen tuutunen parempi
Manan kätkyt kaunoisampi,
tupa suuri Tuonelassa,
Manalla majat avarat.

tuuti-sanalla nukutetaan lasta
Tuonela kuoleman valtakunta

tummainen tumma
tuutu, tuutunen kehto
tuutija se, joka tuutii lasta
(= nukuttaa kehdossa)

lautojen sylihin (laudoista tehtyyn) ruumisarkkuun

makoamahan makaamaan
"kuulemaan Tuonen lasten laulua olemaan Manan neitojen hoidossa";
Mana Tuoni, Tuonela

kätkyt kehto; *kaunoisa* kaunis

maja asunto; *avara* iso, tilava

E **KUUNTELUHARJOITUS**

Runonlaulajan muotokuva

Sivulla 135 olevaa kuvaa kannattaa katsoa tarkkaan. Se esittää kuuluisaa runonlaulajaa Larin Paraskea, oppimatonta kansannaista, jossa asui tavattoman suuri hengenvoima.

Sanoja: *säestää* to accompany (with an instrument); *maaorjuus* serfdom; *velka* debt; *menettää* to lose; *säe (säkeen)* verse, line

Larin Parasken patsas Helsingin Hesperianpuistossa

Kysymyksiä

Mitä tarkoittaa nimitys "runonlaulaja"?
Millä soittimella runonlaulajat säestivät esityksiään?
Millaisia runoja esittivät naiset, millaisia miehet?
*Mistä Larin Paraske on tullut kuuluisaksi?
Mistä syystä Paraske oli halukas muuttamaan Suomen puolelle?
Millä tavoin hän toteutti tämän toiveensa?
Miksi elatuksen hankkiminen Parasken perheelle oli niin vaikeaa?
*Millä tavalla Parasken elämä muuttui 1890-luvun alkuvuosina?
Kuinka paljon vanhaa kalevalamittaista runoutta Paraske muisti?

18

JAMES TUTUSTUU SUOMEN HEIMOIHIN

A Kun olet tutustunut kappaleen tekstiin, tee seuraavat harjoitukset.

1. Kirjoita seuraavien sanojen perusmuodot (yks. nom., inf.):
tasaisiksi — vaatimattomia — sankareista — tyhmiä ja hitaita juntteja — parhaassa mahdollisessa seurassa — tienristeykseen; lieneekö — parannuttua — väitetään — järjestetään — matkusteltua — kykeni — vaikenee

2. Täydennä lauseet tekstistä etsimilläsi sanoilla:
Lomalla on hauska . . . . . eri maissa.
Jos tuo vitsi . . . . . Pekan käsitystä huumorista, en arvosta hänen huumorintajuaan kovin korkealle.
Monet suurmiehet ovat olleet hyvin . . . . . käytöksessään ja pukeutumisessaan.
Tavattaisiinko Keskuskadun ja Aleksanterinkadun . . . . . ?
Tänään on liukas keli, muista ajaa . . . . . .
Television . . . . . ovat suosittuja, koska ihmiset haluavat nauraa.
Eikö voitaisi . . . . . oikein kunnon juhlat Liisan syntymäpäiväksi?
Puukko on pieni ase, mutta sillä on tehty monta . . . . . .
Pohjalaiset ovat . . . . . rakastavaa heimoa.
Olet tehnyt hyvää työtä, olen . . . . . sinusta.

B Kun olet tutustunut kappaleen kielioppiin, tee seuraavat harjoitukset tai joitakin niistä.

1. Käytä seuraavissa lauseissa potentiaalia:
Monet *taitavat muuttaa* mielensä kuultuaan tämän.
Asiasta *saattaa nousta* suuri häly (= melu).
Ehkä harkitsette vastaustanne huolellisesti.
Mahtaako hän tietää, miten suuresti häntä rakastan?
Pelkäävätkö ihmiset ehkä verojensa taas nousevan?
Tapaus *on varmaankin* makupala skandaalilehdistölle.
Pääministeri *ei varmaankaan suhtaudu* asiaan myönteisesti.
Tällä perheellä *ei taida olla* muita tuloja kuin sosiaaliapu.

2. Ilmestyykö uusi oppikirja pian? — Se lienee jo ilmestynyt.

Tunnustaako murhaaja? Lakkaako Helsingin kasvu? Muuttuuko maailman ilmasto teollisuussaasteiden takia? Päättyykö noiden kahden puolueen yhteistyö todella? Paraneeko (parantuuko) taloudellinen tilanne lähiaikoina? Alkaako öljyn hintasota uudelleen?

Hoidetaanko asia nyt heti? — Se lienee jo hoidettu.

Tehdäänkö sopimus pian? Valitaanko uusi johtaja kohta? Muodostetaanko uusi hallitus tällä viikolla? Päätetäänkö uusista hinnoista lähitulevaisuudessa? Milloin ensimmäiset veronpalautukset maksetaan? — tuo liike lopetetaan?

3. **a)**

Näinkö te ymmärrätte asian? — Näin se nykyisin ymmärrettäneen.

Näinkö opettajasi selittää tämän asian?
Näinkö te käännätte tämän termin?
Näinkö sinä kirjoitat tämän sanan?
Näinkö täällä käsitetään metsäkuoleman syyt?
Näinkö täällä hoidetaan alkoholisteja *(chronic alcoholics)?*

b)
Korvaa kursivoidut kohdat pass. potentiaalilla:
Palanutta rakennusta *ei luultavasti rakenneta* uudelleen.
Ei kai voida väittää, etten olisi yrittänyt.
Missään muualla *ei varmaankaan juoda* niin paljon kahvia kuin Suomessa.
On mahdollista, että tänä vuonna *ei vaadita* suuria palkankorotuksia.
Tämän tehtaan toimintaa *ei ehkä* enää *jatketa.*

4. Eri passiivimuotoja. Muuta seuraavat lauseet passiiviin.

Joku	antaa hänelle lahjan.	Kukaan	ei anna hänelle lahjaa.
	antoi		ei antanut
	on antanut		ei ole antanut
	oli antanut		ei ollut antanut
	antaisi		ei antaisi
	olisi antanut		ei olisi antanut
	antanee		ei antane
	lienee antanut		ei liene antanut
	antakoon		älköön antako

C **KERTAUSTA**

1. Pane verbit oikeaan muotoon.
   A: Mitä aiot tehdä ensi kesänä lomalla (olla)?
   B: Riippuu monesta asiasta, mutta luulisin melkein (lähteä) Englantiin.
   A: Niinkö? Minä olen luullut sinun (harrastaa) Lappia.
   B: Ahaa, sinäkin olet kuullut minun (käydä) useana vuotena Lapissa. Mutta (olla) siellä nyt niin monta kertaa minun tekisi mieli muualle, vaihteen vuoksi. Ja meidän firma haluaisi meidän (parantaa) kielitaitoamme.
   A: Minä luulin sinun (lukea) pitkän englannin kurssin koulussa.

B: Niin, mutta (oppia) jotain kieltä koulussa ei aina osaa puhua sitä sujuvasti. Minä toivoisin (päästä) jollekin kielikurssille. Olen kuullut (kertoa), että jotkut niistä ovat hyvin tehokkaita.

A: Minä pelkään niiden (olla) aika kalliita.

B: Minä uskon meidän firman (maksaa) osan kurssimaksusta. Ainakin olen kuullut muutamien (saada) tällaista tukea.

2. Täydennä sopivien partisiippien muodoilla ("tekevä", "tehnyt", "tehty", "tekemä").

Oletko kuullut Tove (lue *tuuve*) Janssonista, kaikissa Pohjoismaissa (tuntea) kirjailijasta, ja hänen kirjojensa päähenkilöstä, lasten suuresti (rakastaa) Muumipeikosta? Useita kirjoja (kirjoittaa) Jansson on suomenruotsalainen, mutta alun perin ruotsiksi (julkaista) Muumi-kirjat ovat ilmestyneet myös suomen kielellä. Tove Jansson ja hänen veljensä ovat myös kauan aikaa piirtäneet Muumipeikosta (kertoa) sarjakuvaa, ja Janssonin kirjoista (tehdä) Muumioopperaa on esitetty ainakin Suomessa. Olen kuullut, että myös englanniksi (kääntää) Muumi-kirjoja luetaan paljon.

Hannu Mäkelä, toinen (rakastaa) lastenkirjailija, kirjoittaa suomeksi. Hänen sekä lapsia että aikuisia (kiinnostaa) sankarinsa nimi on Herra Huu. Herra Huun (saada) suosio on koko ajan kasvamassa. Myös Huu-kirjojen perusteella (tehdä) näytelmällä on ollut suuri menestys, samoin jokin aika sitten (valmistua) elokuvalla.

3. Vielä kerran transitiivi- ja intransitiiviverbejä.

a)
Tulvat (floods) *aiheuttavat/aiheutuvat* joskus suurta vahinkoa.
Tässä teatterissa ohjelmisto *vaihtaa/vaihtuu* usein.
Tuo toinen teatteri ei *vaihda/vaihdu* yhtä usein ohjelmistoaan.
Voi, olen *unohtanut/unohtunut* rahani kotiin!
Päästin/pääsin koiran ulos, ja samalla kissakin *päästi/pääsi* ulos.
Koko kaupunki *tuhosi/tuhoutui* sodassa.
Automaatio *vähentää/vähenee* työpaikkoja, mutta työpaikat *vähentävät/vähenevät* muistakin syistä.
Lopetamme/lopumme työn.
Kurssi *päättää/päättyy* keväällä.

b)
Käytä passiivimuotojen sijasta vastaavaa intransitiiviverbiä. Muuta alkuperäistä lausetta tarpeen mukaan.

> Merellä nähtiin laiva. — Merellä näkyi laiva.

Ulkoa kuultiin kummallista ääntä.
Autiolta saarelta löydettiin merimiehen aarre.
Asiaa ei unohdettu.
Hintoja nostettiin huomattavasti.
Kilpailut keskeytettiin huonon sään vuoksi.
Suunnitelmia on taas muutettu.
Näitä propagandafraaseja on toistettu liian usein.

138

D KESKUSTELUA

Onko sinun kotimaassasi eri "heimoja" tai muita ryhmiä, jotka eroavat toisistaan luonteeltaan ja tavoiltaan?

Millainen käsitys muilla on ihmisistä, jotka ovat kotoisin samoilta seuduilta kuin sinä itse? Onko heistä olemassa hauskoja juttuja?

Myös eri kansoista on olemassa tyypillisiä käsityksiä (ei aina oikeita) ja runsaasti vitsejä (usein naapurien keksimiä). Tunnetko sellaisia?

E KUUNTELUHARJOITUS

Kuuntele ja kerro juttuja.

Sanoja: *märkä* wet; *tunnustaa* to admit, confess

Kuunneltuasi jutut kerro ne vapaasti, omin sanoin, seuraavien kysymysten avulla.

1. Mihin Pekka tuli eräänä iltana? Mitä hän päätti tehdä? Mitä hän huomasi? Mitä hän sen jälkeen teki? Auttoiko se? Kuinka Pekka lopulta selvitti tilanteen? Mistä tilanne oli johtunut?

*2. Missä professori oli? Mitä odottamatonta tapahtui? Mitä professorille ehdotettiin? Mitä hän siitä ajatteli? Mitä tapahtui pian sen jälkeen? Mitä siitä ajateltiin? Mitä tapahtui lopuksi?

*3. Missä laihialaispoika kävi? Mistä hän oli ylpeä? Kuinka isä opetti poikaansa?

*4. Mitä kenguru teki baarissa? Mitä baarimestari kertoi sille? Mikä oli kengurun vastaus?

Suomalaisia kansanlauluja

Taivas on sininen

Ei liian hitaasti — Kansanlaulu

1. Tai-vas on si - ni-nen ja val - koi - nen ja___
2. En - kä mä muil - le___ il - moi - ta mun___

täh - tö - si - ä___ täyn - nä. Niin on nuo - ri
sy- dän- su - ru - ja - ni. Synk - kä met - sä,

sy - dä - me - ni___ a - ja - tuk- si - a täyn-nä.
kir - kas___ tai-vas ne tun - tee mun huo-li - a - ni.

tähtönen (pieni) tähti; *synkkä* dark, gloomy

Ruusu

Kansanlaulu

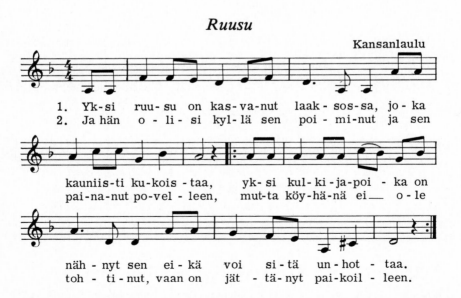

1. Yk- si ruu- su on kas-va-nut laak - sos-sa, jo- ka
2. Ja hän o - li- si kyl- lä sen poi - mi-nut ja sen

kauniis-ti ku-kois - taa, yk - si kul- ki - ja-poi - ka on
pai-na-nut po-vel - leen, mut-ta köy-hä-nä ei___ o- le

näh - nyt sen ei - kä voi si - tä un - hot - taa.
toh - ti - nut, vaan on jät - tä - nyt pai-koil - leen.

kukoistaa to bloom, blossom; *kulkijapoika* (= kulkuri) wanderer, tramp; *unhottaa*
unohtaa; *povi* bosom, breast; *tohtia* uskaltaa

Tuoll' on mun kultani

Ei liian hitaasti   Kansanlaulu

Tuoll on mun kul - ta - ni, ain y - hä tuol - la

ku - nin - kaan kul - tai - sen kar - ta - non puol - la.

Voi, mi - nun lin - tu - ni, voi, mi - nun kul - ta - ni,

kun et tu - le jo, kun et tu - le jo!

On siellä tyttöjä, on komioita,
kultani silmät ei katsele noita.
> Voi minun lintuni, voi minun kultani,
> kun et tule jo!

Kukat ovat kaunihit, kaunis kevätaamu,
kauniimmat kultani silmät ja haamu.
> Voi minun lintuni, voi minun kultani,
> kun et tule jo!

Linnut ne laulavat sorialla suulla,
soriampi kultani ääni on kuulla.
> Voi minun lintuni, voi minun kultani,
> kun et tule jo!

Tule, tule, kultani, tule kotipuoleen,
taikka jo menehdynkin ikävään ja huoleen.
> Voi minun lintuni, voi minun kultani,
> kun et tule jo!

kartano manor, mansion, estate; *kartanon puol(el)la* kartanossa; *komioita* komeita; *kaunihit* kauniit; *haamu* (tässä:) hahmo, muoto, ulkonäkö; *soria* sorea, kaunis, sievä; *sorealla suulla* kauniisti; *kotipuoli* kotiseutu

Minun kultani kaunis on

Vilkkaasti

Kansanlaulu

1. Mi -nun kul-ta- ni   kau-nis on, vaikk on kai- ta - lui-nen.
2. Sil- mät sil -lä on   si - ni- set, vaikk on kieron - lai-set,

Hei-luu-li - a   il - lal - la,   vaikk on kai - ta - lui- nen,
Hei-luu-li - a   il - lal - la,   vaikk on kie -ron - lai- set,

hei luu-li - a   il -lal - la,   vaikk on kai- ta - lui- nen.
hei luu-li - a   il -lal - la,   vaikk on kie-ron - lai- set.

:,: 3. Suu on sillä supukka,
        vaikk on toista syltä. :,:
        Hei luulia illalla,
        vaikk on toista syltä,
        hei luulia illalla,
        vaikk on toista syltä.

:,: 4. Kun minä vien sen markkinoille,
        hevosetkin nauraa. :,:
        Hei luulia illalla, .
        hevosetkin nauraa,
        hei hei hah hah haa,
        hevosetkin nauraa.

kaitaluinen kapealuinen, laiha; *kieronlaiset* hiukan kierot (kierosilmäinen katsoo kie-
roon, ei suoraan); *supukka* hyvin pieni; *syli (syltä sylen)* vanha mitta (1.78 m)

19

KATSAUS SUOMEN HISTORIAAN

A Kun olet tutustunut kappaleen tekstiin, vastaa seuraaviin kysymyksiin.
a) Keitä olivat Suomen ensimmäiset asukkaat?
b) Miksi nimitetään sitä kielimuotoa, josta nykyinen suomen kieli on kehittynyt?
c) Kuinka kauan Ruotsin vallan aika kesti?
d) Mikä oli ensimmäinen suomenkielinen kirja ja milloin se ilmestyi?
e) Helsingin yliopisto on vanhan Turun akatemian jatko. Kuinka vanha Helsingin yliopisto nyt on?
f) Kuinka kauan Venäjän vallan aika kesti?
g) Millaisia eroja Venäjän vallan aikana oli Suomen ja varsinaisen keisarikunnan välillä?
h) Mikä oli Suomelle vaarallisin autonomian aikaisista venäläistämistoimista?
i) Minä vuonna Suomen naiset saivat äänioikeuden?
j) Mistä johtui, että 1917 oli sopiva aika Suomen itsenäistymiselle?
k) Mikä suuri kansallinen onnettomuus varjosti Suomen alkuaikaa itsenäisenä valtiona?
l) Millaisia ongelmia nuorella valtiolla oli maailmansotien välisenä aikana?
m) Mikä oli talvisota? — jatkosota?
n) Mikä on yya-sopimus?
o) Suomen sodanjälkeistä ulkopoliittista linjaa on kutsuttu Paasikiven tai Paasikiven—Kekkosen linjaksi. Millainen ero oli näiden kahden presidentin toimintatavassa?
p) Millaisen politiikan symboli oli termi "Helsingin henki"?
q) Mainitse 1970- ja 1980-luvun Suomen keskeiset talouspoliittiset ongelmat.
r) Kumpi oli ominaista 80-luvun sisäpolitiikalle Suomessa, suuret puolueristiriidat vai puolueiden välinen yhteistyö?

B Kun olet tutustunut kappaleen kielioppiin, tee seuraavat harjoitukset tai joitakin niistä.

1. Selitä kursivoidut kohdat suomeksi tai englanniksi.
Lassi *oli* jo *olevinaan* niin iso poika, että hänen *oli saatava* polkupyörä. Mutta kuka olisi uskonut, että uudesta pyörästä *oli tuleva* Lassille sen kesän suurin huoli! Hän *oli tullut kertoneeksi* kaikille osaavansa ajaa pyörällä, vaikka ei osannutkaan. Hän oli innostunut kertomaan pyöräretkistään ja jutut *kasvoivat kasvamistaan*. Mutta kun pojat tulivat katsomaan uutta pyörää ja hän lähti kaikkien nähden ajamaan, siitä ei tullutkaan mitään. Kyllä pojat nauroivat! Lassi *oli kuolla* häpeästä. Miksi ihmeessä hän keksi semmoisia juttuja? Kylläpä tuli *tehdyksi tyhmästi*! Nyt asia *ei ollut autettavissa*.

Kuinka hän koskaan *saisi kerrotuksi* kotiväelle totuuden? Joskus hän *oli* jo *kertomaisillaan* heille kaiken, mutta ei sitten voinutkaan. Joka kerta, kun häntä pyydettiin käymään jollakin asialla, hän *oli löytävinään* pyörästään jonkin vian, jonka vuoksi sillä ei voinut ajaa.

Lopulta isä antoi pyörän Nyymannin *korjattavaksi.* Ystävälliselle Nyymannille Lassi vihdoin itkien kertoi salaisuutensa. Ja oltuaan sen illan Nyymannin *opetettavana* Lassi vihdoin todella oppi ajamaan pyörällään.

2. Olin lähellä kaatumista liukkaalla kadulla. — Olin kaatua.

Oli niin kova lumipyry, että autot melkein peittyivät lumeen. Melkein jo uskoin, mitä se valehtelija kertoi minulle. Tyttö hämmästyi niin, että melkein putosi tuolilta. Kiitos että muistutit, melkein unohdin koko asian.

3. Nukuitko jo, kun soitin sinulle? — En, mutta olin kyllä nukkumaisillani.

Onko asuntonne valmistunut? Ovatko jäät jo lähteneet Kotijärvestä? Joko vauva on oppinut kävelemään? Joko aurinko on laskenut?

4. Rakastan häntä — ja tulen aina rakastamaan.

(Käytä seuraavissa lauseissa sanoja *aina, jatkuvasti* tai *ei koskaan* sen mukaan, mikä niistä parhaiten sopii.)

Sellaisia ihmiset ovat .....
Vastustamme väkivaltaa .....
Lääketiede on kehittynyt .....
Kaikki ihmisten väliset erot eivät ole hävinneet .....
Kaikkia asioita ei järki käsitä .....
Suomesta ei saada öljyä .....

5. Hän tekee sen. — Hän on tekevä sen.

Uskon, että vielä kerran *tapahtuu* niin. Ihmiskunnan vanha unelma *toteutuu. Tulee* aika, jolloin sodat loppuvat. Rakkaus *voittaa* vihan. Ihminen *on* onnellisempi kuin nyt.

6. Lentokone nousi ja nousi. — Lentokone nousi nousemistaan.

Puu kasvoi ja kasvoi. Kalle Kielevä ei osannut lopettaa, hän puhui ja puhui. Tilanne on pahentunut jatkuvasti. Kesällä yö lyhenee jatkuvasti ja talvella se pitenee jatkuvasti. Näytös lähestyi, tanssijat harjoittelivat jatkuvasti.

7. *"tehtäväksi"* vai *"tehtävänä"*?

(korjata)   Rikkinäinen televisiomme vietiin . . . . .
                   Se on ollut nyt jo viikon . . . . .
(puhdistaa)   Olohuoneen matto on pesulassa . . . . .
(myydä)   Taiteilija toi maalauksiaan . . . . . galleriaan.
(nähdä)   Maalaus nimeltä "Tulevaisuus" on . . . . . gallerian ikkunassa.
(järjestää)   Vuoden 1975 ETY-kokous annettiin Suomen . . . . .
(tilata)   Kirjakerho tarjoaa . . . . . uutta menestyskirjaa.
(hoitaa)   Kenen . . . . . tämä asia on? — Minun . . . ni.

8.   Asiaa ei voi auttaa. — Asia ei ole autettavissa.

Voidaanko ratkaisu löytää? Useimmat erehdykset on mahdollista korjata.
Mitään ei voida tehdä potilaan hyväksi. Voimme odottaa heikkoa pakkasta
ja tuulista säätä. Poliittisen kehityksen suunta voidaan kyllä nähdä.

9.   Kuka lähtee kanssani kävelylle?

    A: Minä lähden, mutta syötän ensin vauvan. — Minä lähden, kun olen
        saanut vauvan syötetyksi.

B: Minä lähden, mutta kirjoitan ensin tämän kirjeen.
C: Minä lähden, mutta luen ensin lehdet.
D: Minä lähden, mutta pesen ensin nämä vaatteet.
E: Minä lähden, mutta siivoan ensin pöytäni.
F: Minä lähden, mutta teen ensin tämän työn.

10. Kertaa **salaisuus**-sanat (FfF 1, s. 216).

a)

Johda **salaisuus**-sanoja:

hyvä — hyvyys, paha / kylmä / laiska / kuuma / köyhä;
heikko — heikkous, helppo / hölmö;
korkea — korkeus, vaikea / nopea / tärkeä / pimeä;
iloinen — iloisuus, ystävällinen / tyytyväinen / hiljainen

b)

Taivuta:

tuo uusi vaikeus	nuo . . . .
tuota	noita . . . .
tuon	noiden . . . .
tuosta	noista . . . .
tuohon	noihin . . . .

c)

Olen mitannut huoneen (pituus) ja (leveys), mutta en sen (korkeus). Mitä mieltä olet tämän kysymyksen (tärkeys)? Suomalainen on tottunut talven (kylmyys) ja saunan (kuumuus). Isäni oli innokas kalamies (nuoruus) (vanhuus). Eikö ole muuta (mahdollisuus) kuin tämä? Totta kai on muitakin (mahdollisuus). Mitä (kansallisuus) nuo ihmiset ovat? En tiedä, täällä on useita eri (kansallisuus). Mitä pidät suomen kielen suurimpana (vaikeus)? Onko teidän (terveys) ollut hyvä? On, mutta muilla perheenjäsenillä on ollut kaikenlaisia (sairaus).

11. Kertaa **vastaus**-sanat (FfF 1, s. 102, 216).

a)
Taivuta:

se todistus	ne .....
sitä	niitä .....
sen	niiden .....
siinä	niissä .....
siihen	niihin .....

b)

Teidän (kysymys) on niin vaikea, etten ole varma, onko minun (vastaus) oikein. Ihailen suuresti (Sibelius). Luulen, että useimmat suomalaiset pitävät (Sibelius) Finlandiasta ja hänen muistakin (sävellys). Paljon (kiitos) tästä (ilmoitus); minun (aikomus) on kyllä mennä tähän (kokous). Suomalaisissa (rakennus) on harvoin yli kymmenen (kerros). Anteeksi, etten huomannut sinua, olin niin kokonaan omissa (ajatus). Nämä ovat ihania (leivos). Mitä (säätiedotus) sanottiin? Antoivat (myrskyvaroitus) merialueille. Siinä (tapaus) on odotettavissa suuria (muutos) säähän. Eilen näin metsässä (jänis). (Jänis) pitävät (vihannes, pl.).

C	**KERTAUSTA**

Vielä kerran partisiippeja: ”**tekevä**”, ”**tehnyt**”, ”**tehtävä**”, ”**tehty**” vai ”**tekemä**”?

Palasin kaupunkiin maalla (viettää) syyslomalta (= lomalta, jonka olin viettänyt maalla). Kun tulin Oulusta 8.30 (saapua) junassa Helsingin asemalle, näin ilokseni, että Itäkeskuksen lähellä (asua) serkkuni oli tullut minua vastaan. Tämä oli suuri helpotus, sillä minun olisi ollut vaikea yksin kantaa parikymmentä kiloa (painaa) matkalaukkujani. Vähän aikaisemmin Kuopiosta (tulla) pikajuna seisoi toisella laiturilla, joten arvasimme, että siinä (saapua) matkustajat olivat ottaneet kaikki asemalla (olla) taksit. Menimme siis seisomaan taksiasemalle (syntyä) jonoon. Mutta kun laskin liian täyteen (pakata) laukkuni maahan, se avautui ja suuri osa laukussa (olla) tavaroista putosi kadulle. Siinä menivät pitkin katua minun maalta (saada) omenat, siinä makasi maassa pari sukulaisille (viedä) lahjapakettia, tuossa oli joitakin (pestä) vaatteita ... No, keräsimme kadulle (joutua) tavarat takaisin laukkuun ja nostimme laukut meitä jo (odottaa) taksiin. Automatkan aikana kerroin serkulleni maalla (tavata) yhteisistä tuttavista ja muistelimme yhdessä (mennä) lapsuuden päiviä kauniissa kotikylässämme.

KUUNTELUHARJOITUS

Sanoja: *siirtolainen* emigrant; *kaivos* mine; *aivo/vuoto* brain drain; *vahinko* damage, loss

Tehtävä

Selosta lyhyesti ja, mikäli mahdollista, myös numeroita mainiten,
a) millaisista syistä, minä aikoina ja mihin maihin suomalaisia on lähtenyt siirtolaisiksi.
b) mihin heitä on muuttanut eniten ja kuinka suuria määriä suomalaisia nykyisin asuu näissä maissa.

LUKEMISTA

Kuinka tasavaltaa hallitaan

— Sitä minä en temokratiassa ymmärrä, että niillä jotka on oikeassa on yksi ääni, ja niillä jotka on väärässä on kanssa yksi ääni!

Kari Suomalainen, Helsingin Sanomat
8.10.1968

Suomen tasavalta sai hallitusmuotonsa vuonna 1919.

Suomella on kuitenkin paljon pitemmät perinteet pohjoismaisena demokratiana. Kuten tunnettua, maa kuului Ruotsiin noin 650 vuoden ajan. Autonomian aikana poliittinen elämä perustui edelleen Ruotsin vallan aikaisiin lakeihin ja erosi monessa suhteessa täydellisesti varsinaisen Venäjän poliittisesta elämästä. Skandinaavisen demokratian vahva asema Suomessa näkyy siinä, että maa oli maailmansotien välisessä Euroopassa niitä harvoja uusia valtioita, joissa ei kokeiltu diktatuuria, ja toisen maailmansodan jälkeen ainoa Neuvostoliiton naapurimaa, josta ei tullut kansandemokratiaa.

Suomessa on käytössä suhteellinen vaalitapa, joka — päinvastoin kuin anglosaksisten maiden enemmistövaalit — edistää monien, myös pienten, puolueiden syntymistä. Maan perinteisistä puolueista edustavat vasemmistoa sosiaalidemokraatit ja SKDL (Suomen Kansan Demokraattinen Liitto), jonka johdossa ovat kommunistit. Keskustan muodostavat ennen kaikkea keskustapuolue ja ruotsalainen kansanpuolue, oikeiston kokoomuspuolue. Lisäksi on olemassa nuorempia puolueita, joiden kannatus on vaihdellut. Uusin niistä on vihreiden ryhmä.

Suomen eduskunnassa on kaikkiaan 200 kansanedustajaa. Heidät valitaan neljäksi vuodeksi yleisissä vaaleissa, joissa saavat äänestää kaikki 18 vuotta täyttäneet kansalaiset. Presidentin toimikausi on pitempi, hänet valitaan kuudeksi vuodeksi.

Hallituksen muodostaminen tapahtuu siten, että vaalien jälkeen presidentti nimittää pääministerin — tavallisesti suurimmasta puolueesta — ja pääministeri muodostaa sitten hallituksen yhdestä tai useammasta puolueesta. Yleensä hallituksessa on mukana useampia puolueita, koska maassa ei ole yhtään puoluetta, joka yksinään muodostaisi enemmistön eduskunnassa. Ja jos hallituksella ei ole takanaan eduskunnan enemmistöä — toisin sanoen, jos oppositio on voimakas — sen elinikä jää yleensä lyhyeksi. Aikaisempina vuosina hallitukset vaihtuivat melko usein, mutta nyttemmin hallituskriisit ovat tulleet harvinaisemmiksi.

Viime aikoina suurimmat puolueet ovat olleet sosiaalidemokraatit, kokoomus ja keskustapuolue. Oikeiston, keskustan ja vasemmiston voimasuhteet ovat niin tasaiset, että politiikka Suomessa on suurelta osalta kompromissien tekemisen taitoa. Hallituksessa ovat useimmin istuneet sosiaalidemokraatit ja keskustapuolue, usein myös ruotsalaiset ja SKDL.

Suhteellisesta vaalitavasta johtuu, että vaaleissa ovat suuret muutokset erittäin harvinaisia. Muutokset tapahtuvat yleensä vähitellen, epädramaattisesti. Tyypillinen vähittäinen muutos on toisen maailmansodan jälkeen ollut kahden puolueen, liberaalien ja kansandemokraattien (SKDL) kannatuksen väheneminen (ks. oheista taulukkoa).

Eduskuntavaalit 1966—1983

Puolue	1966	1975	1979	1983
Sosiaalidemokraatit	55	54	52	57
SKDL	41	40	35	26
Kokoomuspuolue	26	35	47	44
Keskustapuolue	49	39	36	38
Liberaalinen kansanpuolue	9	9	4	
Ruotsalainen kansanpuolue	12	10	10	10
Suomen maaseudun puolue	1	2	7	17
Muut	7	11	9	8

Tyypillistä Suomen oloille on myös naisten melkoisen suuri poliittinen aktiivisuus. Vuoden 1983 valtiollisissa vaaleissa eduskuntaan valittiin 61 naisedustajaa (30,5 % kaikista kansanedustajista).

Maan poliittiseen elämään huomattavasti vaikuttanut uudistus tapahtui 1966, kun valtio alkoi maksaa puolueiden toiminnan rahoittamiseksi ns. puoluetukea, jonka määrä riippuu puolueen kansanedustajien määrästä. Myös puoluelehdet saavat valtiolta lehdistötukea. Puoluetukijärjestelmää on usein arvosteltu siitä, että se lisää puoluetoimistojen valtaa ja vähentää tavallisten kansalaisten vaikuttamismahdollisuuksia.

Muutenkaan sellainen ajattelu, että "poliittista peliä" hoidetaan liiaksi ylhäältä päin, että se on liian kaukana tavallisesta suomalaisesta, ei viime aikoina ole ollut harvinaista. Varsinkin nuoret, joista monet ovat vailla työtä ja omaa asuntoa, tuntevat itsensä poliittisesti vieraantuneiksi ja äänestysprosentti on heidän ikäluokissaan pienempi kuin vanhemmissa ikäryhmissä.

Joidenkin kansalaisten uskoa vakavaan politiikkaan on vähentänyt myös "julkkisten", eri syistä julkisuutta saaneiden henkilöiden, nopea nousu poliittisella areenalla. Eri puolueet oikealta vasemmalle ovat alkaneet pyytää ehdokkaikseen tunnettuja urheilijoita, laulajia, näyttelijöitä, radio- ja tv-väkeä jne., koska uskotaan, että ihmiset mielellään äänestävät henkilöitä, joita he ovat tottuneet näkemään oman olohuoneensa tv-ruudussa ja jotka tuntuvat melkein omilta ystäviltä ja tuttavilta. Muiden maiden tapaan myös Suomessa ehdokkaiden televisioesiintyminen vaikuttaa voimakkaasti heidän vaalimenestykseensä. Hyvä puhuja ja taitava keskustelija, joka on kuin kotonaan kameran edessä, saa paljon uusia kannattajia.

Tehtäviä

1. Pitääkö paikkansa vai ei?
   a) Suomi on ollut itsenäinen valtio vasta muutamia kymmeniä vuosia, ja se kuului sitä ennen Ruotsiin ja Venäjään satojen vuosien ajan.
   b) Suomessa vanha skandinaavinen poliittinen perinne katkesi pahasti Venäjän vallan aikana.
   c) Suomessa on paljon puolueita, mikä johtuu paljolti maan suhteellisesta vaalitavasta.
   d) Liberaalit ja kansandemokraatit ovat saaneet lisää ääniä viime aikoina.
   e) Hallituspuolueet ovat Suomessa yleensä niin mahtavia, että opposition kanssa ei juuri tehdä kompromisseja.
   f) Puoluetuki on kaikkien mielestä erittäin myönteinen asia.
   g) Nuoret ovat mukana politiikassa ja osallistuvat vaaleihin innokkaammin kuin vanhemmat ikäluokat.
   h) Poliittisessa elämässä on Suomessakin ruvettu käyttämään tunnettuja henkilöitä ja televisiota äänten "kalastamiseksi" omalle puolueelle.

2. **Kysymyksiä**
   a) Mitkä ovat oikeiston, keskustan ja vasemmiston tärkeimmät puolueet Suomessa?
   b) Paljonko kansanedustajia eduskunnassa on ja kuinka pitkäksi aikaa heidät valitaan? Entä presidentti?
   c) Kenellä on vaaleissa äänioikeus?
   d) Miksi yhden puolueen hallitukset eivät Suomessa onnistu?
   e) Edustavatko kolme suurinta puoluetta vasemmistoa, keskustaa vai oikeistoa? Ovatko nämä puolueet olleet kokoaan vastaavasti mukana viime aikojen hallituksissa?
   f) Kuinka paljon naisedustajia on Suomen eduskunnassa?

F **KESKUSTELUA**

Keskustelkaa seuraavien kysymysten perusteella oman kotimaanne poliittisesta elämästä.
   a) Onko maassasi yksi-, kaksi- vai monipuoluejärjestelmä? Onko suurin puolue konservatiivinen / liberaali / sosiaalidemokraattinen / kommunistinen / kielipuolue / uskonnollinen puolue? Jokin muu, mikä?
      Onko jokin puolue selvästi tärkeämpi muita?
   b) Montako kansanedustajaa parlamentissanne on? Miten heidät valitaan ja kuinka pitkäksi ajaksi?
      Jos maassasi on presidentti, kuinka pitkä hänen toimikautensa on?
      Minkä ikäisinä kansalaiset saavat äänioikeuden?
   c) Miten pääministeri nimitetään ja hallitus muodostetaan?
   d) Onko opposition asema tärkeä?
   e) Millainen on naisten osuus kotimaasi poliittisessa elämässä?
   f) Millainen on nuorten kiinnostus politiikkaan? Ilmeneekö nuorison vieraantumista poliittisesta elämästä?

20

NÄIN MINUSTA ON

A Tässä viimeisessä kappaleessa ei esitetty lainkaan uutta kielioppia. Seuraavassa kuitenkin pari harjoitusta, jotka voi tehdä tämän kappaleen yhteydessä tai myöhemmin.

1. Muistatko, kuinka aikaa ilmaistaan? Täydennä seuraava harjoitus.

   A: Mennäänkö elokuviin (maanantai, kello 9)?
   B: Sopii hyvin, minä olen ollut vain kerran elokuvissa (tämä kuu). Kuinka usein sinä käyt elokuvissa?
   A: Suunnilleen kerran (viikko).
   B: Minun elokuvissa käyntini on vähentynyt (vuosi, vuosi). (Viime, vuosi, pl.) olen katsellut etupäässä tv-filmejä.
   A: No niin, onhan (illat) hauskempi istua omassa olohuoneessa kuin lähteä (pari, tunti) pimeään, huonosti tuuletettuun elokuvateatteriin.
   B: (Tämä vuosi) minulla on sitä paitsi ollut hirveästi työtä. Mutta nyt tämän pitkän työn pitäisi valmistua (pari, viikko). En ole tavannut ystäviäni kunnolla (moni kuukausi)! Olisi todella hauskaa taas tavata ihmisiä (pitkä, aika). — Mutta koska tavataan huomenna ja missä?
   A: Voisitko tulla noin (puoli yhdeksän) teatterin eteen, juodaan kahvit ennen näytöksen alkua. Se on nimittäin pitkä filmi, kestää (yhdeksän, kaksitoista).
   B: Sopii hyvin.
   A: Muuten, (ensi viikko) minä menen Ranskaan.
   B: Ja kuinka kauan aikaa olet siellä?
   A: Ainakin (neljä, päivä), mutta voi olla, että jään sinne (kokonainen viikko). Siellä on hyvin kiinnostava näyttely, Ranskan taidetta (1890-luku). Siellä aion varmasti käydä.

2. Seuraava pitkä verbiharjoitus on osittain vanhan kertausta, osittain uuttakin (ks. tekstikirja, kpl. 20: A guide to the use of verbs).

   Täydennä:
   C: Häiritsenkö (sinä)?
   D: Et ollenkaan. En vain huomannut sinua heti, olin niin keskittynyt (työ).
   C: Minä ihailen sinun (tarmo).
   D: Ei kannata. Minun täytyy kyllä usein aivan pakottaa itseni (jatkaa), kun olen oikein väsynyt (yö/valvominen) ja kyllästynyt (kaikki).
   C: (Minä) hämmästyttää, että sinä rupesit (harrastaa) (tiede). Koulussa me luulimme sinua (sellainen pikku nainen), joka ryhtyisi (perustaa) perhettä heti (ylioppilas) päästyään ja olisi kiinnostunut vain (mies) ja (lapset).
   D: Voi voi, sinä saat minut ihan (nauraa) noilla mielipiteilläsi. Mutta onhan minulla perhekin, ja minä nautin tavattomasti (perhe-elämä). Minä ju-

maloin (lapset) ja häpeän vain (se), että huolehdin (he) niin huonosti.
Joudun (olla) paljon poissa kotoa, ja vaikka olen onnistunut (löytää) hyvän päivähoitajan, minusta on aina vaikeaa jättää heidät (koti), kun lähden työhön. Joskus (minä) tuntuu (se), että en kelpaa lainkaan (äiti)!

C: No, minä luulen, että (monet naiset) huolestuttaa se, etteivät he ehdi (olla) tarpeeksi lastensa kanssa. Mutta jos tekee (kaksi, työ), (jokin) täytyy luopua. Mutta sinä näytät aika (väsynyt), lakkaa (lukea) vähäksi aikaa. Ehkä saan pyytää (sinä) (lähteä) kanssani kahville?

D: Kiitos (kutsu), olisi todella kiva käydä (juoda) kupillinen, mutta ...

C: Ei mitään muttaa, lähdetään nyt heti. Myöhemmin (kahvila) tuskin mahtuu. Puolenpäivän aikaan (me) on mahdotonta löytää (siellä) pöytää.

D: Olkoon menneeksi, kahvi maistuisi kyllä (ihana). Kai minä voin hetken levätä (työ + poss.suff.) hyvällä omallatunnolla.

***

D: No niin, tässä me nyt istumme, olen noudattanut sinun (kutsu). Kerro nyt, mitä teidän (perhe) kuuluu. Vieläkö te suunnittelette asunnon (vaihto)?

C: Tiedätkö, tämä meidän asuntotilanne on kehittymässä yhä (pahempi). Me joudumme (muuttaa) pois jo parin kuukauden kuluttua, ja uutta asuntoa on aivan mahdoton löytää (Helsinki) tai sen (ympäristö). Kylähän huoneistofirmat mainostavat (asunnot) koko ajan, mutta (me) ei (kannattaa) (ostaa) itsellemme asuntoa, emmekä me voi maksaa hirveitä summia (vuokra-asuntokaan). Tunnen itseni ihan (sairas), kun ajattelen (tämä asia), (pää) särkee ja (vatsa) koskee.

D: Ja mitä Paavo ajattelee (asia)?

C: No, hänhän on niin optimistinen. Hän nauraa (minä) ja sanoo vain, että turhaan sinä suret (tämä juttu), emme me (katu) jää. Minä yritän (luottaa) hänen (sanat), mutta joskus se tuntuu (mahdoton).

D: Ystävä parka! Minä säälin (sinä). Enkä kuitenkaan voi auttaa sinua muuten kuin toivomalla (paras).

C: Kiitos, että jaksoit (kuunnella) (minä), vaikka tämä asia ei kuulu (sinä) lainkaan. Ehkä kaikki tosiaan järjestyy. Paavo on hakenut (eräs virka) Vaasasta, ja jos hänet valitaan sinne (tarkastaja), meidän ei tarvitse enää kärsiä (asuntopula). (Virka) kuuluu nimittäin myös asunto.

D: No, sittenpä minä toivon, että voin pian onnitella (te) Paavon (uusi virka).

KUUNTELUHARJOITUS

Mitä ihmiset odottavat tulevaisuudelta
Kaksi tutkimusta

Sanoja:
tulla esille to come out; be manifested, find expression
jokseenkin melkein, suunnilleen

Tehtäviä

I. 1. Kuinka laaja Turun yliopiston nuorisotutkimus oli ja millä tavalla nuoret oli valittu?
   2. Mitä myönteisiä odotuksia nuorilla oli omasta tulevaisuudestaan? Mitä pelkoja?
   3. Millaisia eroja oli tyttöjen ja poikien suhtautumisessa tulevaisuuteensa?
   4. Millaisia ongelmia nuoret katsoivat olevan tämän hetken maailmassa?
   5. Missä määrin nuoret odottivat näiden ongelmien muuttuvan 30 vuoden kuluessa?
   6. Millaisia eroja a) asuinpaikan tai b) sukupuolen mukaan oli nuorten suhtautumisessa omaan tulevaisuuteensa tai koko maailman tulevaisuuteen?

*II. 1. Kuinka laaja oli toinen tutkimus, joka koski ihmisten suhtautumista omaan elintasoonsa?
   2. Missä olivat nykyiseen elintasoonsa tyytyväisimmät ja tyytymättömimmät vastaajat? (Voitko mainita lukuja?)
   3. Missä tulevaisuuden odotukset omasta elintasosta olivat myönteisimmät ja missä kielteisimmät? (Voitko mainita lukuja?)
   4. Millä tavalla suomalaisten tyytyväisyys elintasoonsa vaihteli, jos ajatellaan
      a) asuinpaikkaa.
      b) poliittista kantaa.
      c) ikää.

C **KESKUSTELUA**

Haastattele toveriasi siitä, mitä vaikeita ongelmia on hänen kotimaassaan ja missä suhteessa asiat ovat siellä hänen mielestään hyvin.

tai:

Keskustelkaa siitä, miten itse suhtaudutte kappaleessa 20 käsiteltyihin asioihin (vihreä liike, kolmannen maailman kehitysapu, sukupuolten välinen tasa-arvo, feminismi jne).

tai:

Keskustelkaa kotimaanne vähemmistöryhmistä ja niiden ongelmista. (Tätä keskustelunaihetta varten olisi hyvä tutustua ensin myös Suomen vähemmistöistä kertovaan lukukappaleeseen, ks. 20 D.)

tai:

Keskustelkaa (lähinnä kuunteluharjoituksen perusteella) siitä, miten suhtaudutte omaan tulevaisuuteenne. Mitä odotatte, mitä pelkäätte, kuinka tärkeitä ovat perhe-elämä, opinnot, terveys jne.? Entä mitä odotatte tai pelkäätte koko maailman kannalta? Millainen on maailma 30 vuoden kuluttua?

(Vapaa käännös Bob Adamsin kotikaupunkinsa paikallislehdelle kirjoittamasta artikkelista)

Useat lukijat ovat kirjoittaneet minulle ensimmäisen Suomea koskevan artikkelini johdosta. Tuhannet kiitokset teille ystävällisistä kirjeistänne — sellaista palautetta on hauska saada! Toivottavasti teitä kiinnostaa tämä toinenkin Suomen-kirjeeni, jossa kerron Suomen vähemmistöistä.

Helsingissä kuulee paljon suomenruotsia

Olin juuri saapunut Helsinkiin, kun kadulla vastaan tuleva rouva kysyi minulta jotakin kielellä, joka varmasti ei ollut suomea eikä myöskään englantia. Suureksi ihmeekseni pystyin kuitenkin ymmärtämään, että hän kysyi tietä asemalle. Olin tavannut ensimmäisen suomenruotsalaiseni. Sen jälkeen olen usein kuullut ruotsia kaduilla, baareissa, raitiovaunuissa ja televisiossakin. Ja kun näen sitä lehtikioskien otsikoissa, minusta on joka kerta hauska koettaa arvata, mistä artikkelissa on kysymys. Ruotsihan on sukua englannille, mutta arvannenko silti aina oikein, sitä en todellakaan tiedä.

Hakuteokset kertovat, että vähän yli kuusi prosenttia Suomen asukkaista puhuu äidinkielenään ruotsia ja että Suomi on virallisesti kaksikielinen maa. Nämä 300 000 suomenruotsalaista ovat keskittyneet suurimmaksi osaksi maan etelä- ja länsirannikolle, jonne heidän esi-isiään muutti satoja vuosia sitten, Suomen kuuluessa Ruotsiin. Vielä kauemmin ruotsalaista väestöä on asunut Ahvenanmaan saaristossa, joka on yhä kokonaan ruotsinkielinen ja osaksi autonominen alue.

Ahvenanmaan 6000 saarella asuu n. 22 000 suomenruotsalaista. Pääsaarella luonto on rehevää ja siellä on laajoja viljelyalueita, mutta suuri osa saaristoa on karua, vaikkakin kaunista, kuten kuvassa näkyvä Kökarin seutu osoittaa.

153

Suomenruotsalaisella vähemmistöllä on oma vilkas kulttuurielämänsä, omat koulunsa, lehtensä ja teatterinsa, oma yliopisto, joka sijaitsee Turussa, omat tv- ja radio-ohjelmansa sekä oma kielipuolueensa Ruotsalainen kansanpuolue, jota suurin osa heistä äänestää.

Päinvastoin kuin joskus aikaisemmin, kieliryhmien välillä ei nykyisin ole kieliriitaa, ja kaikki lapset oppivat koulussa ainakin jonkin verran toistensa kieltä. Varsinkin pääkaupunkiseudulla avioliitot yli kielirajan ovat yleisiä, joten kaksikielisten kansalaisten määrä lienee kasvamassa hyvää vauhtia.

Suomenruotsalaisten suurin ongelma on heidän lukumääränsä jatkuva väheneminen, jota 1960- ja 1970-luvulla nopeutti vilkas muutto Ruotsiin.

4000 saamelaisella on 200 000 poroa

Enemmän kuin suomenruotsalaisista tiesin jo etukäteen pienemmästä vähemmistöryhmästä, saamelaisista eli lappalaisista (huomattakoon, että he itse eivät pidä jälkimmäisestä nimestä). Nämä värikkäät Pohjois-Skandinavian asukkaat olivat jo kauan kiinnostaneet minua, ja pian Suomeen tultuani lähdin parin ystäväni kanssa käymään heidän asuma-alueillaan Pohjois-Lapissa. Romanttiset käsitykseni saamelaisten elintavoista tosin osoittautuivat vanhentuneiksi: he asuivat normaaleissa taloissa, ja vain poromiehet kulkivat laumoineen viikkokausia pitkin tuntureita. Porotalous ei ole enää edes pääelinkeino, vaan saamelaiset käyvät samanlaisissa töissä kuin suomalaisetkin. Mutta saamelaisten erikoiset kansallispuvut ja pitkäsarviset porot ovat yhä eksoottinen ja kaunis näky, ja monet siellä ottamistani kuvista ovat elämäni parhaita.

Poroerotus on tilaisuus, jossa porojen omistajat tunnistavat korvamerkeistä omat poronsa ja nuoret porot saavat korvaansa omistajan merkin, poroja myydään ja teurastetaan. Erotuksiin saapuu väkeä läheltä ja kaukaa, ja illalla luonnollisesti juhlitaan.

Ostin saamelaisten tekemiä kauniita käsitöitä ja maistoin useasti poronlihaa, jota nykyisin myydään yhä enemmän sekä Etelä-Suomeen että Keski-Eurooppaan. Poro ei ole iso eläin: yhdestä porosta saadaan noin 28 kiloa lihaa. (Hyvä neuvo niille, jotka aikovat joskus käydä Lapissa: saamelaiselta ei saa koskaan kysyä, montako poroa hän omistaa.)

Saamen kielen sanotaan olevan sukua suomelle, mutta sukulaisuus on niin kaukainen, etteivät saamelaiset ja suomalaiset ymmärrä toistensa puhetta. Saamelaislasten täytyykin oppia koulussa suomea (kuten Ruotsissa ruotsia ja Norjassa norjaa). Vain Suomen pohjoisimmassa kunnassa Utsjoella, jossa asukkaiden enemmistö on saamelaisia, heidän kieltään käytetään myös kouluopetuksessa. Saamelaisten suurimpia ongelmia onkin oman äidinkielen heikko asema.

Mustalaisnaiset muistuttavat kirkasvärisiä perhosia

Suomea puhuva, mutta kulttuuriltaan hyvin erilainen vähemmistöryhmä ovat mustalaiset, joiden tumma ihonväri ja naisten värikäs vaatetus erottavat heidät selvästi maan muista asukkaista. Suomen mustalaiset ovat luopuneet entisestä liikkuvasta elämäntavastaan, jonka takia mm. lapset jäivät usein ilman koulutusta, jopa lukutaitoakin, ja heidän elintasonsa on vähitellen paranemassa. Mustalaisia syrjitään kuitenkin yhä jossakin määrin. Tämän lisäksi ovat kipeitä ongelmia huono asuntotilanne ja työttömyys.

Mustalaisten esi-isät ovat kotoisin Intiasta ja lienevät saapuneet Suomeen 1500-luvulla. Nykyisin heitä on maassa 5000—6000 henkeä.

Mustalaisten parantunut koulutus, johon sisältyy myös aikuisopetusta, on askel kohti parempaa elintasoa. Huomaa lapsen tavanomainen vaatetus. Aikuisina useimmat omaksuvat heimonsa perinteisen asun.

Ulkomaalaisten määrä pieni

Ulkomaalaisia asuu Suomessa vähän, noin 18 000 henkeä (1985). Eniten täällä on ruotsalaisia, seuraavina tulevat neuvostoliittolaiset, amerikkalaiset, saksalaiset ja englantilaiset. Pakolaisia maahan on otettu toistaiseksi vain pieniä määriä, kaikkiaan muutama sata, joista suurin osa on Kaakkois-Aasiasta. Näyttää siltä, että Suomeen on vähitellen syntymässä myös pieni vietnamilainen vähemmistö.

155

Suomen suurin ortodoksinen kirkko on Uspenskin katedraali Helsingissä.

Ortodoksit — ikoneja ja kaunista kirkkomusiikkia

Paitsi kieli- ja kulttuurivähemmistöjä Suomessa on myös uskonnollisia vähemmistöjä, tosin erittäin pieniä. Suurin on luterilaisen valtiokirkon (n. 90 % kansasta) rinnalla elävä ortodoksinen kirkkokunta (1,1 %), jolla on myös valtiokirkon oikeudet. Ortodoksien kauniissa, ikonien koristamissa kirkoissa käyvät usein myös luterilaiset suomalaiset — tai monista maista tulevat uteliaat turistit, kuten minä.

KEY TO THE EXERCISES

KAPPALE 1

B.

1) kasvava kaupunki — tanssiva nukke — puhuva papukaija — itkevä vauva — riittävä selitys — kiinnostava asia — painava matkalaukku — sopiva väri

2) eläviä — elävistä — eläviin — eläviltä — elävien; kasvavia — kasvavilla — kasvavat — kasvaviin — kasvavien; puhuva — puhuvat — puhuville — puhuvia — puhuvalle

3) tupakoivalle h. — muuttuvassa m. — nukkuvaa k. — ajattelevia r. — hymyileviä i. — leikkivillä l. — kuolevista k. — hiihtäviin p.

5) pudonnut l. — kuollut l. — palanut r. — menestynyt m. — huolestunut ä. — rakastunut m. — masentunut o.

6) palanutta taloa — palaneen talon — palaneessa talossa — palaneeseen taloon; palaneet talot — palaneita taloja — palaneiden talojen — palaneissa taloissa — palaneisiin taloihin

7) väsynyt — väsyneet — väsynyttä — väsyneitä — väsyneiden — väsyneellä — väsyneisiin; kuollut — kuolleen — kuolleita — kuolleiden; kokenut — kokenutta — kokeneita — kokeneiden — kokeneista — kokeneeseen; oppinut — oppineet — oppineiden — oppineisiin

8) noussutta — sulaneesta — tupakoineella (tupakoineilla) — menestyneeseen — matkustaneisiin — palaneessa

9) a) puinen — puuvillaiset — silkkinen — nahkainen — lasinen
b) mustatukkainen — vihreäsilmäinen — pitkäjalkainen — suoranenäinen — hyväsydäminen — suuriperheinen — hyvätuloinen — huono-onninen
c) Minkä niminen tuo mies on? Minkä ikäinen vauva on? Minkä näköinen uusi kotisi on? K. on minun ikäiseni. Tytär on äitinsä kokoinen. Kartta on tuhannen markan arvoinen.

10) a) en ke(ne)llekään muulle — en keneltäkään (keltään) muulta — en keneenkään (kehenkään) muuhun — en ketään muuta — en kenestäkään (kestään) muusta — en kenenkään muun
b) en keidenkään muiden — en keihinkään muihin — en keitään muita — en keillekään muille

C.

2) a) hyvien ystävien(i) — vanhojen tuttavien(i) — parhaiden toverien(i) — läheisten sukulaisten(i) — molempien vanhempien(i)

3) sinulle — sinulla — minulle — minut — minua — minun kanssani — minua; sinusta — minusta — sinuun — sinua — minulla — minulle — sinua

4) heidät — meille — meillä — heitä — heistä — heihin — meillä

E.

Satu Lampinen: Minä en enää seurustele Jannen kanssa.
Sadun ystävä: Ihanko totta? Mikäs teille on tullut?
S: No, me olemme vain kyllästyneet toisiimme.
Y: Minä luulin että te tulette hirveän hyvin toimeen toistenne kanssa. Tehän olette seurustelleet jo puoli vuotta ja olleet niin onnellisia.
S: Sinä olet ulkopuolinen, sinä et tiedä kaikkea. Sinä et tiedä miten vaikea Janne on luonteeltaan. Hän ei ajattele muita kuin itseään.
Y: Vai niin! Tämä on minulle uutta. Kaikki ovat olleet sitä mieltä, että Janne ihan kantaa sinua käsillään, lähettää kukkia ja ostaa lahjoja. Viimeksi pari viikkoa sitten sinä itse näytit minulle ruusuja jotka Janne oli lähettänyt sinulle. Niitä oli ainakin kaksikymmentä. Keskellä talvea!

S: Entäs sitten! On tärkeämpiäkin asioita kuin lahjat ja kukat.
Y: Esimerkiksi mikä?
S: Että ihmiset ymmärtävät toisiaan.
Y: Ja sinä ja Janne ette ymmärrä toisianne?
S: Janne ei koetakaan ymmärtää minua. Esimerkiksi toissa päivänä hän sanoi että minä olen aivan hassu kun yritän oppia ranskaa. Minun olisi parempi mennä ruuanlaitto- ja lastenhoitokurssille, hän sanoi.
Y: Minä olen vähän samaa mieltä. Miten sinä nyt olet niin kiinnostunut ranskan opiskelemisesta? Koulussa sinä vihasit kaikkia kieliä.
S: Muistatko silloin kun oli Ritva-tädin syntymäpäivä ja siellä oli pari ranskalaista vierasta ja Järvisen Tiina puhui heidän kanssaan ranskaa? Jälkeenpäin Janne sanoi monta kertaa kuinka hän ihaili Tiinan ranskan puhumista ja kuinka viehättävä ja todella sivistynyt nainen Tiina on.
Y: Ja siksi sinä menit ranskan kurssille.
S: Niin. Mutta Janne vain nauroi ja sanoi etten minä kuitenkaan opi mitään. Silloin minä suutuin ja sanoin että minä meninkin kurssille vain siksi että siellä on niin komea opettaja, mustasilmäinen ja paljon sivistyneempi mies kuin eräät toiset.
Y: Ja sitten teille tuli riita.
S: Niin tuli. Ja minä sanoin Jannelle etten halua nähdä häntä enää koskaan. Ja siitä on jo kaksi päivää, eikä hän ole soittanut eikä tullut tapaamaan. Sitä paitsi, vaikka hän soittaisi, minä en puhuisi hänen kanssaan. Ja tänä iltana minä menen ulos ranskan opettajan kanssa.
Puhelin soi.
S: Puhelin soi. Onkohan se hän? — Lampisella. Olen, minä olen puhelimessa. Sinäkö se olet... Joo, tavataan vaan, ei minulla ole tänä iltana mitään ohjelmaa, minä olen ihan vapaa...

F.
Perusmuodot: onnellinen — sade — ihmiskunta — yksi jäsen — reipas poikansa — eläke — harmaa hius — elämäntapa; lakata — hyvästellä — kokea

KAPPALE 2
B.
1) Olin juomassa — lepäämässä — hakemassa — pakkaamassa — kävelemässä — tapaamassa pääministeriä — jonottamassa — menossa — tulossa — lähdössä
3) He menevät nukkumaan. Hän menee piirtämään. Hän menee hakemaan rahaa pankista. Hän menee auttamaan äitiä. Mennään uimaan! Menet katsomaan häntä.
4) Tulemme hiihtämästä. Tulen syömästä... He tulevat luistelemasta. Tulemme kävelemästä. He tulevat pelaamasta... He tulevat uimasta.
5) a) He jäivät uimaan — juoksemaan — pelaamaan. Hän jäi nukkumaan. He jäivät juttelemaan — makaamaan.
b) Jätimme muut katsomaan — syömään — tanssimaan — hiihtämään — opiskelemaan — keskustelemaan.
d) Pyysimme Kallea lähtemään... Äiti pyysi lapsia menemään... Isä pyysi Villeä pesemään auton. Veljeni pyysi minua lainaamaan hänelle pyörääni.
Rva V. pyysi tarjoilijaa antamaan hänelle lasin vettä.
7) a) K. on lakannut polttamasta. J. on lakannut opiskelemasta. ... ovat lakanneet kukkimasta. ... on lakannut kasvamasta. ... on lakannut harrastamasta ...
b) ... varoittivat meitä ottamasta riskiä. Vanhemmat kielsivät poikaa tupakoimasta. ... varoitti miestä juomasta.
c) Estin häntä menemästä... P. koetti estää ystäväänsä lähtemästä...

8) nukkumassa — tanssimasta — juomassa — kylpemään — kuuntelemaan — lepäämään — kantamasta
9) syödä — syödä — syömään — syömässä — syömään — syömässä — syödä — syödä — syödä — syömästä — syömästä — syömään; tanssia — tanssimassa — tanssimaan — tanssia — tanssimaan — tanssimasta — tanssimaan
10) a) Eilen minä satuin näkemään hassun tapauksen. b) Älkää estäkö Pekkaa vaihtamasta alaa, jos hän ei ole innostunut opiskelemaan teoreettisia aineita. c) Luuletko, että voit lakata polttamasta, jos haluat? d) Olen niin väsynyt katsomaan tätä tv-ohjelmaa! — Mikä estää sinua sulkemasta televisiota? e) Joskus jokainen joutuu tekemään sellaista, mitä hän ei halua(isi) tehdä. f) Tulkaa auttamaan! g) Sattuuko sinulla olemaan pikkurahaa? h) Lääkäri kielsi Kallea käyttämästä suolaa ruuassa. i) Ole hyvä ja lakkaa häiritsemästä meitä!
11) rakasta vierasta — rakkaan vieraan — rakkaalla vieraalla — rakkaaseen vieraaseen; rakkaat vieraat — rakkaita vieraita — rakkaiden vieraiden — rakkailla vierailla — rakkaisiin vieraisiin
12) rikkailla — sairaaksi — lampaista — hampaita — paperitehtaaseen — asiakkaalle t. asiakkaille — kohteliaista — parhaiden — portaita — kirkkaista — liukkailla — lounasta — taivaalla
13) Pekan on vaikea oppia... Sinun olisi viisainta unohtaa... Teidän olisi parasta ostaa... Ihmisen ei ole hyvä olla...
14) en missään — en mistään — ei mitään — en mihinkään — en miksikään — en millään — en minkään — en millekään — ei miltään — eivät mitkään
15) A: Onko kukaan soittanut? Liisako? Sanoiko hän mitään tästä illasta?
B: Ei, hän ei sanonut mitään siitä.
C: Mistä näistä kuvista pidät eniten?
D: En pidä niistä mistään. En ymmärrä kuinka ne voivat kiinnostaa ketään.
E: Oletko käynyt missään Afrikan maissa?
F: En missään. Ei kukaan meistä / Kukaan meistä ei / Meistä ei kukaan ole ollut (käynyt) Afrikassa.

C.
1) Kummasta olet kiinnostunut, televisiosta vai radiosta? Kumpaan olet tottunut, teehen vai kahviin? Kummalle soitit asiasta, Ollille vai Villelle? Kumpaa harrastat, ulkoilua vai lukemista? Kummalla on enemmän työtä, perheenäidillä vai -isällä? Kumpia käytät kesälomalla, pitkiä housuja vai shortseja?
2) sillä — siinä — siihen (sinne) — siitä (sieltä) — siihen — sitä; niissä — niihin — niiden — niihin — niitä — niistä

E.
Oli kerran köyhä nainen, joka lähti metsään marjoja etsimään. Metsässä hän tapasi kaksitoista komeaa poikaa, jotka olivat veljeksiä. Veljekset kysyivät naiselta: "Sanohan, muori kulta, mikä on vuoden kaunein kuukausi." Nainen vastasi: "Kauniitahan ne ovat kaikki! Toukokuussa puut saavat vihreät lehdet, heinäkuussa tulee marjoja, marraskuussa lapset luistelevat kirkkaalla jäällä. Todella, kaikki kaksitoista kuukautta ovat minusta yhtä kauniita."
Veljekset tulivat iloisiksi ja sanoivat: "Oletpas sinä ystävällinen. Haluamme antaa sinulle jotakin." Ja he täyttivät naisen korin kultarahoilla. Nainen kiitti heitä kauniisti ja lähti kotiin.
Kun nainen tuli kotiin kori täynnä kultarahoja, naapurit kuulivat tapauksesta, ja pian koko kylä tiesi asian. Seuraavana päivänä tuli naapurin emäntä kysymään, mistä nainen oli saanut rahat. Nainen sanoi ystävällisesti:

"Toivon, että sinäkin saat rahaa. Ota kori ja mene metsään. Varmasti tapaat siellä kaksitoista veljestä. Totta kai he antavat kultarahoja sinulle niin kuin minullekin."

*Naapurin emäntä lähti metsään ja otti mukaansa ison korin. Pian hän tuli siihen paikkaan, missä kaksitoista veljestä asuivat. Veljekset tulivat kysymään tältäkin naiselta: "Sanohan, muori kulta, mikä on vuoden kaunein kuukausi?" Nainen vastasi: "Kaunein kuukausi? Kaikkea te kysyttekin! Nehän ovat kaikki rumia! Heinäkuussa on liian kuuma, syyskuussa sataa, marraskuussa on niin liukasta, että ihmiset kaatuvat, tammikuussa on pakkanen... Todella, kaikki kaksitoista kuukautta ovat minusta yhtä ikäviä."

Veljekset tulivat surullisiksi, mutta sanoivat: "Anna korisi tänne, haluamme antaa sinulle jotakin." Nainen antoi nopeasti ison korinsa veljeksille, ja veljekset täyttivät sen kultarahoilla. Naisella oli niin kiire, ettei hän sanonut veljeksille kiitostakaan, ennen kuin lähti kotiin päin.

Kotona nainen pani korinsa pöydälle ja huusi: "Hei kaikki! Tulkaas katsomaan, mitä hyvää minä metsästä tuon!" Nainen avasi korinsa. Mutta mitä hän näki? Siellä ei ollutkaan kultaa, vaan pieniä kiviä.

F.
sydän — merkillinen tapa — kunto — tämä muutos — onki — kukaan; pyytää — korjata — ihmetellä — tehdä — näyttää — estää

KAPPALE 3
B.
2) Jos olisin asunut, en olisi tarvinnut. Jos K. ei olisi mennyt, hän ei olisi kaatunut. Jos olisit saanut, et olisi sairastunut. Jos olisitte halunneet, olisitte voineet. P. ei olisi lähtenyt, jos hänellä olisi ollut. Olisimme käyneet, jos olisit joutunut. B. olisi ymmärtänyt, jos ihmiset olisivat puhuneet.
3) Jos meillä olisi ollut enemmän rahaa, olisimme voineet ostaa sen mukavan kaksion. Meidän olisi pitänyt muistaa Eeva-tädin syntymäpäivä. Sinun ei olisi pitänyt kertoa äidille. Sinulla olisi voinut olla todella hauskaa eilen, jos olisit lähtenyt mukaan. Hänellä olisi pitänyt olla enemmän järkeä.
4) saadakseni — saadaksesi — saadakseen — saadaksemme — saadaksenne
5) aloittaakseni — ostaakseen — jutellakseni — pestäkseen — kutsuaksemme — oppiaksemme — tutustuaksseen
6) Avasin kuunnellakseni... Kirjoitimme kiittääksemme... tarvitsevat lomaa levätäkseen, saadakseen vaihtelua ja ollakseen... täytyi nousta vastatakseen... Soitin tilatakseni ajan... juovat unohtaakseen... Kerroitko loukatakseesi...
8) Tietääkseni suomi... Ymmärtääkseni ne... Muistaakseni viron... Nähdäkseni ne ovat...
9) hiihtämään — oppiakseen — lepäämässä — levätäkseen — uimasta — uimassa — hoitaakseni — piirtämään — hakeakseni — pysyäksemme — juomaan
10) minkä — kumman — kenet (minkä) — kumman — kumpaa — mitä — mistä — kummasta
11) puhuu molempia/kumpaakin — pidän molemmista/kummastakin — osaatko tehdä työtä molemmilla käsillä/kummallakin kädellä — tutustunut molempiin/kumpaankin — vietämme molemmat/kummankin — kirjoitin kortin molemmille/kummallekin — syö molempia/kumpiakin
12) ei puhu kumpaakaan — en pidä kummastakaan — ei ole tutustunut kumpaankaan — emme vietä kumpaakaan — en ole kirjoittanut kummallekaan — emme tapaa kumpiakaan
13) kumpikin halusi — kumpikaan ei halunnut / ei kumpikaan halunnut — jompikumpi voisi lähteä — voit ottaa jommankumman — voit ottaa kum-

mankin — et voi ottaa kumpaakaan — en välitä kummastakaan — olen kiinnostunut kummastakin — voisinko saada jommankumman
14) Pekka taitaa olla — Huomenna taitaa tulla — Taitaa olla liian myöhä — Taidan lähteä — Liisa ei taida välittää — Sinä taidat tykätä — Timo taisi olla humalassa

C.

1) uin — kirjoitan — piirrän — suunnittelen — tapaan — ansaitsen; uin — kirjoitin — piirsin — suunnittelin — tapasin — ansaitsin; olen uinut — kirjoittanut — piirtänyt — suunnitellut — tavannut — ansainnut; uisin — kirjoittaisin — piirtäisin — suunnittelisin — tapaisin — ansaitsisin; olisin uinut jne.; menen uimaan — kirjoittamaan — piirtämään — suunnittelemaan — tapaamaan — ansaitsemaan; ole hyvä ja ui — kirjoita — piirrä — suunnittele — tapaa — ansaitse; olkaa hyvä ja uikaa — kirjoittakaa — piirtäkää — suunnitelkaa — tavatkaa — ansaitkaa

---

E.

Pukkilan perheessä kaikki harrastavat lottoa. Tähän asti heillä on ollut huono onni, paras tulos on ollut kolme oikein, eikä sillä saa yhtään mitään.

Tällä hetkellä perhe on juomassa lauantai-illan iltateetä. He ovat juuri todenneet, ettei heillä tälläkään viikolla ollut onnea.

Äiti P: Miltähän se nyt tuntuisi jos meillä olisi ollut seitsemän oikein? Meistä olisi tullut lottomiljonäärejä... Kuinkahan sitä osaisi olla jos voittaisi niin paljon rahaa?

Isä P: Niin, mitäs olisit tehnyt jos päävoitto olisi nyt sattunut tulemaan meille?

Äiti: Voi voi, en minä osaa sanoa. Tai kyllä minä ihan ensin olisin maksanut pois tätä asuntovelkaa. Sitten sinulle olisin ostanut videot ja Timolle moottoripyörän.

Päivi: Ja minulle pianon!

Äiti: Niin, sinulle minä olisin ostanut pianon. Ja itselleni tiskikoneen.

Timo: Mitäs sinä isä olisit tehnyt sillä päävoitolla?

Isä: No minä olisin ensin ostanut äidille tiskikoneen ja sinulle moottoripyörän ja Päiville pianon...

Päivi: Ihan niin kuin äiti! Ei sinulla ole mielikuvitusta.

Isä: Ja itselleni minä olisin ostanut uudet sukat kun vanhat on melkein kaikki rikki.

Timo: Ha ha! Mutta sano nyt ihan oikein mitä vielä olisit ostanut? Kai sinä olisit vaihtanut auton vähän isompaan ja hienompaan?

Isä: Ai niin. Minä olisin vaihtanut meidän vanhan Fiatin isoon ja kalliiseen Mersuun. Ja ostanut meille uuden isomman asunnon... Mutta mitenkäs sinä itse olisit käyttänyt niitä meidän miljoonia?

Timo: No kyllä minäkin olisin ostanut teille niitä tiskikoneita ja pianoja ja itselleni sen moottoripyörän, olisin alkanut ajaa motocrossia. Ja ajellut vähän ulkomaillakin.

Isä: Minä en olisi niin paljon välittänyt matkoista. Mutta tiedättekös, minä luulen ihan tosissani että jos sitä rahaa olisi tullut niin minä olisin lähtenyt pois työpaikasta ja perustanut oman autoliikkeen. Se olisi ollut jotakin!

Timo: Hyvä idea! Sitten minäkin olisin saanut jättää koulun kesken ja tulla töihin omaan firmaan.

Isä: Ja äitikin olisi voinut jäädä kotiin, keittänyt vaan täällä meille puuroa ja ollut meidän ilona.

Äiti: Mitä hulluja te puhutte? Että minä jäisin pois töistä? Niin hyvästä työpaikasta, mukava työ ja mukavat ihmiset eikä palkkakaan ole hullumpi. Ja että Timo jättäisi koulunsa kesken? Se ei käy, jos minun sanani mitään painaa tässä perheessä!

Päivi: Äiti, sinulla taitaa olla liiankin vilkas mielikuvitus. Sinä puhut kuin meillä jo olisi lottovoitto.

Äiti: Joka tapauksessa, ehkä se on parempi ettei meillä ollutkaan seitsemän oikein.

Isä: Aiotko sinä nyt lakata lottoamasta meidän muiden kanssa, ettei meistä vaan tulisi liian rikkaita?

Äiti: E-ei, kyllä minä jatkan niin kuin ennenkin. On se niin jännittävää aina lauantaina. Eikä sitä päävoittoa meille kuitenkaan koskaan tule, siitä minä olen ihan varma.

KAPPALE 4
B.
1) a) selitetään — pestään — hoidetaan — pyydetään — keskitytään — pysäköidään
b) ei ajeta / pyöräillä / lueta / jätetä / valita
2) lähdetäänkö — ostetaanko — otetaanko — maistetaanko — levätäänkö — tavataanko — käydäänkö — unohdetaanko
(eikö lähdetä jne.)
4) Kahvi(a) juodaan. Laskut maksetaan. Vieraita kieliä opiskellaan. Matkatavarat pakataan. Asunto vuokrataan. Puheenjohtaja valitaan. Laina otetaan. Hauskoja vitsejä kerrotaan. Lahja annetaan.
(Kahvia ei juoda jne.)
5) hoidetaan — opetetaan — mainostetaan — poimitaan — rakennetaan — valmistetaan — leivotaan — pestään — annetaan
6) hiihdetäänkö — saadaanko — voidaanko — pidetäänkö — kirjoitetaanko — vietetäänkö — vaihdetaanko — ymmärretäänkö
7) Mökki rakennetaan... Asia selitetään... Työ aloitetaan... Puhe pidetään... Laulaja tunnetaan... Janne jätetään... Sana äännetään... Kirjoja ostetaan...
8) Toivotaan, että... Pelätään, että... Odotetaan, että... Usein unohdetaan, että... Aina ei huomata, että... Ulkomailla ei aina tiedetä, että...
9) Aamulla noustaan. Sitten juodaan... Työhön lähdetään... Keskipäivällä syödään... Sen jälkeen jatketaan... Kotiin palataan... Kotona vietetään... Illalla katsotaan... Joskus käydään... Lauantaina kylvetään... Saunassa ollaan n. tunti.
10) kammataan — harjataan — kirjoitetaan — maksetaan — hiihdetään — tehdään työtä — liikutaan — ajatellaan — nähdään — kuullaan — haistetaan — maistetaan — otetaan kuvia — pestään — pakastetaan — avataan — soitetaan levyjä — soitetaan tuttaville — keitetään
13) Tämä talo myydään. Sen ostaa Lehtisen perhe. Tuota (sitä) laulua lauletaan kaikkialla maassa. Sitä laulavat nuoret ja vanhat, miehet ja naiset.
14) vettä veden vedessä vedestä veteen vedellä
vedet vesiä vesien vesissä vesistä vesiin vesillä
15) a) viidentoista — kuudella; kuudenkymmenenkuuden vuoden — viiden kuukauden; vuosien — vuosien; uudet — yhdet — kaksia
b) yhdestä kahteen (kolmestatoista neljääntoista) — viidestä kuuteen (seitsemästätoista kahdeksaantoista); kuudestatoista kahteenkymmeneen; kuukaudesta kuukauteen — vuodesta vuoteen; kädestä ... käteen; kannesta kanteen
16) vedeksi — suden — virsiä — länteen — vuodessa — vuorokaudessa — kannet — käsillään — uusia — totta

C.
1) vapaa huone — valmis rakennus — kirkas auringonvalo — väsynyt ihminen — epäkohtelias asiakas — se salaisuus — kolmas kerros — terveellinen ilmasto — terveellisempi ilmasto — terveellisin ilmasto; kallis liike — läm-

min asunto — tärkeä kokous — paras museo — kuollut lintu — kohtelias sana — se harrastus — voimakas johtaja — vaikeampi ongelma — vaikein kysymys
3) Missä muissa pääkaupungeissa olette käyneet? Mistä muista näytelmistä pidät? Millä muilla tavoilla lihaa voi valmistaa? Mille muille sukulaisille...? Mihin muihin maihin...? Miltä muilta tuttavilta tuli onnitteluja?

D.
Ari (8-vuotias): Me lähdetään mökille heti kun koulu loppuu ja me ollaan siellä melkein koko kesäloma. Siellä on hirveen kivaa. Me uidaan monta kertaa päivässä ja ongitaan ja siellä saa melkein aina kalaa. Ja mun serkut asuu siinä ihan lähellä ja me käydään niillä joka päivä. Me pidetään urheilukilpailuja muiden poikien kanssa, mä olen voittanut monta kertaa juoksukilpailuissa. Illalla me käydään katsomassa telkkaria serkkujen luona. Joskus me mennään saareen, ja äiti on sanonut että me saadaan viedä sinne teltta ja olla siellä yötä. Meidän isä tulee aina viikonlopuksi sinne ja tuo kaikkea hyvää. Kyllä olis kiva kun ei tarvitsis ollenkaan lähteä mökiltä kouluun.
Jenni (14-vuotias): Mun isä ja äiti tahtoo aina että mä lähden niiden kanssa mökille. Sanokaa mitä mä siellä voin tehdä? Siellä ei ole yhtään mitään muuta kuin aina se sama järvi ja sama sauna ja sama mökki, ja kaikki mun kaverit on kaupungissa, ja kun mä ajattelen että nyt ne menee diskoon ja elokuviin ja kuuntelee kivaa musiikkia niin mä tulen ihan hulluks. Jos mä kestän vielä nää pari vuotta ennen kuin mä voin mennä kesätöihin niin mä olen päättänyt että sitten en kyllä ikinä lähde mökille.
Martti Luoto: Meillä on ollut oma mökki nyt viisi vuotta. Sitä ennen meillä oli joka kesä vuokramökki. Mutta ei se ollut samaa. Ei voinut samalla tavalla tehdä mitä halusi. Nyt voi joka kesä rakentaa tai korjata jotain, kasvattaa omassa pihassa mitä haluaa, meillä on omenapuitakin. Jo talvella me aletaan suunnitella mitä kesällä tehdään. Ja heti kun lumi sulaa, me aletaan käydä viikonloppuina mökillä. Onneksi vaimo on samanlainen, me molemmat viihdytään luonnossa paremmin kuin missään muualla. Mökillä voi koko ajan seurata miten kaikki kasvaa ja alkaa kukkia ja sitten syksyllä kuolee. Me ollaan molemmat kaupunkilaisia, mutta kyllä meistä on tullut ihan mökkihulluja.
Ulla Laine: Kun ihmisiltä kysytään että mitä ongelmia teillä on, niin minun ongelmani on kesämökki.
Se on monen mielestä varmasti ihan hyvä mökki. Ongelma on siinä että minun ideani kesäloman vietosta on ihan toisenlainen. Vaikka minä olen kotoisin maalta niin minä en viihdy maalla. Miksi minun täytyy joka kesä lähteä lasten kanssa paikkaan jossa ei ole sähköä, puhelinta, televisiota, jääkaappia, ei mitään mukavuuksia, vesikin täytyy kantaa sisään ja ulos? Mies ja lapset ovat siellä kyllä kuin kala vedessä. Mutta kun minä pesen vaatteita järvessä ja astioita ilman tiskikonetta, niin minä lasken päiviä koko pitkän kuukauden ajan, että milloin loma loppuu ja voidaan muuttaa takaisin kaupunkiin elämään normaalia elämää. Minä tahtoisin lomalla ulkomaille, tai matkustella kotimaassa. Mutta ei, mökille sitä taas mennään...

KAPPALE 5
B.
1) Kahvi(a) juotiin. Laskut maksettiin. Vieraita kieliä opiskeltiin. Matkalaukut pakattiin. Asunto vuokrattiin. Puheenjohtaja valittiin. Laina otettiin. Lahja annettiin. Ystäviä tavattiin.
Kahvia ei juotu jne.
3) Eilen ei liikuttu — urheiltu — hiihdetty — juostu — kävelty — pelattu — käyty — nähty

4) noustiinko — mentiinkö — oltiinko — lähdettiinkö — katsottiinko — kuunneltiinko — nukuttiinko

5) Aamulla nukuttiin... Iltapäivällä käveltiin... , katseltiin... juotiin... Kahvilassa tavattiin... , istuttiin ja keskusteltiin... Illalla lähdettiin... , missä nähtiin musikaali. Kotona vaihdettiin...

6) Ennen kutsuja siivottiin talo. Perjantaina ostettiin ruokatavarat. Lauantaina valmistettiin ruoka ja pantiin astiat pöytään. Vieraita tervehdittiin iloisesti ja sanottiin: ”Tervetuloa!” Syötiin keittoa, liharuokaa ja salaattia ja jälkiruokaa. Lopuksi juotiin kahvia. Juteltiin, kerrottiin vitsejä, naurettiin, laulettiin iloisia lauluja, oltiin hyvällä tuulella, tanssittiin. Kello kaksi mentiin nukkumaan.

8) laiskemmin — laiskimmin — sujuvammin — sujuvimmin — aikaisemmin — aikaisimmin — kauniimmin — kauneimmin — paremmin — parhaiten — kauemmin — kauimmin — kovempaa — kovimpaa — mieluummin — mieluiten (mieluimmin)

9) kovempaa — paremmin — lyhyemmin — hauskemmin (mielenkiintoisemmin) — kauniimmin — iloisemmin — kohteliaammin — enemmän

10) kaikki — kaikesta — kaikesta; kaikki — kaikkia — kaikkiin — kaikista

C.
1) ääreen — lähelle — viereen — väliin — ulos — sisälle (sisään) — alle — mukaan peliin — luokse(mme) — tänne alas — tänne ylös — tänne taakse — tähän eteen

2) a) museoita — vanhoja kirkkoja — historiallisia kaupunkeja — tavarataloja — suuria liikkeitä — ravintoloita — juhlia — elokuvia — kauniita koteja
b) museoissa — vanhoissa kirkoissa — historiallisissa kaupungeissa — tavarataloissa — suurissa liikkeissä — ravintoloissa — juhlissa — elokuvissa — kauniissa kodeissa
c) museoihin — vanhoihin kirkkoihin — historiallisiin kaupunkeihin — tavarataloihin — suuriin liikkeisiin — ravintoloihin — juhliin — elokuviin — kauniisiin koteihin

3) joka — jonka — jonka — jota — josta — johon — jolle — jolla; jotka — joiden — jotka — joita — joista — joihin — joille — joilla

D.
(Väärät vastaukset ovat sulkeissa.)
1. Rooman kaupunki perustettiin (1300 eKr.) 753 eKr.
2. Amerikka löydettiin 1492 (1776).
3. Napoleon voitettiin Waterloossa 1815 (1820).
4. Pariisin Eiffel-torni rakennettiin 1889 (1900).
5. Ensimmäiset nykyaikaiset olympiakisat pidettiin Kreikassa (1880) 1896.
6. Ensimmäiset television koelähetykset lähetettiin Englannissa (BBC:ssä) 1932 (1940).
7. Atomipommi pudotettiin Hiroshimaan (1939) 1945.
8. Rauha toisen maailmansodan jälkeen tehtiin Pariisissa (1945) 1947.
9. YK perustettiin 1945 (1955).
10. Ensimmäinen suomenkielinen kirja julkaistiin (1380) 1543.
11. Suomen ensimmäinen yliopisto perustettiin Turkuun 1640 (1809).
12. Helsingistä tehtiin Suomen pääkaupunki (1550) 1812.
13. Suomen naisille annettiin äänioikeus 1906 (1918).
14. Helsingissä pidettiin olympiakisat (1940) 1952.
15. Mauno Koivisto valittiin Suomen presidentiksi 1982 (1986).

G.
1) a) seuraava ruoka — maku — autoilija — monenlainen rajoitus — vieras kaupunki — saapuminen — tulos
b) vaihdella — pelätä — määrätä — vastustaa

KAPPALE 6

A.

1) syötäviä — vastattava — vastattavaa — muistettava — muistettavat — esitettävä — esitettävät — tarvittava — tarvittavan — laulettava — laulettavan — käännettävä — käännettäviä — luettava — luettavien — ymmärrettävä — ymmärrettäviä

2) mitään tehtävää — paljon ostettavaa — jotain kysyttävää — mitään selitettävä — mitään tarjottavaa

3) suljetun — poltettu — poltettuja — silitetty — silitettyä — annettu — annetun — tilattu — tilattuja — paistettu — paistetuista — leivottu — leivottua — tehty — tehtyä

4) vuokrattava — vuokrattu — maksettavan — maksetun — paistettavaa — paistettua

5) juostava — käveltävä — pyöräiltävä — ajettava matka; juostu — kävelty — pyöräilty — ajettu matka

6) ostavaa — ostettavia — luettavia — lukevia — soittava — soitettava — hiihtäviä — hiihdettävän

7) nukkunut — nukuttu — opittuja — oppineita — laulanut — laulettu — pelanneen — pelattu

8) Vaihdoin yhden punnan. Nuori pari haluaisi yhden lapsen. Olen huomannut yhden virheen. Pysy vuoteessa yksi päivä. Saimme yhden vapaalipun. Pekka on ajanut yhden kolarin. Anna minulle yksi markka.

9) Nämä neljä perhettä ovat meidän naapureita(mme). Täällä on noin viisikymmentä ihmistä. Peltosen kaikki kolme poikaa harrastavat urheilua. Parikymmentä turistia seisoo torilla.

10) a) Ei minulla ole kahta — viittätoista — kahdeksaakymmentä — kahtasataa markkaa.

b) yhdellätoista — seitsemälläkymmenelläviidellä — kahdeksallasadalla — kahdellatuhannella viidelläsadalla markalla — viidessä — kuudessa — kahdeksassa — kymmenen — yhdentoista — viidentoista — kahdenkymmenenviiden — yhdeksästätoista — viiteen — kahdestakymmenestäkahdeksasta — yhdeksästä viiteen (seitsemääntoista) — puoli seitsemästä seitsemään (kahdeksastatoista kolmestakymmenestä yhdeksääntoista).

12) kahdet — kaksia — viidet — kuusissa — yhdet — neljät

B.

1) a) kuivata *to dry* — erota *to get divorced* — matkustella *to travel about* — rangaista *to punish* — kastella *to water*

b) saavutan saavuttaa *to reach, obtain* — laadin laatia *to draw up, make* — tapan tappaa *to kill* — hävitän hävittää *to destroy* — peseydyn peseytyä *to wash (oneself)* — sammutan sammuttaa *to put out, extinguish* — hyväksyn hyväksyä *to accept*

2) ketä, keitä — kenelle, keille — kenestä, keistä — keneen, keihin — kenen, keiden — kenet, ketkä

D.

Noin viikko sitten televisiossa nähtiin ohjelma, joka kertoi pohjoissuomalaisesta kylästä nimeltä Lapajärvi. Lapajärvi on melko tyypillinen pieni pohjoissuomalainen kylä. Keskellä kylää on kaunis, puhdas järvi ja kylän ympärillä suuria metsiä. Matkaa kirkonkylään on yli 40 kilometriä, lähimpään kaupunkiin toistasataa kilometriä ja maan pääkaupunkiin yli 900 kilometriä. Tehtaita ei ole. Mistä ihmiset sitten saavat rahaa? Kylässä pidetään lehmiä, sieltä myydään maitoa, ja miehet tekevät metsätöitä. Ihmiset eivät ole rikkaita, mutta eivät köyhiäkään. Taloissa on puhelin, televisio, pesukone ja traktori.

Mutta Lapajärven kylällä on suuri ongelma. Keski- ja Etelä-Suomenkin pienissä kylissä tunnetaan sama ongelma, mutta pohjoisessa se on pahin.

Lapajärvi on kuoleva kylä. Kolmekymmentä vuotta sitten siellä asui vielä paljon ihmisiä. Perheet olivat nuoria ja heillä oli paljon lapsia: viisi, kuusi, enemmänkin. Kylässä oli koulu ja kauppa ja paljon elämää.

Mutta kun näistä lapsista tuli aikuisia, heille ei ollutkaan työpaikkoja omassa kylässä tai omassa maassa. Suomessa oli sodan jälkeen syntynyt hyvin paljon lapsia, ja varsinkin Pohjois-Suomesta puuttui sekä työpaikkoja että asuntoja.

*Mutta naapurimaassa Ruotsissa oli työpaikkoja ja asuntoja, ja siellä oli suuremmat palkat ja korkeampi elintaso. Ruotsin kaupunkeihin, varsinkin tekstiili- ja autotehtaisiin lähti Suomesta enemmän ja enemmän ihmisiä. Nykyisin Ruotsissa asuu noin 350 000 suomalaista.

Koska Lapajärven nuoret ovat lähteneet Ruotsiin, kylässä on jäljellä vain keski-ikäisiä ja vanhoja. Koulu on ollut suljettuna jo monta vuotta. Vain yhdessä perheessä on lapsia, ja kouluauto vie heidät kirkonkylän kouluun. Kauppakin on kiinni, koska ei ole tarpeeksi asiakkaita. Vain kauppa-auto käy kylässä pari kertaa viikossa.

Mutta kerran vuodessa, heinäkuussa, kun Ruotsin tehtaissa on kesäloma, Lapajärven kylä on täynnä vilkasta elämää. Jokaisen talon edessä seisoo auto, jossa on ruotsalainen rekisterinumero. On hauska tavata ystäviä ja sukulaisia, käydä saunassa, uida ja kalastaa omassa järvessä. Mutta on surullista, että monet isovanhemmat eivät ymmärrä mitään lastenlastensa puheesta, koska isovanhemmat osaavat vain suomea ja lastenlapset vain ruotsia. Lapajärven lapsista on tullut ruotsalaisia, ja kylä itse kuolee.

E.
1) a) kokea — ihmetellä — hakea b) uutinen — toisenlainen — itäisin kunta — terve nuori ihminen — kiinnostunut — uusin hitti

KAPPALE 7
B.
1) Sinun on kerrottava — oltava — tutustuttava; teidän on annettava — ulkoiltava — otettava — autettava
2) sinun on muistettava — Niemisten oli muutettava — hänen on saatava — minun on kirjoitettava — meidän olisi tilattava
3) pesukone on korjattava — kirje on vietävä — opettajalla on oltava — laskut on maksettava — työ oli tehtävä
4) Kaikkien on tehtävä työtä. Sinun on puhuttava totta. Minun on pyydettävä sinulta anteeksi. Sairaiden on pysyttävä vuoteessa. Kenen on pestävä astiat? Lasten on käytävä koulua. Teidän on unohdettava tämä pettymys. Nuorten opiskelijoiden on löydettävä kesätyöpaikka.
7) viides — kolmannen — seitsemättä — neljännellä — kymmenenteen: ensimmäisellä — seitsemännellä — yhdeksännellä; toisessa — neljännessä — kymmenennessä — kuudennessatoista; toiseen — neljänteen — kymmenenteen — kuudenteentoista; yhdennellätoista — viidennellätoista — viidennentoista
8) a) Ludvig XIV:n (neljännentoista) b) Kaarle XII:een (kahdenteentoista) c) Henrik VIII:lla (kahdeksannella) d) Aleksanteri II:n (toisen) e) Juhana III:sta (kolmannesta)
9) heinäkuun seitsemännen — elokuun neljännentoista — lokakuun kahdennenkymmenennenyhdeksännen — marraskuun kolmannenkymmenennen; kesäkuun kahdettatoista — syyskuun seitsemättätoista — joulukuun kahdettakymmenettäkahdeksatta — marraskuun kolmattakymmenettä; neljäntenä huhtikuuta — kymmenentenä elokuuta — kahdentenakymmenentenäkuudentena syyskuuta — kolmantenakymmenentenäyhdentenä joulukuuta; kesäkuun kolmanteen — elokuun yhdenteentoista — lokakuun kahdenteenkym-

menenteenneljänteen — tammikuun ensimmäiseen; ensimmäisestä kesäkuuta ensimmäiseen heinäkuuta — kymmenennestä kesäkuuta viidenteentoista heinäkuuta — kolmannestakymmenennestä heinäkuuta kolmanteenkymmenenteenyhdenteen elokuuta

10) kolmannet — toiset — viidennet — kolmansia

11) Mihin aikaan ihmiset pääsevät työstä arkisin? Ville haluaa päästä työelämään heti, kun hän on päässyt peruskoulusta. Miten täältä pääsee nopeimmin lentoasemalle? Pirjo haluaa päästä opiskelemaan historiaa. Vanki pääsi vapaaksi viime kuussa.

12) Monia tyttöjä kiinnostaa sairaanhoito. Jos sinua kiinnostaa monipuolinen työ... Lasten harrastukset kiinnostavat vanhempia. Ketä kiinnostaisi retki Isoonsaareen?

13) a) itselleni, itselleen — itseäni, itseään — itseeni, itseensä — itselleni, itselleen — itsestäni, itsestään — itseni, itsensä

b) Joskus ihminen ei ymmärrä itseään. En voi antaa tätä anteeksi itselleni. Rakas ystävä, sinun täytyy ajatella myös itseäsi. Väitätkö sinä, että me välitämme vain itsestämme? Tämä diiva ihailee vain itseään. Kysykää itseltänne, mitä todella haluatte.

14) Alvar Aallon itsensä — paavia itseään — arkkipiispaan itseensä — pääjohtajalta itseltään — rouva Aholle itselleen — Mika Waltarista itsestään

C.

1) siitä — sitä — siitä — sitä — sitä — siitä — sitä — sitä — siitä — sitä — siitä — sitä

2) jonkin romaanin — romaaneja — romaania — tuota romaania — sen — dekkareita — murhaajia — pahoja unia — aivan toisenlainen kirja — romanttisia kirjoja — hänet — tämä lahja — romanttisia kirjoja — niitä — mitään erikoista — historiallista romaania — historiaa — sopivaa kirjaa — yksinkertaisen, mutta hyvän aatteen — myyjän — millainen kirja — paksuimman romaanin — minkä (mitä) — tämä — romanttisempaa kirjaa — krokotiilinkin — se kirja — sen — yhtä asiaa — romaaneja

---

D.
Pekka: Hei Sari! Pitkästä aikaa!
Sari: No hei, sinuakin näkee!
P: Mitenkäs kesä on mennyt? Mitä sinä olet hommannut?
S: Töissähän minä olen ollut.
P: Missä?
S: Pankissa.
P: Sinä sanot sen ihan kuin et olisi kovin hirveän innostunut siellä olemisesta.
S: En minä olekaan. Minä olin tässä samassa pankissa jo viime kesän, ja kun minua pyydettiin sinne uudelleen, niin minä menin oikein mielelläni. Minä viihdyin siellä hyvin ensimmäisellä kerralla, kun kaikki oli uutta. Mutta nyt se on sitä yhtä ja samaa koko ajan. Et usko miten kyllästynyt minä olen!
P: No, kohtahan lukukausi alkaa ja sinä pääset sieltä pois.
S: Niin, minä lasken jo päiviä. Entäs sinä, oletko sinä ollut ulkomailla vai töissä?
P: Töissähän sitä on oltava jos haluaa saada rahaa talveksi. Minä olen matkatoimistossa.
S: No minkälaista siellä on? Tykkäätkö sinä siitä?
P: Kyllä minä olen aika innostunut. Siellä tapaa erilaisia ihmisiä, jokainen päivä on erilainen. Ne ovat pyytäneet minua jäämään osapäivätyöhön talveksi, ja minä luulen että jään.
S: Onko siellä vaikeita asiakkaita?

P: On joskus, ei kylläkään usein. Valituksia tietysti tulee jonkin verran. Lentokoneet myöhästyvät, tai kaikki eivät ole tykänneet oppaasta, tai hotelli on ollut huono, esimerkiksi huonoa ruokaa tai yöllä paljon melua. Kyllä useimmilla on ihan selvä syy minkä takia valittavat.

S: Onko siellä puhuttava vieraita kieliä?

P: No kyllä englantia, saksaa ja ruotsia joutuu käyttämään aika usein.

S: Riittääkö sinun saksan taitosi todella saksaa puhuvien turistien palvelemiseen? Mehän luettiin lyhyt kurssi.

P: Meillä on siellä pari vanhempaa kaveria joiden vahvin kieli on saksa, ja ne yleensä hoitavat saksaa puhuvat turistit. Mutta joskus minunkin on puhuttava saksaa, ja alussa se oli tosi vaikeaa. Mutta siellä on yksi tyttö jonka isä on saksalainen. Minä olen saanut häneltä keskustelutunteja, ja se on hirveän hyödyllistä.

S: Sinä taidat olla todella innostunut tästä alasta. Tuleeko sinusta isona suuri matkatoimiston johtaja joka on aina lentämässä ympäri maailmaa?

P: Aika näyttää. Ei se olisi yhtään hullumpaa työtä. Mutta kyllä minä luulen, että enemmän siinä kuitenkin on istuttava kotimaassa ja tehtävä kovasti töitä, jos haluaa menestyä alalla.

KAPPALE 8
B.

1) kahvi(a) on juotu — laskut on maksettu — vieraita kieliä on opiskeltu — matkalaukut on pakattu — asunto on vuokrattu — puheenjohtaja on valittu — laina on otettu — lahja on annettu — laulu on laulettu — hauskoja vitsejä on kerrottu
(kahvia ei ole juotu jne.)

2) Onko se jo rakennettu? — myyty? — otettu? — vuokrattu? — avattu? — hankittu? Onko heidät jo kutsuttu?

3) sitä ei ole myyty vielä / korjattu / leivottu / lainattu — niitä ei ole valittu / postitettu — sitä ei ole tehty

4) eikö stipendiä ole haettu — eikö tänä aamuna ole soitettu — eikö siihen kirjeeseen ole vastattu — eikö asiaa ole ymmärretty — eikö sitä ole tehty — eikö Mäkisiä ole kutsuttu — eikö näitä tavaroita ole mainostettu televisiossa?

6) oliko kirja luettu / kirje kirjoitettu / laskut maksettu / matkalaukut pakattu / likaiset vaatteet pesty / huoneet siivottu / ruoka valmistettu / koira syötetty ennen iltaa?
(kirjaa ei ollut luettu jne.)

7) Asunnossa oli käyty. Sisään oli tultu ikkunasta. Ikkuna oli rikottu. Kaikki laatikot oli avattu. Tavarat oli heitetty lattialle. Paljon tavaraa oli särjetty. Kaikki rahat oli varastettu. Kaikki, mikä oli arvokasta, oli otettu.

8) olemme olleet... viikon — olimme suunnitelleet — me olemme — olemme asuneet — olemme kalastaneet — olemmekin saaneet — emme ole ostaneet — olemme poimineet — olemme saunoneet ja uineet ja paistaneet ja jutelleet ja laulaneet — olimme luulleet — emme ole nähneet — emme olleet käyneet — tulemme

9) On sanottu, että nälkä on paras kokki. Joku on sanonut, että suomalaiset ovat maailman ujoin(ta) kansa(a). Sotavuosia ei ole unohdettu Euroopassa. Eurooppalaiset eivät ole unohtaneet sotavuosia. Tämä sävellys oli esitetty ensi kerran 1940. Sen oli esittänyt maan paras orkesteri.

10) a) se tehdään / sitä ei tehdä, se tehtiin / sitä ei tehty, se on / sitä ei ole tehty, se oli / sitä ei ollut tehty
b) asemalla odotettiin — juhlaa on odotettu — niitä ... ei odoteta — tytärtä oli odotettu — vastausta ei odotettu — myrskyä ei ollut odotettu — koskaan ei kesää ole odotettu

11) a) Koiralle annettiin ruokaa ja se söi sen. b) Liisa oppii kyllä kaiken (kaikki) mitä hänelle opetetaan. c) Äiti on ollut sairaana koko viikon; häntä on hoidettu kotona. d) On hauska hiihtää nyt, kun ladut on lopulta tehty lähimetsiin. e) Suomessa on käyty joulusaunassa vanhoista ajoista lähtien. f) Miksi lunta ei ole vieläkään kuljetettu pois kaduilta?

12) a) leipominen — kuusen hakeminen — sen koristaminen — joulukorttien kirjoittaminen — niiden postittaminen — joulupukin tilaaminen
b) et saa unohtaa lapsenvahdin hankkimista — auton pesemistä — kutsujen lähettämistä — sedälle soittamista — paitojen silittämistä — lakanoiden vaihtamista
c) rakastan matkustamista — leipomista — uimista — lukemista
d) pidän/en pidä Helsingissä asumisesta — aikaisin nousemisesta — ihmisten tapaamisesta — lasten hoitamisesta — huoneiden siivoamisesta — kylässä käymisestä
13) jotain juomista — mitään pelkäämistä — jotain kysymistä — mitään lisäämistä — jotakin sanomista
14) luistelemisen — silittämisestä — pesemisestä — korjaamisesta — valmistamisesta — tekeminen — valitseminen — syömistä ja juomista — ulkoilemista
15) jokin — joku — jonkun — jonkin — jotakin — jostakin — jollakin — johonkin — joltakin (joltakulta) — johonkin/joihinkin — jonakin — jotkut — jotkut (jotkin)
16) a) odottaa jotakin — pitää jostakin — tottua johonkin — kirjoittaa jollakin — pelätä jotakin — tulla joksikin — olla jonkin arvoinen — käydä jossakin
b) jostakin — johonkin — jonnekin — jossakin
c) Pidän joistakin, mutta en kaikista. Tiedän joidenkin, mutta en kaikkien. Olen joissakin, mutta en kaikissa. Olen joihinkin, mutta en kaikkiin. Olen joillekin, mutta en kaikille.
17) välittää jostakin henkilöstä t. jostakusta — ajatella jotakin henkilöä t. jotakuta — tutustua johonkin henkilöön t. johonkuhun — saada lahja joltakin henkilöltä t. joltakulta — ihailla jotakin henkilöä t. jotakuta — antaa jotakin jollekin henkilölle t. jollekulle

C.

maalla — kaupungissa — taivaalla — toisella luokalla — hyvällä tuulella — asemalla — lounaalla — Koposella — rannalla — tunnilla — kurssilla — keväällä — aamulla; maassa — kadunkulmassa — missä kerroksessa — junassa — radiossa — televisiossa — päässä — jalassa — kädessä — sormessa — missä pöydässä — tänä keväänä — tänä aamuna

---

F.
Puhutaan tällä kertaa vähän joulupukista.
Joulupukin asuinpaikasta on maailmalla paljon vääriä käsityksiä. Muutamissa maissa on esim. uskottu, että joulupukki asuisi pohjoisnavalla. Suomessa sen sijaan on aina tiedetty, että pukki asuu Korvatunturilla Suomen Lapissa.
Jo parinkymmenen vuoden ajan on ollut mahdollista kirjoittaa Korvatunturin joulupukille, kertoa hänelle mitä haluaisi saada joululahjaksi ja saada myös vastaus kirjeeseensä. Joulupukin postitoimisto sijaitsee Rovaniemellä ja toimiston kiireisin työaika on marras—joulukuussa.
Vuonna 1974 joulupukki sai maailman lapsilta noin 18 000 kirjettä, joista 10 000 oli Suomesta ja 8 000 muista maista. Joulupukille kirjoittaminen on kuitenkin lisääntynyt vuosi vuodelta, ja 1985 hän sai jo lähes 200 000 kirjettä. Eniten hänelle on tietenkin kirjoitettu Suomesta, mutta kirjeitä saapuu kyllä joka puolelta maailmaa. Kuten monena muunakin vuonna, eniten kirjeitä Suomen ulkopuolelta oli 1985 lähetetty Japanista — lähes 20 000 kap-

paletta. Australiasta oli tullut 13 000 kirjettä, Englannista 6 000, Yhdysvalloista lähes 3 000, Unkarista 700 jne. Mutta myös sellaisista kaukaisista maista kuin Costa Ricasta, Zimbabwesta tai Bahrainista on kirjoitettu joulupukille.

Pukin puhelin on myös ollut ahkerassa käytössä. Hänelle on tullut kymmeniätuhansia puheluja monista eri maista.

Vuoden 1985 kirjeissä tytöt toivoivat erikoisesti nukkeja ja pojat avaruusleluja. Eri maissa lasten toivomukset voivat olla aika erilaisia. Suomalaislapset toivovat usein suksia, luistimia ja kelkkoja. Amerikkalaislapset voivat toivoa esim. poikaystävää tai että heidän perheensä tulisi rikkaaksi. Japanilaislapset eivät aina toivo itselleen mitään. He toivovat ehkä rauhaa maailmaan tai pyytävät joulupukkia käymään Japanissa. Eräs pieni japanilaistyttö kirjoitti: "Näen sinusta unta joka yö." Lapset lähettävät myös pukille pieniä lahjoja, piirustuksiaan jne.

Joskus lapset huomaavat, että he ovat unohtaneet jonkin tärkeän toivomuksen, tai he muuttavat mieltään, ja soittavat tai kirjoittavat joulupukille useammin kuin kerran. Muutamat pelkäävät, ettei pukki löydä heitä, koska heidän perheensä on muuttanut. Joku kirjoittaa: "Ole kiltti ja muista tuoda meidän lahjat mummolaan, vietämme siellä joulua tänä vuonna."

KAPPALE 9
B.
1) kampaaja — kääntäjä — kokenut kääntäjä — kääntäjänä — insinöörinä — tietokoneinsinööri; opettajana — erinomainen opettaja; upseerina — nuori upseeri — luutnantti; muusikko — soittajana — hyvin lahjakas
2) kuolleena — rikkaana — aivan köyhänä — nuorena poikana — keski-ikäisenä liikemiehenä — masentuneena — suorana — iloisena — kauniina, vilkkaana — hajamielisenä, huolestuneena — vapaina — likaisina — puhtaina — onnettomina — rauhallisina
3) Seisoin bussissa väsyneenä. Lapsi kokosi palapeliä innostuneena. Taiteilija katseli näyttelyään tyytyväisenä. Ihmiset katselivat... kiinnostuneina, mutta kriittisinä. Nina on palannut... entistä kauniimpana ja tyylikkäämpänä.
4) iloisesti — iloisena — väsyneinä — hitaasti — onnellisesti — onnellisina — ystävällisesti ja kohteliaasti — ystävällisenä ja kohteliaana
5) Nuorena opiskelijana Pekka osallistui... Väsyneinä lapset itkevät... Vasta vanhana ja sairaana taiteilija alkoi... Italialaisena Carlo rakastaa... Viehättävänä ja sydämellisenä ihmisenä Raija on...
6) a) Pidän tuota ajatusta mahdottomana. Pidimme tätä ohjelmaa mielenkiintoisena. Ihmiset pitävät sellaisia asioita tärkeinä. Pidät siis Helsinkiä miellyttävänä kaupunkina. Useimmat pitävät Picassoa parhaana modernina maalarina. Jotkut pitävät modernia arkkitehtuuria steriilinä. Pidän teidän mielipiteitänne liian subjektiivisina.
7) vappuna — jouluna — pääsiäisenä — juhannuksena — itsenäisyyspäivänä; ensimmäisenä toukokuuta — kymmenentenä lokakuuta — kahdentenakymmenentenäkahdeksantena helmikuuta — kuudentena joulukuuta; yöllä — uudenvuoden yönä — keväällä — tänä keväänä — syksyllä — toissa syksynä — päivällä — pyhäpäivinä — illalla — kauniina kesäiltoina
8) suuriksi — vanhoiksi — valmiiksi — vapaiksi — valoisiksi — kylmiksi — mahdollisiksi — märiksi
9) Minä vuonna Urho K. valittiin Suomen presidentiksi? Minä päivänä aiotte saada työn valmiiksi? Koska lapset ovat pieniä, Leena ei mene työhön, vaan jää kotirouvaksi. Syksyllä yöt käyvät yhä lyhyemmiksi ja pimeämmiksi. Pikkulapsen suru vaihtuu helposti iloksi. Syötkö mieluummin kovaksi vai pehmeäksi keitettyjä kananmunia? Mitä ostatte Pekalle syntymäpäivälahjaksi?

10) a) Sarista tulee lentoemäntä. Hänen pikkusisarestaan tulee perheenäiti. Hänen veljestään... jalkapalloilija. Pertistä... lentäjä. Hänen parhaasta ystävästään... eläinlääkäri.
b) Pentti tulee työtoverikseni. Insinööri R. tulee esimieheksenne. Tyttö tulee oppaaksemme. Kuka tulee tulkiksemme?
11) Mitä yliopisto aikoo tehdä opintojen nopeuttamiseksi? Lääkärit etsivät lääkkeitä syövän parantamiseksi. Punainen Risti järjestää keräyksen Afrikan lasten auttamiseksi.
12) Menen sinne viikoksi / Ivaloon päiväksi / Kemiin kahdeksi päiväksi / ystäväni luokse torstaiksi / Ouluun vain muutamiksi tunneiksi / viikonlopuksi Kuusamoon.
13) mihin — mihin — jää vuoteeseen pariksi päiväksi — pysy vuoteessa pari päivää — asua Lapissa vuoden — jää luokseni viikonlopuksi

C.
1) a) Pikku Liisalla on valkoinen kissa. b) Saanko (vähän) kylmää vettä? c) Saisinko vielä toisen lasin? d) Mitä syöt tavallisesti aamiaiseksi? e) Juon usein kupillisen teetä. f) Ota lisää kahvia! g) Meillä oli hauskaa. h) Pidä (pitäkää) hauskaa! i) Me kävimme uimassa. j) Hän odottaa vauvaa. (Hän saa vauvan.) k) En ehdi auttaa sinua tänään. l) Hänen on tehtävä se. m) Hänen ei tarvitse tehdä sitä. n) Minun täytyy leikkauttaa tukkani.
2) mies ja vaimo kyllästyvät toisiinsa / vihaavat toisiaan — hymyilemme toisillemme — he ovat kiinnostuneita toisistaan — Virtaset ja Lahtiset tulevat hyvin toimeen toistensa kanssa — sinä ja naapurisi tunnette toisenne — V. ja minä emme voi sietää toisiamme — ihmiset ja käärmeet pelkäävät toisiaan

---

F.
Oletko nähnyt Chaplinin elokuvan nimeltä Kultakuume? Viime vuosisadan lopulla, jolloin Alaskan Klondykesta löydettiin runsaasti kultaa, tämän kuumeen saivat kymmenettuhannet ihmiset monissa maissa, kaukaisessa Suomessakin.

Yksi näistä kullanetsijöistä oli Kalle Joutsen, joka oli syntynyt Kaarinassa lähellä Turkua v. 1865. Hän oli kuullut paljon kertomuksia Amerikan kultalöydöistä. Hänen nuorempi veljensä oli jo vähän aikaisemmin lähtenyt Amerikan länsirannikolle. Kalle, joka oli tähän aikaan n. 30-vuotias, seurasi häntä. Veljekset tapasivat Seattlen kaupungissa ja lähtivät yhdessä Alaskan kultamaille.

Matka Seattlesta Klondykeen oli kaikkiaan parituhatta mailia eli yli kolmetuhatta kilometriä, josta siihen aikaan — vuonna 1898 — vain puolet päästiin laivalla. Sen jälkeen oli kuljettava loppumatka jalan tai järviä ja jokia pitkin, ja mukana oli kuljetettava kaikki, mitä perillä tarvittiin: työkalut, vaatteet ja ruokatavara. Heti laivamatkan jälkeen oli edessä vuoriston ylittäminen, joka talven aikana kesti lähes kaksi kuukautta. Seuraavat kaksi kuukautta he kuljettivat itseään ja tavaroitaan eteenpäin kelkassa järvien jäätä pitkin. Kun he sitten lopulta saapuivat sellaisen joen rantaan, jota pitkin voi päästä Klondykeen, he kaatoivat metsästä puita ja rakensivat itselleen melko suuren veneen. Viiden viikon jokimatkan jälkeen oltiin lopulta perillä Klondyke Cityssä.

*Kaksi ensimmäistä vuotta Joutsenen veljekset olivat työssä vanhemmilla kullanhuuhtojilla. Sen jälkeen he onnistuivat ostamaan melko halvalla hinnalla alueen, josta oli jo huuhdottu kultaa — kaikki kulta, kuten luultiin. Mutta Kalle oli sitä mieltä, että kultaa oli vielä runsaasti jäljellä.

Kullan huuhtominen oli hidasta hommaa. Maa oli aina jäässä ja työtä tehtiin käsin. Joutsenen veljekset alkoivat kuitenkin hankkia avuksi koneita ja suunnitella töitä entistä käytännöllisemmin. Kohta työ kävi monta kertaa

171

nopeammin ja kultaa saatiin vähitellen niin paljon, että veljekset alkoivat suunnitella kotimatkaa.

Seitsemän vuotta oli kulunut siitä, kun veljekset olivat tulleet Alaskaan. Tänä aikana rautatie oli rakennettu pitkälle pohjoiseen. Laivalla ja junalla he matkustivat parissa kolmessa päivässä matkan, johon he ensimmäisellä kerralla olivat käyttäneet puoli vuotta.

Alaskasta tuodulla kullalla veljekset ostivat Helsingin Esplanadilta suuren liiketalon. Mutta lopulta tämä kulta tuli hyödyttämään suomalaista kulttuuria. Kalle Joutsen jätti testamentissaan melkein koko omaisuutensa Turun yliopistolle. Näillä varoilla rakennettiin Turun yliopiston kirjastotalo sekä fysiikan ja kemian laitos.

G.
1) tämä ikä — vaihteleva elämänura — soitin — suuruus — tarkoitus; suunnitella — vaihdella — haaveilla — tykätä — ratkaista

KAPPALE 10
B.
1) juovaa — juotava — soitettava — soittava — käyttävä — käytettävän — hiihdettävään — hiihtävillä
b) annettu — antaneet — lahjoitetut — lahjoittanut — tehty — tehnyt — kirjoitettu — kirjoittanut
2) a) Se on puistossa kukkiva ruusu — pihalla juokseva lapsi — kadulla kulkeva ihminen — talon ohi ajava auto — pysäkille saapuva bussi — korkealla ilmassa lentävä lentokone — koiran kanssa leikkivä poika
3) a) Se on myrskyssä kaatunut puu — pommituksessa palanut rakennus — kesken leikin väsynyt lapsi — kovasti rakastunut nuori — työttömäksi jäänyt ihminen — juuri maratonin juossut urheilija — ensi kertaa saunassa käynyt turisti
4) a) Se on turisteille vuokrattava auto — sähköllä lämmitettävä sauna — Helsinkiin kutsuttava laulaja — vuodeksi annettava stipendi — allergiseen nuhaan otettava lääke — kesällä marjoista tehtävä juoma — jouluksi valmistettava ruoka
5) a) Se on keskiajalla perustettu kaupunki — sodassa pommitettu rakennus — Ranskassa valmistettu auto — viime vuosisadalla maalattu taulu — monille kielille käännetty kirja — eilen nimitetty ministeri — Australiasta löydetty harvinainen kukka
7) a) istuvat — otettuja — ostettua b) tehtäviä c) hikoilevat — lämmitetyssä d) piirrettyjä — maalattuja e) alkaneesta — loppuneesta
8) a) Puhuimme pian alkavasta lukukaudesta — tuossa parin minuutin kuluttua lähtevässä junassa — asumme joen rannalla sijaitsevassa kaupungissa — katso noita puista lentäviä lehtiä — ... kaikille läsnä oleville
b) Puhuimme juuri alkaneesta lukukaudesta — tuossa kaksi minuuttia sitten lähteneessä junassa — Asumme joen rannalle syntyneessä kaupungissa — ... oli puista lentäneitä lehtiä — ... kaikille kokoukseen olleille
c) Puhuimme lähipäivinä aloitettavasta projektista — Tähän toimeen nimitettävällä henkilöllä ... — Kurssille valittavien opiskelijoiden täytyy ... — Mitkä ovat kappaleessa kerrattavat asiat — Ensi viikonloppuna pidettävissä kilpailuissa on...
d) Puhuimme juuri aloitetusta projektista — Asumme 1600-luvulla perustetussa kaupungissa — Raumalla pidettyyn kokoukseen osallistui... — Kurssille valittujen opiskelijoiden täytyy... Hyvin nopeasti opitut asiat eivät...
9) Tuo puistossa laulava lintu on satakieli. Tuleeko eilen puistossa laulanut lintu takaisin tänä iltana? Nyt laulettava laulu on Maamme, Suomen kansallislaulu. Radiossa hetki sitten kuultu laulu oli tunnetusta näytelmästä.

10) a) James on ulkomaalainen, joka opiskelee suomea. Tunnen hyvin nuo pojat, jotka nousivat metroon. Pekka otti kuvia tytöistä, jotka istuivat rannalla. Suomalaisilla, jotka ovat palanneet Ruotsista, on... Oletko tutustunut museoihin, jotka sijaitsevat Helsingissä? Laskuja, jotka on maksettava kuun lopussa, on... Opetusministeriö halusi raportin varoista, jotka on käytetty ulkomaalaisten suomen kielen opetukseen.
b) Kaikilla (ihmisillä), jotka olivat sairastuneet epidemiaan, oli... Ihmiset, jotka kävelivät kadulla, katselivat tavaroita, jotka olivat kauppojen näyteikkunoissa. Mikä kukista, jotka kasvavat tässä puutarhassa, on... Monet viineistä, jotka on ostettu Suomeen, ovat... Laatikkoja, joita käytetään hedelmien kuljetuksessa, valmistetaan... Naisella, joka jäi auton alle, ei... Miehen (joka oli kuljettanut autoa) veressä oli...
c) Tiedotus J. ja P. Tuomiselle, jotka ovat lomamatkalla... Myös ruuan, jota annetaan kotieläimille, pitäisi... Ihmiset, jotka ovat kokeneet paljon elämää, ymmärtävät... Lasten on hyvä tutustua kaikkiin töihin, joita tehdään (on tehtävä) kotona. Tärkeimmät artikkeleista, joita viedään Suomesta ulkomaille, ovat... Lehdissä on uutinen kauppasopimuksesta, joka on tehty Suomen ja Belgian välillä. Matkustajilla, jotka nousivat Lapin junaan, oli yllään muodikkaat hiihtopuvut, jotka oli ostettu helsinkiläisistä tavarataloista.
11) onnettomat ihmiset, onnetonta ihmistä — onnettomia ihmisiä, onnettoman ihmisen — onnettomien ihmisten, onnettomalla ihmisellä — onnettomilla ihmisillä, onnettomasta ihmisestä — onnettomista ihmisistä, onnettomaan ihmiseen — onnettomiin ihmisiin, onnettomana ihmisenä — onnettomina ihmisinä, onnettomaksi ihmiseksi — onnettomiksi ihmisiksi
12) a) pennitön — toivoton — pilvetön — ilotonta — asunnottomia — verottomia — pelottomia — lukutaidottomia
b) rauhattomassa — suolattomassa — vaarattomana — hihattomia — ongelmattomia — lahjattomia — varattomien — luonnottomina
13) a) muuttumaton — parantumaton — asumattomia — voittamattomia — väsymättömiä — ajattelemattomia — anteeksiantamattomia b) silittämättömän — kokemattomat — sopimattomia — saastumattomia — keittämättöminä

C.

Pekka B: Minä luin tässä yhtenä päivänä lehdestä, että Suomessa asuu noin 18 000 ulkomaalaista. Mistä syistä ulkomaalaisia tulee tänne?
Maija A: Syitä on monenlaisia. Kaikkein eniten on varmaan niitä, jotka tulevat tänne töihin. On harjoittelijoita, liikemiehiä, opettajia, muusikkoja ja tietysti myös diplomaatteja, ja kaikkien näiden perheenjäseniä. Sitten on aika paljon sellaisia, jotka ovat menneet naimisiin suomalaisen kanssa ja muuttavat tänne asumaan.
P: Ja pakolaisiakin on.
M: Vaikka ei paljon. Ja opiskelijoita on tietysti myös, sekä stipendiaatteja että sellaisia, jotka maksavat itse. Eniten ulkomaalaisia opiskelijoita on Helsingin yliopistossa.
P: Kuinka suuri heidän määränsä on?
M: Ei kovinkaan suuri. Suomihan on kaukainen maa, jossa puhutaan tuntematonta kieltä. Kevätlukukaudella 1986 heitä oli 492. Kymmenen vuotta aikaisemmin heitä ei ollut kuin vähän yli kaksi ja puoli sataa, niin että määrä on kyllä kasvanut.

*P: Ja mistä maista heitä tulee eniten?
M: Ensimmäisellä sijalla on Yhdysvallat, josta mainittuna lukukautena oli Helsingin yliopistossa 60 opiskelijaa, ja toisella sijalla Länsi-Saksa 49 opiskelijalla. Kolmantena oli Ruotsi, neljäntenä Iso-Britannia. Sitten seurasivat Neuvostoliitto, Japani ja Puola.

P:	Onko täällä ollenkaan opiskelijoita Afrikan maista?
M:	On, mutta ei kovin monta, eniten Etiopiasta ja Namibiasta.
P:	Pääsevätkö kaikki ulkomaalaiset, jotka haluavat, opiskelemaan Suomen yliopistoihin ja korkeakouluihin?
M:	Luonnollisestikaan eivät. Heidän täytyy saada opiskeluoikeus, eikä sitä anneta läheskään kaikille hakijoille.
P:	Entä nämä töihin tulevat, kuinka helppoa heidän on saada täällä oman alansa työtä?
M:	No, heidän täytyy ensin saada oleskelulupa ja työlupa, eikä niitä ole ollenkaan helppo saada. On tietysti joitakin ammatteja, joissa ei tarvitse osata paljonkaan suomea, esimerkiksi muusikot tai vieraiden kielten opettajat. Mutta useimpiin töihin vaaditaan jonkinlainen suomen kielen taito, ja monet joutuvat ottamaan aluksi jotain aivan toisenlaista työtä siksi ajaksi kun opiskelevat maan kieltä. Yleensä voi kyllä sanoa, että ulkomaalaisen elämä Suomessa ei alkuaikana todellakaan ole ruusuilla tanssimista.

KAPPALE 11
B.

1) unilääkkeittä — reseptittä — ystävittä — palkatta ja lomatta — vaivatta — hoidotta

2) osallistumalla — hiihtämällä, luistelemalla, pelaamalla, rakentamalla — avaamalla tölkin ja lämmittämällä sisällyksen — lukemalla — kuuntelemalla, puhumalla, käyttämällä — olemalla — sanomalla

4) näkemättä — maksamatta — varaamatta — syömättä — pääsemättä — keittämättä — tulematta

5) Huoneet ovat siivoamatta. Puku on silittämättä. Matkaliput ovat ostamatta. Hotellihuone on varaamatta.
Miksi tukkasi on kampaamatta? — läksysi ovat lukematta? — harjoituksesi ovat tekemättä? — sauna on lämmittämättä?

6) a) Mieluummin olisin vastaamatta / menemättä / tapaamatta / uimatta
b) Kerron sinulle jotain; lupaa olla nauramatta. Kun hän tuli kotiin, hän koetti olla herättämättä muita. En voinut olla ajattelematta noita onnellisia päiviä kauan, kauan sitten.

7) a) Hän jätti sen viemättä. Jätin sen lukematta. Jätimme heidät kutsumatta. Jätimme sen tilaamatta.
b) Se jäi minulta hakematta. Se jäi meiltä etsimättä. Ne jäivät meiltä katsomatta.

8) ulkoilemalla — kävelemättä — hiihtämättä — kävelemässä — satamaan — pitämään — hakemaan — satamasta — tapaamassa — hiihtämästä — avaamaan — olemaan — katsomaan — odottamaan — juttelemalla — odottamaan — onnistumatta tapaamaan — kulkemaan — keittämällä — juomalla — saamasta

9) sanomattakin — tekemällä — puhuakseen — oppiakseen — käymällä — kuuntelemalla — ottamalla — puhuttava — koetettava

10) a) He muuttavat halvempiin — kauniimpiin — lämpimämpiin — valoisampiin — uudempiin — mukavampiin — uudenaikaisempiin
b) rumimpiin — kylmimpiin — pimeimpiin — vanhimpiin — epämukavimpiin — vanhanaikaisimpiin asuntoihin

11) a) pienemmistä — nopeammista — mukavammista — pehmeämmistä — vaikeammista — lyhyemmistä
b) suurimmista/pienimmistä — hitaimmista/nopeimmista — mukavimmista — kovimmista/pehmeimmistä — helpoimmista/vaikeimmista — pisimmistä/lyh(y)immistä

12) Pidän heitä kokeneempina / älykkäämpinä / menestyneempinä / hauskempina — kokeneimpina / älykkäimpinä / menestyneimpinä / hauskimpina

13) vanhin — vanhinta, pohjoisin — pohjoisimmassa, uusin — uusimman, rikkain — rikkaimmalla, pisin — pisimpään, kallein — kalleimmat, nopein — nopeimmat, paras — parhaan, tärkein — tärkeimpään, tavallisin — tavallisimpia, tunnetuin — tunnetuimmista, lyh(y)in — lyh(y)impinä
14) "O." on kaupungin kalleimpia hotelleja. T. on koulun pisimpiä poikia. Maarit on urheiluseuran parhaita juoksijoita. Lehmä on ihmisen hyödyllisimpiä kotieläimiä. Syöpä on nykyajan vaarallisimpia sairauksia.
15) valoisimmillaan — pimeimmillään — halvimmillaan — vilkkaimmillaan — kauneimmillaan — korkeimmillaan
16) Lehtisillä on kesämökki, jossa on punainen katto ja vihreä ovi (punakattoinen ja vihreäovinen kesämökki). Suomessa on vain pari kaupunkia, joissa on yli 100 000 asukasta. Pihlaja on kaunis puu, jossa on syksyllä paljon punaisia marjoja. Rouva Laakso on nainen, jolla on paljon tarmoa.
17) Kissa kuuluu Ullalle. L. kuuluu Lähi-itään. Tämä ei kuulu sinulle. Nyt (äänesi) kuuluu paremmin. Unkari kuuluu olevan...

C.
1) ranskaa puhuviin / englantia ymmärtäviin / lintuja harrastaviin / kemiaa opiskeleviin / kansanmusiikista pitäviin / tennistä pelaaviin / Keski-Suomessa asuviin / kotona viihtyviin henkilöihin
2) Perheellä, joka asuu naapuritalossa — taiteilijan (joka on muuttanut Japanista Eurooppaan) perhe; juhlassa, joka pidetään tänään — M.R., joka on opiskellut kolme vuotta Sibelius-Akatemiassa; pikajunassa, joka meni Helsingistä Kuopioon — pari ulkomaalaista, jotka olivat opiskelleet viime vuonna Helsingin yliopistossa; linnunpoikaset, jotka ovat pudonneet pesästä — kettujen (jotka liikkuvat metsässä) suuhun; lapsilla, jotka oli kutsuttu syntymäpäiville

---

E.
M: Palvellaanko teitä jo?
V.L: Minä tarvitsisin vähän tietoja lomamatkoista, kun on taas tulossa kesä.
M: Oletteko te ajatellut matkustaa kotimaassa vai ulkomailla?
V.L: No kun nykyisin puhutaan niin paljon siitä että pitäisi viettää lomat kotimaassa, niin vaimo ajatteli että jos olisi jotain mukavaa täällä Suomessa kahdeksi viikoksi. Vaimo sanoi että vietetään nyt aktiivinen loma kotimaassa.
M: Onko teillä mielessä jokin erikoinen paikka, jonka haluaisitte nähdä? Oletteko te matkustaneet paljon kotimaassa?
V.L: Eei ... ei me paljon. Me ollaan helsinkiläisiä. Vaimo on liikkunut enemmän, on ollut Porissakin pari kertaa, mutta Lahti on pohjoisin paikka missä minä olen ollut.
M: Ehkä lähtisitte sitten Lappiin. Lentoteitse pääsee mukavasti suoraan Pohjois-Lappiin. Näkisitte kesäyön auringon, saamelaisia ja poroja ja voisitte kalastaa lohta.
V.L: Mutta siellä on niin paljon sääskiä. Unohdetaan Lappi, onhan tätä Suomea täällä etelässäkin.
M: No, siinä tapauksessa voisimme ajatella Kuopiota. Päivällinen Puijon pyörivässä torniravintolassa ja sitten tutustuminen Ortodoksiseen museoon. Ette varmaan jätä käymättä Kuopion torilla. Ostatte kalakukon.
V.L: Mutta vaimo pelkää korkeita paikkoja, ja minä en voi sietää kalakukkoa.
*M: Sitten minä ehdotan Savonlinnan oopperajuhlia. Sinne on vaikea saada lippuja, mutta meillä on täällä edullisia pakettimatkoja. Kaksi lippua oopperaan linnanpihalle plus matkat. Hetkinen, katson hinnan.

V.L: Voi voi, neiti, vaimo varmaan tykkäisi siitä. Mutta en minä haluaisi istua koko kaunista kesäiltaa oopperassa. Minä harrastan enemmän tangomusiikkia.

M: Miten olisi loma maalaistalossa? Se on aika suosittu lomanviettotapa ja todella aktiivinen. Syötte hyvää maalaisruokaa, siellä on uintimahdollisuus, lauantaina tanssitte tangoa vaimonne kanssa. Voitte kalastaa ja osallistua talon töihin, jos haluatte.

V.L: Ei kiitos, en minä halua saada selkääni kipeäksi lomalla. Kuulkaas neiti, onko teillä tänäkin vuonna niitä kahden viikon lentoja Kanarian saarille? Jaha, varatkaa sitten kaksi paikkaa kesäkuun viimeisen päivän lähtöön. Sinnehän minä olen halunnut koko ajan, mutta kun vaimo on koko talven puhunut siitä aktiivisesta kotimaan lomasta, niin pitihän minun vähän ottaa selvää ... Mutta nyt minä voin sanoa hyvällä omallatunnolla ettei kotimaassa ollut mitään sopivaa. Ei, ei teidän tarvitse esitellä tätä etelän matkaa. Minä tunnen paikan, me ollaan oltu siellä jo kuutena vuotena.

KAPPALE 12
B.
1) Kahvi(a) juotaisiin. Laskut maksettaisiin. Vieraita kieliä opiskeltaisiin. Matkatavarat pakattaisiin. Hauskoja vitsejä kerrottaisiin. Puheenjohtaja valittaisiin. Asunto vuokrattaisiin. Laina otettaisiin. Vieraita kutsuttaisiin. Lahja annettaisiin.
(Kahvia ei juotaisi jne.)
2) jotta voitaisiin hankkia — jotta päästäisiin — jotta pysyttäisiin — jotta ei sairastuttaisi
3) asunto myytäisiin — päivällinen syötäisiin — asia selitettäisiin — tästä asiasta kysyttäisiin Liisan mielipidettä — ikkunaa ei avattaisi — ehdotusta ei otettaisi — sairasta ei jätettäisi — asiaa ei päätettäisi
4) lähdettäisiinkö — käytäisiinkö — lämmitettäisiinkö — maattaisiinko — otettaisiinko — juotaisiinko
5) me tarjottaisiin — suunniteltaisiin kaikki — siivottaisiin talo — ostettaisiin — valmistettaisiin ruoka — alettaisiin — pidettäisiin
6) olisi juotu / maksettu / opiskeltu / pakattu / kerrottu / valittu / vuokrattu / otettu / kutsuttu / annettu; ei olisi juotu jne.
7) me olisi tarjottu / suunniteltu / siivottu / ostettu / valmistettu / alettu / pidetty
9) Se pitäisi tehdä. (Se olisi tehtävä.) Se voitaisiin tehdä. (Sen voisi tehdä.) Sitä ei pitäisi tehdä. Sitä ei voitaisi (voisi) tehdä. Se olisi pitänyt tehdä. Se olisi voitu tehdä. (Sen olisi voinut tehdä.) Sitä ei olisi pitänyt tehdä. Sitä ei olisi voitu (voinut) tehdä.
10) kääntää — kääntyy, parantaa — parantua, paistaa — paistuu, jatkaa — jatkuu, valmistuu — valmistaa, puhdistuvat — puhdistetaan, innostuvat — innostaa, maista(kaa) — maistuu, unohtuvat — unohtaa, ääntää — ääntyy
11) minä — vanki — äiti — kulkee — palautan sen — putoaa
12) puki — jäi — avautunut — avannut — sulkemaan — sulkeutunut — istua — laskee — laskeutuu
13) kissa löytyi — musiikkia kuuluu — kipu tuntuu — mieleni muuttui — ruoka valmistui — hallitus kaatui

C.
1) kutsutaanko — kutsuttaisiin — on kutsuttava — häntä ei kutsuttu — olisi kutsuttu — hänet kutsuttiin — ei kyllä kutsuta häntä — häntä ei ole kutsuttu — kutsutaan
2) kirjoista kiinnostuneisiin ihmisiin — Italiassa asuneisiin henkilöihin — Australiassa käyneisiin suomalaisiin — kuorossa laulaneisiin bassoihin — F-

hiihtoon osallistuneisiin hiihtäjiin — kemiaa opiskelleisiin insinööreihin — purjehduksesta innostuneisiin nuoriin — hiljattain Suomeen tulleisiin ulkomaalaisiin
3) sivulla 213 olevaa kuvaa — viruksen saaneen henkilön — Helsingistä Rovaniemelle lähetettävän kirjeen — parhaana tällä vuosikymmenellä kirjoitettuna kirjana — ihanalta maistuvaa ruokaa — muutamilta nuorena jalkapalloa harrastaneilta henkilöiltä
4) näyttelyssä, joka avattiin viikko sitten — katsojia, jotka ovat kiinnostuneet veneistä; filmissä, joka esitetään tänä iltana tv:n kakkoskanavalla; tohtori K., joka on ollut kaksi kertaa ministerinä; asiana, joka täytyy ymmärtää ja antaa anteeksi; ihmisillä, jotka on koulutettu hyvin

KAPPALE 13
A.
1) a) äidin ostama — ostamani — ostamasi — ostamansa — äidin ja Liisan tekemä — tekemämme — tekemänne — tekemänsä
b) äidin ostamia — ostamiani — ostamiasi — ostamiaan — äidin ja Liisan tekemiä — tekemiämme — tekemiänne — tekemiään
2) Mona Lisa on Leonardo da Vincin maalaama. Puhelin on Bellin keksimä. Paperi on kiinalaisten kehittämä. Helsingin asematalo on Eliel Saarisen piirtämä. Nämä lasimaljat ovat Timo Sarpanevan muotoilemia. Nämä puvut ovat äitini ompelemia. Kenen suunnittelema tämä ostoskeskus on? Kenen kutoma tuo villapaita on? Se on minun kutomani / hänen kutomansa. Kenen keksimiä nämä ideat ovat? Ne ovat meidän keksimiämme / heidän keksimiään.
3) minun tekemäni runot — minun tekemäni runon — saamasi kirje — saamasi kirjeet — saamasi kirjeen
4) Matin ostaman auton — hänen ostamansa auton, Matin ostamassa autossa — hänen ostamassaan autossa, Matin ostamaan autoon — hänen ostamaansa autoon, Matin ostamaa autoa — hänen ostamaansa autoa, Matin ostamasta autosta — hänen ostamastaan autosta;
Matin ostamia kirjoja — hänen ostamiaan kirjoja, Matin ostamat kirjat — hänen ostamansa kirjat, Matin ostamista kirjoista — hänen ostamistaan kirjoista, Matin ostamiin kirjoihin — hänen ostamiinsa kirjoihin
5) heidän ostamastaan asunnosta — ostamastaan asunnosta; vuokraamallaan autolla — hänen vuokraamallaan autolla; itse säveltämiään kappaleita — hänen säveltämiään kappaleita; maalaamistaan tauluista — hänen maalaamistaan tauluista
6) Mona Lisa on Leonardo da Vincin italialaisesta naisesta maalaama muotokuva. Näimme vanhojen egyptiläisten tuhansia vuosia sitten rakentaman pyramidin. Orkesteri soitti Aulis Sallisen hiljattain säveltämää kappaletta. Kustaa Vaasan Vantaanjoen suulle perustamalla Helsingin kaupungilla on hyvä asema meren rannalla. Minulla on äitini vapaa-aikoinaan ompelemia pukuja. Pirkko sai kukkia sunnuntaiksi iltapäiväkahville kutsumiltaan vierailta.
7) kuvia, jotka otit viime kesänä Japanin-matkalla — kauppasopimuksesta, jonka Suomi ja N-liitto allekirjoittivat pari päivää sitten — tv-ohjelmaan, jonka hän näki lauantai-iltana — ohjelmista, joita näimme viikonlopun aikana — novellit, joita M. Jotuni on kirjoittanut — freskoissa, jotka A. Gallen-Kallela maalasi Kansallismuseon kattoon — stipendiä, jota hän haki ulkomaista opiskelua varten — rakennuksia, jotka Alvar Aalto suunnitteli vanhaan koulukaupunkiinsa elämänsä eri kausina — onnitteluista ja lahjoista, joita saimme hääpäivänämme
9) uimasi — kävelemänsä — juoksemamme — ajamanne — pyöräilemänsä — odottamamme

10) a) perhe, joka syö päivällistä b) kala, jota syödään päivälliseksi c) kala, jota syötiin eilen d) kala, jota perhe söi eilen e) perhe, joka söi kalaa päivälliseksi

11) annettavien — antamasta, pestäviä — pestyn — pesemänsä — pesevien, pidettävä — pidetyn — pitämä — pitävästä — pitänyttä

12) mistä — Forumista — kymmenestä kaupasta — siitä samasta kaupasta — mihin — siihen liikkeeseen — kauppoihin — osastolle — sieltä — mihin — parkkitaloon — sieltä — keskustaan — meille

---

C.

On talvi-ilta pian joulun jälkeen. Liukkoset viettävät iltaa olohuoneessaan.

Huomaamme, että Liukkoset pitävät suomalaisesta muotoilusta. Keskellä huonetta on Alvar Aallon suunnittelema pöytä ja sen ympärillä hänen suunnittelemiaan tuoleja. Pöydällä on kukkia Aallon muotoilemassa lasimaljakossa. Pöydällä näkyy myös joululahjaksi saatu kirja, Antti Tuurin kirjoittama Talvisota. Isä Liukkonen pitää kovasti Antti Tuurin kirjoittamista romaaneista.

Takaseinällä olevan sohvan yläpuolella riippuu emännän kutoma värikäs ryijy.

Seinillä on muutakin nähtävää. Keittiöön vievän oven lähellä on punaista taloa esittävä piirustus, joka on 5-vuotiaan Jaanan tekemä.

*Oikeanpuoleisella seinällä riippuu taulu, Pekka Halosen maalaama maisema, joka esittää rannalla seisovaa yksinäistä puuta. Liukkoset pitävät Pekka Halosen maalaamista tauluista. Tämä heidän isovanhemmilta perimänsä maalaus on myös hyvin arvokas.

Vasemmanpuoleisella seinällä näkyy pari Liukkosten ulkomailta tuomaa julistetta.

Ja mitä Liukkoset nyt tekevät?

Isä Liukkonen istuu ja katselee television lähettämää urheiluohjelmaa. Hän katsoo kaikki television lähettämät jääkiekko-ottelut aina kun vain voi.

Äiti Liukkonen lukee serkultaan saamaansa kirjettä. Serkku on Tansaniassa toimiva lääkäri, joka kertoo mielenkiintoisesti Afrikassa näkemistään ja kokemistaan asioista.

Liukkosen tyttäret leikkivät joulupukin tuomilla uusilla leluilla ja syövät äidin ostamia omenoita. Lasten lähellä makaa perheen vuosi sitten hankkima koira. Tämän kaikkien rakastaman koiran nimi on Ressu, mutta mitä rotua se on, sitä ei kukaan osaa sanoa.

KAPPALE 14

B.

1) syksyn tullessa — kevään saapuessa — lasten syntyessä — ihmisen ollessa nuori — kaupunkien kasvaessa — kaikkien muiden lähtiessä huvittelemaan — sairauden yllättäessä — ystäviemme Kallen ja Villen kertoessa

2) a) tavatessasi ... tai erotessasi — suunnitellessanne — osallistuessaan — joutuessasi — huomatessani — todetessamme — tarvitessanne — nähdessämme

b) muun perheen katsellessa / katsellessaan televisiota; tämän kutsuessa heitä / tarvitessaan apua; hänen lukiessaan / lukiessaan hauskaa kirjaa; poimiessaan marjoja / heidän poimiessaan marjoja; hänen tullessaan / nähdessään hänet

c) väsyessään lapsi itkee — laskiessaan ihmiset käyttävät — tervehtiessään toisiaan nuoret sanovat — huomatessaan tuntemattoman ihmisen koirat — aina mennessään työhön Olli joutui — kukkiessaan kielot tuoksuvat

3) tullessa — mennessä — lähtiessä — käydessä — tehdessä — syödessä

5) koulusta keskusteltaessa — uusia kaupunginosia suunniteltaessa — puhei-

ta pidettäessä — Helsingistä pohjoiseen päin ajettaessa (ajettaessa Helsingistä pohjoiseen päin) — metsässä liikuttaessa — lasiesineitä pakattaessa — elämän tarkoitusta etsittäessä;
tutkittaessa ilmaston kehitystä maapallolla — äänestettäessä hallituksen viime maanantaina antamasta lakiehdotuksesta
6) kun kuulin nämä ilkeät sanat — kun nuori ihminen valitsee elämänuraansa — kun ihminen tutustuu muihin kulttuureihin — kun sää Lapin tunturiseudulla muuttuu joskus hyvinkin nopeasti — kun Kekkonen toimi presidenttinä neljännesvuosisadan ajan — kun noudetaan kirjattua postilähetystä — kun tuotetaan korkealaatuista tavaraa
7) Käyn ... kävellen. Tervehdi vieraitasi hymyillen. Teetkö tätä työtä istuen vai seisoen? Syön ... nauttien. Ulkoilemme kävellen tai hiihtäen. Älä vietä ... siivoten, vaan leväten. Istun iltaa ommellen tai kutoen.
8) nuoret ystävineen — saamelaiset poroineen — pop-tähden monine matkalaukkuineen — filmaajia kameroineen — alppimaat korkeine vuorineen — maalaistalo ystävällisine asukkaineen — kehitysmaat ongelmineen — muutamme asuntoa lapsinemme, koirinemme ja kaikkine tavaroinemme — te perheinenne

C.
1) Nuori suomea ja ruotsia puhuva myyjä — Kanadaan muuttanut perhe on tullut tapaamaan Suomeen jääneitä sukulaisiaan — paljon uudelleen koulutettavia ihmisiä — neljä minuuttia keitetyt kananmunat — kissan tappama pikkulintu
2) soi — heräsin — herätti — noussut — soiminen — loppui/lakkasi — peseytyä — pukeutua — muuttui — jättänyt — pesin — aloin — valmistaa

---

E.
H: Leena Järvi, kuinka kauan te olette ollut emäntänä tässä talossa?
L: Ensi juhannuksena tulee 30 vuotta.
H: Oliko teillä omasta kodistanne kokemusta maalaistalon töistä?
L: Voi voi, kunpa olisikin ollut. Mutta minä olen kotoisin Tampereelta, meidän perheellä oli siellä huonekalukauppa. Maalaiselämästä minä tiesin hyvin vähän. Meillä ei ollut edes maalla sukulaisia joiden luona olisin viettänyt kesiä lapsena.
H: Kuinka te sitten jouduitte tänne maalaiskylään?
L: No se oli sillä tavalla että minä kuuluin urheiluseuraan ja me tehtiin hiihtoretki tähän taloon. Silloin minä tapasin Heikin ensi kerran, ja niin siinä kävi että puolen vuoden kuluttua oltiin naimisissa.
H: Alku taisi olla vaikea.
L: Tietysti. Mutta minä olin vasta 19, ja nuorena ihminen oppii nopeasti eikä pelkää uusia asioita. Päinvastoin, minusta oli hirveän hauskaa tutustua uusiin sukulaisiin ja naapureihin, ja minä innostuin kovasti kotieläinten hoidosta ja muista maalaistöistä. Ja tätä maisemaa minä olen rakastanut alusta lähtien, näitä peltoja, metsiä ja järveä.
H: Entä miten naapurit suhtautuivat kaupunkilaistyttöön?
L: No, ihmiset ovat vähän hitaita täällä Hämeessä, ei ne heti ota ystäväkseen. Mutta kun tutustuttiin paremmin niin on tultu toimeen oikein hyvin.

*H: Mitkä asiat maataloudessa ovat muuttuneet sinä aikana kun te olette ollut täällä emäntänä?
L: Voi voi, olisi helpompi sanoa mikä ei ole muuttunut! No, esimerkiksi meillä oli ennen hyvin monenlaista hommaa, pidettiin karjaa ja samalla viljeltiin viljaa ja perunaa. Nyt on täytynyt erikoistua.
H: Ja millä tavoin te olette erikoistuneet?

L: Meillä tuotetaan munia, me pidämme kanalaa. Muita kotieläimiä onkin sitten vain hevonen ja koira.

H: Onko teillä paljon koneita?

L: On, on pellolla, on kanalassa ja on keittiössä.

H: Elämä on siis helpottunut.

L: Niin, mitenkähän se on. Ennen oli kyllä paljon työtä, mutta oli myös apulaisia. Nyt pitää tehdä kaikki itse, ja vaikka koneita onkin, niin tämä on iso talo hoitaa ja siivota. Ja sitten nykyisin on niin paljon harrastuksia. Me olemme kovasti mukana yhdistystoiminnassa ja Heikki lisäksi politiikassa. Minusta tuntuu, että meillä on kiireempi kuin ennen. Harvoin ehtii istua paitsi televisiota katsoessa.

H: Kuinka suuri perhe teillä on?

L: Meillä on ollut neljä lasta. Mutta ainoa tytär kuoli jo pienenä.

H: Ja vanhin poika rupeaa kai aikanaan isännäksi taloon.

L: Tuskinpa, hän on lukenut lääkäriksi. Ja seuraava on liikealalla. Nuorimmasta me toivomme työmme jatkajaa. Hän on nyt sotaväessä ja aikoo sitten hakea johonkin maatalousoppilaitokseen.

F.

1) kypsyä — palkata — ansaita — edistää — lypsää — kohota; muu eläintuote — epäonnistunut sää — sateinen kesä — vähäinen — vieras metsänomistaja — viihtyvyys — hyvä tarkoitus — usea puolue — ruis — emäntä — ruusupensas

KAPPALE 15

B.

2) syksyn tultua — kevään saavuttua — lukukauden loputtua — kaikkien istuuduttua — sateen lakattua — lasten sairastuttua — kirjeemme tultua

3) a) oltuani poissa kotoa — saatuasi ajokortin — tavattuamme vanhat ystävät — haettuani imurin — epäonnistuttuasi jossakin — voitettuanne lotossa — huomattuamme Virtaset

b) Kallen tutustuttua Liisaan / tutustuttuaan Liisaan — hänen voitettuaan / voitettuaan Wimbledonin turnauksen — törmättyään hirveen / heidän ajettuaan 30 km

c) huomattuaan meidät koira rupesi — saatuaan lääkkeen sairas nukahti — lopetettuaan aktiivisen uransa Nina ryhtyi — säästettyään pari vuotta Virtaset tekivät — suljettuaan ulko-oven Liisa muisti — työnnettyään veneen vesille lapset alkoivat — osallistuttuaan valtiolliseen elämään parikymmentä vuotta poliitikko päätti

5) Kun olin kuullut K:n kihlauksesta... Kun vihollisen lentokoneet olivat pommittaneet eräitä kaupunkeja... Kun Euroopan maat olivat selviytyneet vaikeasta sodanjälkeisestä ajasta, ne olivat... Kun sudet ovat lisääntyneet huomattavasti Suomessa ja ne ovat alkaneet liikkua koko maan alueella, on alettu... Kun Arto Sola oli opiskellut..., matkustanut..., kokeillut... ja tutustunut..., hän ryhtyi kirjailijaksi, ja kun hän oli kirjoittanut pari näytelmää, hän sai...

6) Herätessään J.R. on... Noustessaan... ja katsoessaan... hän haukottelee... Mutta peseydyttyään ja ajettuaan... hän näyttää... Ja istuessaan... hän keskustelee...

Istuessaan bussissa matkalla työhön Ruskot juttelevat illan ohjelmasta. Jaakko ehdottaa, että he söisivät... työstä päästyään ja menisivät... Pirjon mielestä taas... työpäivän päätyttyä ja syödä siellä. ''Ulkona syödessä menee...'' — ''Mutta viimeksi teatterissa ollessamme siellä oli...'' — ''Mutta minä pääsen... saatuani jotain kaunista...''

Illalla he käyttävät bussia mennessään teatteriin, mutta taksia palatessaan sieltä. Väliajan alkaessa he menevät... Pari tuttavaa... heidän ollessaan juomassa kahvia. Mutta kellon pian soidessa täytyy... Ja yleisön palattua paikoilleen esitys... Jaakon ja Pirjon ajaessa kotiin päin heidän ajatuksensa viipyvät...

Kun Ruskot eivät mene... Pirjo tekee käsityötä, kun hänellä on aikaa. Mutta kun hänen on täytynyt olla...

7) omin korvin — omin silmin — molemmin käsin — eri tavoin — monin tavoin — kaikin mahdollisin tavoin — teoin — sanoin — molemmin puolin
8) koristimme kuusen kynttilöin ja lipuin — lopetin kirjeeni sydämellisin terveisin — suoritti tutkinnon "erinomaisin tiedoin" — sisusti olohuoneensa vaalein kotimaisin huonekaluin — seurasi rakastettunsa poistumista surullisin katsein — onnittelivat 50-vuotiasta sähkein, kukin ja lahjoin — kuuntelin ystäväni sanoja sekavin tuntein

C.
1) luettelon viikonlopun aikana tehtävistä töistä — kyynisiä, kaikki illuusionsa menettäneitä ihmisiä — lapsena ja nuorena koettuja tapahtumia — yhtään orkesterin tässä konsertissa soittamaa kappaletta — kuullessani oikein kaunista musiikkia — heti saatuaan lopulliset tiedot
2) syömänsä — syömästään omenasta; kertomasi — kertomallesi vitsille — kertomastasi vitsistä; istuttamamme — istuttamaamme ruusua — istuttamastamme ruususta; syömänsä — syömistään omenista; kertomasi — kertomillesi vitseille — kertomistasi vitseistä; istuttamamme — istuttamiamme ruusuja — istuttamistamme ruusuista

F.
1) likainen työ — suuri juhla — moni paikka — sellainen kuumuus — terveys — kiuas — oksa — lehti — vasta; kuivata — pehmetä — rentouttaa

---

G.
Tunnettu amerikkalainen humoristi Art Buchwald, jonka pakinoita luetaan monissa maissa, vieraili kerran Suomessakin. Ja — sehän selvä — joutui täällä myös saunaan.

Pakinassaan hän kertoo aivan oikein, että sauna ei ole Suomessa vain kylpypaikka, vaan elämänmuoto. Että sauna on suomalaiselle samaa kuin pub englantilaiselle tai kahvila ranskalaiselle. Että saunassa päätetään monista tärkeistä asioista. Että lapsetkin ennen syntyivät siellä. Että maailman muuttuessa, hallitusten kaatuessa, rikkaiden köyhtyessä ja köyhien rikastuessa suomalainen sauna pysyy samana, kuten on pysynyt satojen vuosien ajan.

Kertoja itse saunoi ensimmäisen kerran hotelli Vaakunan saunassa Helsingissä. Hänellä oli onnea: hän sai Leena-nimisen saunottajan, joka oli vähän aikaisemmin tullut kuuluisaksi saunottamalla filmitähti Gregory Peckin. Leena oli kookas, yli 50-vuotias nainen, ja hänellä oli, kuten Buchwald kertoo, "kultainen sydän ja rautaiset lihakset". Vietyään kylpyvieraan lauteille hän alkoi heittää löylyä. Saunan tullessa kuumemmaksi ja kuumemmaksi Buchwaldista alkoi tuntua, että Leena aikoi tehdä uuden saunojen lämpöennätyksen, ja hän huusi: "Kiitos, minulle riittää kyllä sama lämpö kuin Gregory Peckille." Mutta Leena vain lisäsi löylyä.

*Lopulta Leena tarttui vihtaan ja vihtoi saunavieraan ylhäältä alas ja alhaalta ylös. Huolellinen vihtominen oli hyvin tärkeää, hän selitti. Jopa Gregory Peck oli näyttänyt entistä komeammalta, kun Leena oli hänet vihtonut.

Vihdottuaan kylpijän Leena pesi hänet huolellisesti. Sen jälkeen suomalainen tapa olisi vaatinut häntä hyppäämään kylmään veteen tai lumeen. Mutta koska oltiin hotellin seitsemännessä kerroksessa keskellä pääkaupunkia eikä lokakuussa ollut luntakaan, hän joutui valitettavasti vain menemään kylmään suihkuun, minkä jälkeen hän pääsi pyyheliina ympärillään lepäämään pukuhuoneen penkille. Kylpy oli ohi.

Kirjoittaja kertoo, että hän kävi Suomessa ollessaan vielä useita kertoja saunassa, mutta mikään näistä ei ollut yhtä suurenmoinen elämys kuin ensimmäinen. Ja hän uskoo, että hänessä on siitä lähtien ollut hiukan Gregory Peckiä — kiitos hotelli Vaakunan saunan ja Leena-nimisen saunottajan.

KAPPALE 16

A.

1) Näimme junan seisovan... Äiti pelkäsi lasten sairastuvan... Pekka toivoo meidän ymmärtävän... Poliitikot uskovat inflaation pysähtyvän. Uutisissa sanottiin hallituksen eroavan. Sanoitko hänen tulevan... Väitetään vastakohtien täydentävän... Kuvitteletko hyvien ystäviesi lainaavan...
2) Näimme junan tulleen... Äiti pelkäsi lasten sairastuneen. Poliitikot uskovat inflaation pysähtyneen. Uutisissa sanottiin hallituksen eronneen. Sanoitko hänen saapuneen? Väitetään uusimman työttömyysohjelman epäonnistuneen. Pelkään ystäväni lainanneen... Et kai kuvittele minun tehneen...
3) tiedät puhuvasi — tietää puhuvansa — tiedämme puhuvamme — tiedätte puhuvanne — tietävät puhuvansa; väitän puhuneeni — väität puhuneesi — väittää puhuneensa — väitämme puhuneemme — väitätte puhuneenne
4) tunsin pakkasen laskevan / laskeneen; opiskelija ei uskonut tentin menevän / menneen läpi; arveletko kenenkään tienneen / tietävän; lehdessä kerrottiin suuren tamperelaisen tehtaan lopettavan / lopettaneen; lehti totesi suurimman osan työntekijöistä jääneen / vain muutamien saavan; olen kuullut setäsi Laurin olevan / olleen
5) Uskon onnistuvani. Uskotko minun onnistuvan? Luulen onnistuneeni. Luuletko minun onnistuneen? Sanotaan hänen tekevän parhaansa. Hän sanoo tekevänsä parhaansa. Sanotaan hänen tehneen parhaansa. Hän sanoo tehneensä parhaansa. Kaikki toivovat löytävänsä... Toivomme löytävämme... Toivomme heidän löytäneen... He toivovat meidän löytäneen...
6) Eilen tunsin olevani... Ajattelin pienen kävelyn tekevän... Huomasin siellä alkaneen sataa. Totesin sateen jatkuneen... Näin kaduille tulleen runsaasti vettä ja ihmisten kulkevan... Tunsin ilman käyneen... Huomasin palelevani... Pelkäsin vilustuvani ja ymmärsin olevan viisainta... Tajusin tämänkin pienen kävelyn auttaneen: tunsin väsymykseni kadonneen ja työtarmon palanneen entiselleen.
7) a) Olen kuullut kerrottavan — ajateltavan — tehtävän — väitettävän — oltavan sitä mieltä — ehdotettavan — mainittavan — pelättävän
b) Lehdet kertovat tutkimuksissa edistytyn — terroristeja vangitun — useita kuulusteltun — pommeja löydetyn — erikoismiehiä koulutetun — tarkastuksia lisätyn
8) Uutisissa sanotaan hallituksen aikovan / aikoneen — hallituksen eroa suunniteltavan / suunnitellun; tiedämme Suomesta vietävän / viedyn / Suomen myyneen / Suomen myyvän
10) puhuttavan — puhutun — siirtyneen — olleen — opettaneen — nousevan — julkaistavan
11) sieltä — siinä — siinä — siitä — siihen — siihen — se siinä — siellä — sinne
12) eteen/edestä — heidän eteensä/edestään; taakse/takaa — heidän taakseen/takaansa; luokse/luota — hänen luokseen/luotaan; ympärilleni/ympäriltäni; viereesi/vierestäsi; väliinsä/välistään
13) tuonnempana — siirretään se tuonnemmaksi; sinnempänä — laitetaan se sinnemmäksi; alempana — lasketaan se alemmaksi; kauempana — työnnetään se kauemmaksi; lähempänä — vedetään se lähemmäksi; keskemmällä — asetetaan se keskemmälle; korkeammalla — nostetaan se korkeammalle

182

14) kovin vapaista tavoista / siitä; meihin / siihen; uusiin asioihin / siihen; hyvästä ruuasta / siitä; työhöni / siihen; lapsistaan / siitä; sinua / sitä; uuteen tehtaaseen / siihen; idylliseltä kaupungilta / siltä
15) siitä — sille — siitä — sillä — siihen — niiltä — siihen — niitä — ne — sen — siihen

B.
1) kiehui — paistumassa — maistaa — maistui — unohtunut — löytyi — muuttua — pidentyvät — kaventuvat — hidastuu — nopeuttaa — vaihtuu — kohoaa — avautui
2) hoitamaan — tulevasi — auttamaan — sanoneen — käydessä — väsyvän — tekemään — ollessa — tultuaan — auttamaan — tehdessään — laskemaan — lukemaan — lähtemästä — muistettava — tultuaan — leikkimästä — pantava — kuivumaan — tehneensä — tarkistettava

---

C.
Kettu ja kalastaja
Kerran talvella kalastaja oli ollut kalastamassa järven jäällä ja saanut paljon kalaa. Hän oli palaamassa kotiin hevosella, reki täynnä kaloja. Kun kettu näki miehen tulevan, sen alkoi tehdä mieli kalaa. Se rupesi makaamaan keskelle tietä ja oli olevinaan kuollut.

Huomatessaan suuren ketun makaavan tiellä kalastaja pysäytti hevosensa ja sanoi ihastuneena: "Kuollut kettu! Olipa minulla hyvä onni! Heitän sen rekeen, saan siitä hyvän ketunnahkan." Hän heitti ketun rekeen kalojen päälle ja lähti jatkamaan matkaa.

Mutta kettu rupesi heti heittelemään kaloja reestä tielle, ja heitettyään viimeisenkin kalan se hyppäsi itsekin pois reestä ja keräsi kalat tieltä itselleen.

Saapuessaan kotiinsa kalastaja huusi iloisena perheelleen: "Tulkaas katsomaan miten paljon kaloja minulla on reessä — ja vielä muutakin!" Mutta reki olikin tyhjä. Kalastaja huomasi ketun pettäneen häntä pahasti.

Kuinka karhu sai lyhyen hännän
Sillä aikaa kettu söi tyytyväisenä varastamiaan kaloja. Mutta silloin tuli paikalle karhu ja kysyi heti, mistä kettu oli saanut niin paljon kalaa. "Ei mikään ole helpompaa", sanoi kettu. "Kyllä sinäkin saat kaloja, mene vain järvelle onkimaan. Tee jäähän avanto, pane häntäsi veteen ja odota jonkin aikaa, niin kalat tarttuvat häntääsi ja voit vetää ne ylös vedestä."

No, karhu teki kuten kettu oli neuvonut. Se meni jäälle, teki jäähän avannon, pani häntänsä veteen ja alkoi odottaa. Aika kului, oli kova pakkanen ja vesi avannossa alkoi jäätyä. Karhu vain istui ja odotti. Lopulta sen häntä jäätyi kiinni. "Nyt siellä jo kalat purevat häntääni", karhu tuumi iloisena. Mutta kun se yritti vetää häntäänsä irti jäästä, häntä meni poikki. Ja siitä lähtien karhuilla on ollut aivan lyhyt häntä.

KAPPALE 17
B.
1) harkitkaamme — työskennelkäämme — esittäkäämme — ruvetkaamme — hoitakaamme — nauttikaamme — älkäämme antako
2) älkäämme lukeko — käyttäkö — oppiko — kysykö — antako — seuratko
3) jättäkäämme — älkäämme puhuko, suojelkaamme — älkäämme häiritkö, laulakaamme, rukoilkaamme, menkäämme, kohottakaamme, kunnioittakaamme
4) a) Risto juoskoon — Janne käyköön — äiti soittakoon — joku ottakoon — joku tiedustelkoon — jokainen käyttäköön — jokainen tehköön

b) Leikkikööt missä haluavat. Menkööt mihin... Keskustelkoot mistä...
Harrastakoot mitä... Ajatelkoot mitä... Tulkoot milloin haluavat.
c) katsokoon, lähteköön — älköön olko, avatkoon — älköön pitäkö
5) mainittakoon — muistettakoon — ajateltakoon — sanottakoon — älköön
luvattako — älköön estettäkö
6) a) pakenevat — pakenemaan — pakene — paetkaa — paennut
b) vaikene — vaietkaa — vaikenisit — vaietaan — vaikeneminen — vaike-
nemalla
c) etenevät — edetään — edettäisiin — etenevä
7) lämpenee — kylmenee — selkenee — vanhetessa — huononee — parane
— laajenee — kapenee
8) Puku pitenee / on pidentynyt. Kuva suurenee / on suurentunut. Silta le-
venee / on leventynyt. Menot pienenevät / ovat pienentyneet. Ilma viilenee
/ on viilentynyt. Ihminen vanhenee / on vanhentunut.
9) pahentaako — pahentumassa/pahenemassa — pidentyä/pidetä — alenne-
taan — hiljentyy/hiljenee
10) mitä tahansa — en mitään, mihin tahansa — ei mihinkään, kenelle ta-
hansa — ei kenellekään, mistä tahansa — en mistään, minkä tahansa — en
mitään, kumman tahansa — en kumpaakaan
11) A: Tunnetteko te täällä ketään? B: En ketään. A: No, te voitte kysyä
keneltä vain. Kaikki ovat kyllä valmiita auttamaan teitä.

C: Tiedätkö mitään tästä suunnitelmasta? D: En tiedä siitä mitään. C: Mitä
tahansa he kertovat(kin) siitä (kertovatpa he siitä mitä tahansa), älä usko
heitä.

E: Kumman näistä asunnoista haluaisit mieluummin? F: Voi, kumpi tahansa
sopii. Minä pelkäsin etten saisi ollenkaan asuntoa tähän aikaan vuodesta.

C.
lukijalta, joka ihailee... Marjoista, jotka on itse poimittu ja pakastettu...
Kun kala oli tarttunut onkeen, ... Liian myöhään se huomasi, että oli teh-
nyt... P. osti rahoilla, jotka oli säästänyt... Etelämaalaisilla, jotka ovat
muuttaneet... Olen kuullut, että suomalaiset urheilijat menestyvät... Kun
Jaana putosi veteen, hän kastui... Veljeni, joka on kiinnostunut linnuista,
toivoo, että hän voisi osallistua kaikkiin linturetkiin, jotka järjestetään ke-
sän aikana. Luulin, että olin vastannut oikein kaikkiin kysymyksiin, jotka
esitit. Kun tiedemies oli tutkinut ongelmaa monta vuotta, hän tunsi, että oli
edennyt...

E.
Runonlaulajiksi kutsuttiin vanhojen suomalaisten runojen esittäjiä. Nimi
johtuu siitä, että runoja todella tavallisesti esitettiin laulamalla. Melodiat oli-
vat hyvin yksinkertaisia, jopa monotonisia. Niitä säestettiin usein kanteleel-
la.
    Runonlaulajissa oli sekä miehiä että naisia. Miehet harrastivat enemmän
pitkiä kertovia runoja Väinämöisestä ja muista sankareista, Sammosta ja
niin edelleen. Naiset lauloivat lyhyempiä lyyrisiä runoja, joissa voi ilmaista
tunteitaan, iloa yhtä hyvin kuin surua. Naislaulajia oli paljon varsinkin ru-
noalueiden eteläosassa, Suomen ja Venäjän entisen rajan molemmin puolin
lähellä nykyistä Leningradin kaupunkia. Juuri tältä alueelta Larin Paraske-
kin oli kotoisin.

*Paraske syntyi 1833 tai 1834, ja hänen lapsuudessaan osasivat hänen koti-
seudullaan vielä melkein kaikki ihmiset vanhoja runoja. Mutta Paraske oli
laulajista paras. 20-vuotiaana hän oli oppinut kaikki kotiseutunsa runot ja
oli taitava improvisoimaan uusia. Lopulta hän osasi vanhoja runoja enem-
män kuin kukaan muu, ja hänestä on tullut varsinkin kaikkien naislaulajien
symboli.

Parasken elämä ei ollut helppoa. Hän oli jäänyt orvoksi sekä äidistään että isästään. Hänen kotinsa sijaitsi Venäjän puolella rajaa, jossa silloin vielä vallitsi maaorjuus. Paraske halusi päästä asumaan Suomen puolelle, josta hänen äitinsä oli ollut kotoisin ja jossa ei ollut maaorjuutta. Tämän vuoksi hän meni vaimoksi itseään kaksi kertaa vanhemmalle, sairaalloiselle miehelle, jolla oli pieni mökki ja vähän maata. Perheeseen syntyi yhdeksän lasta, joista kuitenkin vain kolme eli aikuisiksi. Maata oli niin vähän, ettei se riittänyt elättämään perhettä. Sairaasta miehestä ei ollut paljon apua, joten Parasken oli pidettävä huoli perheen elatuksesta. Hän joutui jatkuvasti ottamaan velkaa; pari kertaa perhe menetti kotimökkinsäkin maksamattomien verojen takia.

*1890-luvun alussa Paraske asui pari vuotta Porvoossa, lähempänä runonkerääjiä. Hän tuli kuuluisaksi runonlaulajana, häntä tulivat Porvooseen kuuntelemaan sen ajan tunnetuimmat suomalaiset, mm. Sibelius, ja monet taiteilijat maalasivat hänestä muotokuvia.

Paraskella oli kuitenkin koti-ikävä, ja hän palasi takaisin Karjalaan. Elämänsä viimeiset vuodet hän vietti kotimökissään sairaana ja — huolimatta Suomalaisen Kirjallisuuden Seuran maksamasta pienestä eläkkeestä — edelleen hyvin köyhänä. Paraske kuoli 1904 noin 70-vuotiaana.

Vanhasta kalevalamittaisesta runoudesta on julkaistu Suomen Kansan Vanhat Runot -niminen laaja teos, jossa on 33 osaa. Niistä yksi sisältää vain Larin Parasken runoja; niitä on kaikkiaan yli 32 000 säettä. Koska runonlaulajilla oli tapana esittää samoista runoista useita toisintoja, variantteja, Parasken muistama täysin erilaisten säkeiden määrä on "vain" 11 000. Vertailun vuoksi mainittakoon, että parhaat mieslaulajat muistivat korkeintaan noin 4 500 säettä.

Tiedot:
Senni Timonen (toim.), Näin lauloi Larin Paraske.

KAPPALE 18

B.

1) monet muuttanevat — asiasta noussee — harkinnette — tietäneekö hän — pelännevätkö ihmiset — tapaus lienee — pääministeri ei suhtautune — perheellä ei liene

2) hän lienee jo tunnustanut — se lienee jo lakannut / muuttunut / päättynyt / parantunut / alkanut — se lienee jo tehty — hänet lienee jo valittu — se lienee jo muodostettu — niistä lienee jo päätetty — ne lienee jo maksettu — se lienee jo lopetettu

3) a) Näin se nykyisin selitettäneen / käännettäneen / kirjoitettaneen. Näin ne käsitettäneen / heitä hoidettaneen.
b) ei rakennettane — ei voitane — ei juotane — ei vaadittane — ei jatkettane

4) Hänelle annetaan / annettiin / on annettu / oli annettu / annettaisiin / olisi annettu / annettaneen / lienee annettu / annettakoon lahja. Hänelle ei anneta / ei annettu / ei ole annettu / ei ollut annettu / ei annettaisi / ei olisi annettu / ei annettane / ei liene annettu / älköön annettako lahjaa.

C.

1) ollessasi — lähteväni — harrastavan — käyneen — oltuani — parantavan — lukeneen — opittuaan — pääseväni — kerrottavan — olevan — maksavan — saaneen

2) tunnetusta — rakastamasta — kirjoittanut — julkaistut — kertovaa — tehtyä — käännettyjä — rakastettu — kiinnostavan — saama — tehdyllä — valmistuneella

3) a) aiheuttavat — vaihtuu — vaihda — unohtanut — päästin — pääsi — tuhoutui — vähentää — vähenevät — lopetamme — päättyy
b) ... kuului... — ... löytyi... — Asia ei unohtunut. Hinnat nousivat... Kilpailut keskeytyivät... Suunnitelmat ovat ... muuttuneet. Nämä fraasit ovat toistuneet...

E.
1. Pekka Virtanen oli ollut Helsingissä ja palasi kotikaupunkinsa asemalle myöhään illalla. Koska hänellä ei ollut paljon matkatavaraa, hän ei viitsinyt ottaa taksia, vaan lähti kävellen kotiin päin.
Oli pimeää ja kadut olivat melkein tyhjät. Äkkiä Pekka huomasi jonkun ison miehen seuraavan häntä. Pekka alkoi kävellä niin kovaa kuin jaksoi; mies alkoi kävellä yhtä kovaa. Pekka meni kadun toiselle puolelle, mies teki samoin. Lopulta Pekka hermostui, kääntyi mieheen päin ja huusi hänelle: "Minkä tähden te seuraatte minua? Jos te haluatte rahaa, niin minun lompakossani on vain kaksikymmentä markkaa." — "Anteeksi", sanoi mies, "en minä tahdo teille mitään pahaa. Mutta minä olen tässä kaupungissa ensi kertaa, ja tuttavani asuvat Rantakadulla. Minä kysyin asemalla, missä päin Rantakatu on, ja asemamies vastasi: Löydätte helpoimmin Rantakadulle seuraamalla tuota miestä. Hän asuu siellä."

2. Hajamielinen professori
Professori oli vierailulla ystäviensä luona ja illan kuluessa alkoi kovasti sataa. Kun professorilla ei ollut sadetakkia eikä sateenvarjoa, ystävät ehdottivat, että hän jäisi heille yöksi. Professori kiitti ja sanoi, että se oli hyvä ehdotus.
Jonkin ajan kuluttua kuitenkin huomattiin, että professori oli kadonnut. Talonväki ajatteli, että hän oli kuitenkin halunnut mennä mieluummin kotiinsa yöksi. Mutta sitten ovikello soi, ja kun mentiin avaamaan, siellä seisoi professori aivan läpimärkänä ja sanoi: "Kävin vain hakemassa kotoa pyjamani."

3. Laihialaisvitsi
Laihialaisista, jotka asuvat Pohjanmaalla lähellä Vaasaa, kerrotaan samanlaisia juttuja kuin skotlantilaisista. Tässä yksi.
Laihialaispoika lähti käymään Vaasassa. Palattuaan kotiin hän kertoi ylpeänä isälleen:
"Juoksin matkat linja-auton jäljessä ja säästin lippujen hinnan."
Mutta isä sanoi:
"Voi poika parka, koska sinä opit ymmärtämään raha-asioita? Olisit juossut taksin jäljessä, ajattele miten paljon enemmän olisit säästänyt!"

4. Kenguruvitsi
Kenguru tuli baariin ja tilasi lasillisen viskiä. Kengurun maksaessa baarimestari huomautti:
"Minun täytyy tunnustaa, että tämä on ensimmäinen kerta, kun tarjoilen viskiä kengurulle."
"Taitaa olla viimeinenkin, jos ette alenna hintojanne", vastasi kenguru.

KAPPALE 19
B.
1) Lassi arveli, että hän on — hänen piti saada — pyörästä tulisi, pyörä tulisi olemaan — oli sattunut kertomaan — kasvoivat ja kasvoivat — melkein kuoli — hän oli tehnyt, sattunut t. erehtynyt tekemään — asiaa ei voinut auttaa — voisi kertoa — hän jo melkein rupesi kertomaan — teeskenteli

löytävänsä — Nyymannille sitä varten, että tämä korjaisi sen — oppilaana, opetuksessa

2) olivat peittyä — olin uskoa — oli pudota — olin unohtaa

3) se on valmistumaisillaan — ovat lähtemäisillään — on oppimaisillaan — on laskemaisillaan

4) . . . ja tulevat aina olemaan — . . . ja tulemme aina vastustamaan — . . . ja tulee jatkuvasti kehittymään — . . . eivätkä tule koskaan häviämään — . . . eikä tule koskaan käsittämään — . . . eikä tulla koskaan saamaan

5) on tapahtuva / toteutuva / tuleva / voittava / oleva

6) kasvoi kasvamistaan — puhui puhumistaan — on pahentunut pahentumistaan — lyhenee lyhenemistään — pitenee pitenemistään — harjoittelivat harjoittelemistaan

7) korjattavaksi — korjattavana — puhdistettavana — myytäväksi — nähtävänä — järjestettäväksi — tilattavaksi — hoidettavana — hoidettavanani

8) Onko ratkaisu löydettävissä? Useimmat erehdykset ovat korjattavissa. Mitään ei ole tehtävissä. . . Odotettavissa heikkoa pakkasta. . . Kehityksen suunta on kyllä nähtävissä.

9) . . . kun olen saanut kirjeen kirjoitetuksi / lehdet luetuksi / vaatteet pestyksi / pöytäni siivotuksi / työn tehdyksi

10) a) pahuus, kylmyys, laiskuus, kuumuus, köyhyys; helppous, hölmöys; vaikeus, nopeus, tärkeys, pimeys; ystävällisyys, tyytyväisyys, hiljaisuus

b) uutta vaikeutta — uuden vaikeuden — uudesta vaikeudesta — uuteen vaikeuteen; uudet vaikeudet — uusia vaikeuksia — uusien vaikeuksien — uusista vaikeuksista — uusiin vaikeuksiin

c) pituuden — leveyden — korkeutta — tärkeydestä — kylmyyteen — kuumuuteen — nuoruudesta vanhuuteen — mahdollisuutta — mahdollisuuksia — kansallisuutta — kansallisuuksia — vaikeutena — terveytenne — sairauksia

11) a) todistusta — todistuksen — todistuksessa — todistukseen; todistukset — todistuksia — todistuksien (todistusten) — todistuksissa — todistuksiin

b) kysymyksenne — vastaukseni — Sibeliusta — Sibeliuksen — sävellyksistään — kiitoksia — ilmoituksesta — aikomukseni — kokoukseen — rakennuksissa — kerrosta — ajatuksissani — leivoksia — säätiedotuksessa — myrskyvaroituksen — tapauksessa — muutoksia — jäniksen — jänikset — vihanneksista

C.

viettämältäni — saapuvassa — asuva — painavia — tullut — saapuneet — olleet — syntyneeseen — pakatun — olleista — saamani — vietävää — pestäviä — joutuneet — odottavaan — tapaamistani — menneitä

D.

Bill Jarvi: Minä luin hiljattain lehdestä, että Suomesta on viimeisten sadan vuoden aikana muuttanut ulkomaille noin miljoona henkeä. Mistä syystä kaikki nämä ihmiset ovat muuttaneet pois kotimaastaan?

Erkki Viita: Se on pitkä juttu. Tavallisimpia ovat kuitenkin aina olleet taloudelliset syyt. On lähdetty etsimään parempaa elämää itselle ja lapsille.

B: Amerikkaanhan Suomesta on muutettu paljon. Sen minä tiedän jo oman taustani perusteella.

E: Tämä Amerikkaan muuttaminen tapahtui pääasiassa 1880-luvulta lähtien ensimmäiseen maailmansotaan saakka. Hyvin monet suomalaiset asettuivat asumaan Michiganiin ja Minnesotaan, jossa ilmasto ja luonto muistuttivat eniten kotimaata. Mutta kyllä suomalaisia meni jonkin verran joka puolelle Yhdysvaltoja ja Kanadaa. Useimmat olivat kotoisin maaseudulta ja rupesivat myös uudessa maassa maanviljelijöiksi. Toiset menivät tehtaisiin ja kaivoksiin.

B: Paljonko suomalaisia kaikkiaan muutti Amerikkaan?

E: Yli 400 000, mutta noin kolmasosan lasketaan myöhemmin palanneen kotimaahan. Nykyisin Yhdysvalloissa asuu vain n. 30 000 ja Kanadassa n. 40 000 Suomessa syntynyttä henkilöä. Mutta vuoden 1980 väestönlaskennassa yli 600 000 yhdysvaltalaista ilmoitti olevansa ainakin osaksi suomalaista syntyperää.

B: Onko myöhemmin ollut yhtä voimakasta muuttoliikettä kuin tämä Amerikan kuume?

E: No, meillähän on ollut tämä Ruotsin kuume, joka oli voimakkaimmillaan 1970. Sinä vuonna yli 40 000 suomalaista muutti läntiseen naapurimaahan. Ruotsiin on muutettu eniten Pohjois-Suomen köyhiltä alueilta, ja useimmat siirtolaiset menivät työhön tehtaisiin. Muuttajat olivat tälläkin kertaa etupäässä nuorta väkeä.

B: Ja jatkuuko tällainen muutto yhä?

E: Hyvin vähäisessä määrin. Ruotsissakin on nykyisin työttömyyttä, ja elintasossa ei juuri enää ole eroa. Ruotsissa asuu nykyisin n. 350 000 Suomesta muuttanutta. Heistä n. 210 000 on hankkinut Ruotsin kansalaisuuden.

B: Minusta näyttää, että kaikki maastamuutto Suomesta on suuntautunut länteen.

E: Ei kaikki. Siihen aikaan, kun Suomi kuului Venäjään, ihmisiä muutti aika paljon Venäjälle. Kansalaissodan jälkeen täältä myös muutti jonkin verran väkeä Neuvostoliittoon.

B: Missä muissa maissa suomalaisia on?

E: 1950-luvulla suomalaisia muutti Australiaan, jossa heitä on toistakymmentätuhatta. Länsi-Saksassa on samaten noin 10 000 suomalaista, suurin osa suomalaisia tyttöjä, jotka ovat menneet naimisiin saksalaisten kanssa. Useita tuhansia suomalaisia naisia asuu samasta syystä muissa Länsi-Euroopan maissa. Nämä naiset ovat yleensä hyvin koulutettuja ihmisiä, jotka ovat lähteneet nuorena ulkomaille opiskelemaan ja hankkimaan käytännön kielitaitoa.

B: Siis jonkinlaista aivovuotoa?

E: Niin voi sanoa. Mutta sitä varsinaistakin aivovuotoa Suomesta kyllä tapahtuu. Suomi on pieni maa eivätkä tiedemiesten mahdollisuudet ole täällä samat kuin suurissa maissa. Parhaita voimia siirtyy jatkuvasti muualle, ja se on tietysti maalle suuri vahinko.

Tiedot:
Suomi-Seura r.y.
Siirtolaisuusinstituutti

KAPPALE 20
A.
1) maanantaina yhdeksältä — tässä kuussa — viikossa — vuosi vuodelta — viime vuosina — illalla (iltaisin) — pariksi tunniksi — tänä vuonna — parissa viikossa — moneen kuukauteen — pitkästä aikaa — puoli yhdeksäksi (puoli yhdeksältä) — yhdeksästä kahteentoista — ensi viikolla — neljä päivää — kokonaiseksi viikoksi — 1890-luvulla (-luvulta)
2) sinua — työhöni — tarmoasi — jatkamaan — yövalvomisesta — kaikkeen — minua — harrastamaan tiedettä — sellaiseksi pikku naiseksi — perustamaan — ylioppilaaksi — miehestään — lapsistaan — nauramaan — perhe-elämästä — lapsiani — sitä — heistä — olemaan — löytämään — kotiin — minusta — siltä — äidiksi — monia naisia — olla — kahta työtä — jostakin — väsyneeltä — lukemasta — sinua lähtemään — kutsusta — juo-

massa — kahvilaan — meidän — sieltä — ihanalta — työstäni — kutsuasi — perheelle — vaihtoa — pahemmaksi — muuttamaan — Helsingistä — ympäristöstä — asuntoja — meidän — kannata ostaa — vuokra-asunnostakaan — sairaaksi — tätä asiaa — päätä(ni) — vatsaan(i) — asiasta — minulle — tätä juttua — kadulle — luottaa — sanoihinsa — mahdottomalta — sinua — parasta — kuunnella minua — sinulle — erästä virkaa — tarkastajaksi — asuntopulasta (-pulaa) — virkaan — teitä — uudesta virasta (uuden viran johdosta)

B.

I. Kaksi Turun yliopiston tutkijaa julkaisi vuoden 1985 alkupuolella tutkimuksen, joka koski suomalaisten nuorten tulevaisuudenkuvaa: mitä nuoret odottivat tulevaisuudelta, mitä asioita he elämässä eniten arvostivat, mitä pelkäsivät. Tutkimuksessa oli mukana kaksisataa 18-vuotiasta nuorta Helsingistä ja Pohjois-Karjalasta.

Tärkeällä sijalla nuorten odotuksissa oli avioliitto ja varsinkin omat lapset. Kaikkein pelottavimpana ja epämiellyttävimpänä, mitä heille elämässä saattaisi sattua, nuoret pitivät avioeroa.

Tytöt olivat kiinnostuneempia kuin pojat menestyksestään opinnoissa ja ammatissa. Pojat taas olivat kiinnostuneempia terveydestään kuin tytöt.

Nykyhetken vaikeimpia ongelmia olivat nuorten mielestä sodat ja ydinaseet, kansojen välinen eriarvoisuus sekä rikollisuus ja väkivalta. Tytöt mainitsivat useammin ihmisten välisen eriarvoisuuden, pojat puhuivat useammin saastumisesta.

Kun nuorilta kysyttiin, mitkä heidän mielestään tulivat olemaan maailman pahimmat ongelmat 30 vuoden kuluttua, he luettelivat samoja ongelmia, joista nykyisinkin kärsitään: saastumisen, liian suuren väestönkasvun, ydinaseet ja sodat.

Optimistisimmin suhtautuivat sekä omaan tulevaisuuteensa että maailman tulevaisuuteen helsinkiläiset pojat, pessimistisimmin pohjoiskarjalaiset tytöt.

*II. Samana vuonna julkaistiin Ruotsissa, Tanskassa, Norjassa ja Suomessa toinen mielipidetutkimus, jonka aiheena oli ihmisten suhtautuminen omaan taloudelliseen tilanteeseensa nykyisin ja lähitulevaisuudessa. Kysymykset esitettiin kaikissa neljässä maassa noin tuhannelle ihmiselle.

Kun kysyttiin, mitä mieltä ihmiset olivat omasta elintasostaan, useimmat vastaajat kaikissa neljässä maassa pitivät sitä ''erittäin hyvänä'' tai ''melko hyvänä''. Tyytyväisimpiä elintasoonsa olivat norjalaiset (90 % ''erittäin hyvä'' ja ''melko hyvä'' -vastauksia) ja tyytymättömimpiä suomalaiset (82 % ''erittäin hyvä'' ja ''melko hyvä'' -vastauksia). Suomalaiset suhtautuivat kuitenkin kaikkein optimistisimmin lähitulevaisuuteen: 36 % heistä odotti elintasonsa viiden vuoden kuluttua olevan korkeampi kuin nykyisin ja vain 6 % odotti elintasonsa laskevan. Ruotsissa, jossa oltiin pessimistisimpiä, elintasonsa nousua odotti vain 20 % ja sen laskua 18 %.

Suomalaisista maalla asuvat olivat elintasoonsa tyytyväisempiä kuin kaupunkilaiset. Vasemmisto oli vähän tyytymättömämpää kuin ei-sosialististen puolueiden kannattajat, mutta ero oli pieni. Ikäryhmistä tyytyväisimpiä olivat yli 50-vuotiaat ja kaikkein nuorimmat (15—29-vuotiaat). Paljon puhuttu nuorison huono asuntotilanne ja nuorisotyöttömyys eivät siis tulleet esille tässä tutkimuksessa.

PICTURES FOR CONVERSATION AND DRILLS

VERTAILUA

ISOIN

ISOMPI

ISO

Millaiset kolme taloa näet kuvassa?
Menet taloihin. Mihin menet?
Käyt niissä. Missä käyt?
Lähdet niistä. Mistä lähdet?

Millaisia ovat kuvan talot?
Minkä talojen luona on auto?
Menet taloihin. Mihin menet?
Käyt niissä. Missä käyt?
Lähdet niistä. Mistä lähdet?

Jatka sanoilla KORKEA SUURI UUSI UUDENAIKAINEN KALLIS HALPA

NUORIN   Jenni   Jenni ja Leena Kuusi

NUOREMPI   Kati   Kati ja Satu Koivu

NUORI   Jaana   Jaana ja Leena Mänty

Minkä tytön nimi on Jaana? — Kati? —
Jenni?
Millä tytöllä on kukkia? — kirjoja? —
rahaa?
Miltä tytöltä saat kukkia? — kirjoja? —
rahaa?
Mille tytöille soitat?
Mitä tyttöjä ajattelet?

Minkä tyttöjen sukunimi on Mänty? —
Koivu? — Kuusi?
Millä tytöillä on kukkia? — kirjoja? —
rahaa?
Miltä tytöiltä saat kukkia? — kirjoja? —
rahaa?
Mille tytöille soitat?
Mitä tyttöjä ajattelet?

Jatka sanoilla PITKÄ LYHYT HOIKKA ILOINEN VILKAS HUOLETON

JÄRJESTYSLUKUJA

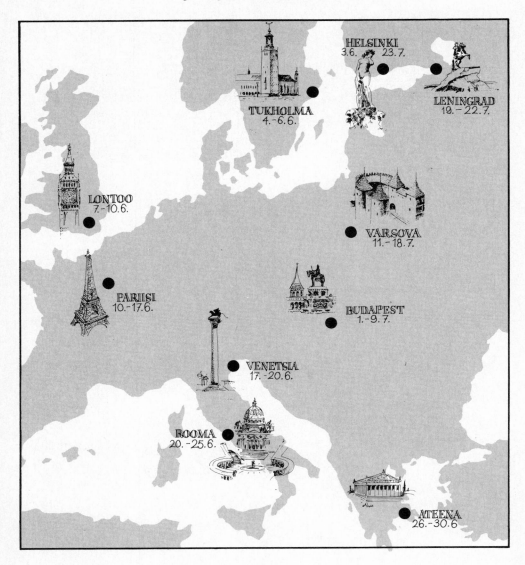

Tee lomamatka Helsingistä muutamiin Euroopan kaupunkeihin.

Kerro
— minä päivänä lähdet eri kaupungeista ja saavut seuraavaan
— mistä päivästä mihin päivään olet varannut hotellihuoneet
— minkä päivien välisenä aikana oleskelet eri maissa